ABC DU BAC

Réussite

LE BAC ASSURÉ

Physique-Chimie

2de

Sylviane Lafitte
Geneviève Ponsonnet

Le papier de cet ouvrage est composé de fibres naturelles, renouvelables
et fabriquées à partir de bois provenant de forêts gérées de manière responsable.

Nathan

Réalisation éditoriale : Roseline Messager
Édition : Marielle Muret-Baudoin / Benjamin Peylet
Schémas : Corédoc
Conception graphique intérieur : Julie Lannes
Couverture : Marc & Yvette
Compositeur : JPM

Précédente édition : ISBN : 978-2-09-189199-6

ISBN : 978-2-09-150352-3

Mode d'emploi

Un ouvrage synthétique pour réviser et progresser avec méthode !

Cours

Méthode | Exercices | Corrigés

- Le cours est structuré en **doubles-pages**, pour faciliter les révisions. Il comporte les éléments indispensables pour assimiler les nouvelles connaissances.
- Chaque double-page comporte un **cours précis et concis** et des **exercices résolus**, commentés en marge ; ils constituent une préparation à la résolution d'exercices plus difficiles.

Méthode

Cours | Exercices | Corrigés

- Cette double page présente de manière simple la résolution de questions classiques qu'il est indispensable de maîtriser. Ces **fiches-méthode** s'appuient sur des exercices et présentent la **démarche à suivre** de manière très détaillée.

Exercices

Cours | Méthode | Corrigés

- **Nombreux et variés**, les exercices proposés permettent de couvrir l'ensemble des thèmes abordés dans le chapitre.
- Ils sont classés en deux rubriques, permettant de **travailler progressivement** : Vérifiez vos connaissances (Vrai/Faux, QCM), Exercices d'entraînement, et le niveau de difficulté est indiqué par des étoiles.

Corrigés

Cours | Méthode | Exercices

- Les corrigés, **entièrement rédigés**, sont très détaillés et présentent toutes les étapes du raisonnement et des calculs.
- Ils sont accompagnés de petites « bulles » présentant des **conseils**, des **remarques**, des **astuces pour gagner des points**…

ANNEXES

- Un index des notions.

Connectez-vous à abcbac.com

Sommaire

CHAPITRE 1 Propagation d'une onde

1 Signaux périodiques

1 Tension, tension continue, variable, alternative, périodique, sinusoïdale

Une tension électrique *U* dans un circuit se mesure avec un voltmètre et s'exprime en volt (V).
Une tension **continue** est une tension dont la valeur est constante.
Une tension **variable** est une tension dont la valeur varie au cours du temps. Si elle prend des valeurs alternativement positives et négatives, elle est **alternative**.
Un oscilloscope permet de visualiser la courbe de la tension en fonction du temps. La courbe obtenue est un oscillogramme.

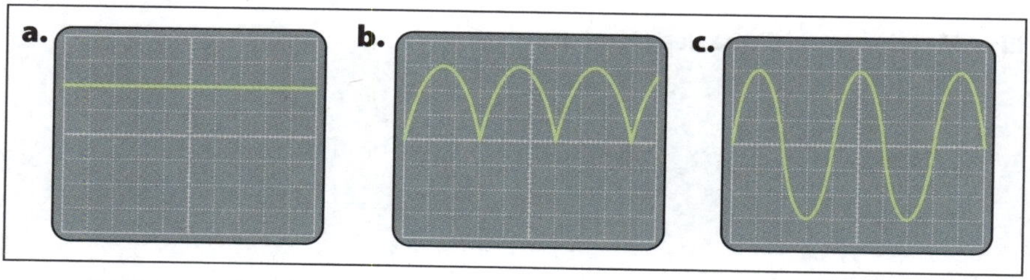

a. Tension continue b. Tension variable, positive c. Tension variable alternative

Les tensions visualisées sur les oscillogrammes **b.** et **c.** prennent des valeurs qui se répètent : ces tensions sont **périodiques**. De plus, **c.** est **sinusoïdale**.
On peut produire une tension variable à l'aide d'un alternateur.

2 Période et fréquence d'une tension périodique

La **période** d'une tension périodique est la plus petite durée au bout de laquelle elle se répète identique à elle-même. Sur un oscillogramme, c'est la durée d'un motif. Elle se note *T* et s'exprime en seconde (s).
La **fréquence** d'une tension périodique est le nombre de motifs élémentaires en une seconde. Elle se note *f* et s'exprime en hertz (Hz).

Il existe une relation entre la période et la fréquence : $f = \frac{1}{T}$ avec *f* en hertz (Hz) et *T* en seconde (s).

3 Valeur maximale, valeur minimale

Une tension variable prend des valeurs comprises entre la valeur maximale et la valeur minimale. Les oscillogrammes **b.** et **c.** ont été réalisés avec une sensibilité verticale de 1 V/div. Pour la tension visualisée en **b.** : $U_{min} = 0$ V et $U_{max} = 3,0$ V. Pour la tension **c.**, $U_{min} = -3,0$ V et $U_{max} = 3,0$ V.

4 Tension sinusoïdale

Une tension est dite sinusoïdale si la courbe représentant l'évolution de la tension au cours du temps est **une sinusoïde**.
Une tension sinusoïdale est une tension variable, alternative, périodique :
$U_{max} = -U_{min}$
$U_{max} = 2,0$ V
$U_{min} = -2,0$ V ; $T = 5,0$ s.

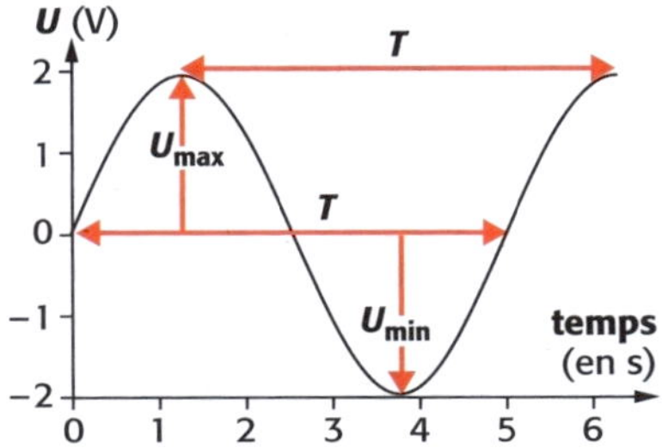

EXERCICE RÉSOLU

Étudier un oscillogramme

ÉNONCÉ

À l'aide de l'oscillogramme ci-contre, déterminer la période, la fréquence et la valeur maximale de la tension.
Les calibres utilisés sont 1 V/div et 0,5 ms/div.

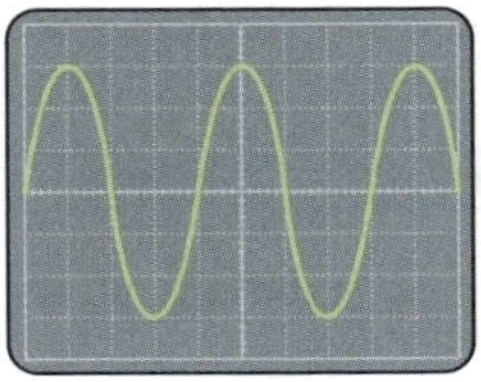

CORRIGÉ

La tension visualisée est une tension sinusoïdale.
L'oscillogramme représente les variations de cette tension au cours du temps. En ordonnées, c'est donc la tension et en abscisses le temps.
Un motif occupe 4 carreaux. La durée de balayage est de 0,5 ms/div. $T = 4,0 \times 0,5 = 2,0$ ms.

$$f = \frac{1}{T} = \frac{1}{2,0 \times 10^{-3}} = 5,0 \times 10^{2} \text{ Hz. } U_{max} = 3,0 \times 1 = 3,0 \text{ V.}$$

Méthode
Pensez à convertir T en secondes pour calculer la fréquence en hertz.
$1 \text{ ms} = 1 \times 10^{-3}$ s.

2 Ondes sonores et ondes électromagnétiques

1 Les ondes

Dans le domaine médical, on utilise des ondes pour réaliser des diagnostics.

La lumière, le son, les ondes radio… sont des ondes.

Une onde est une perturbation qui se propage dans un milieu (l'eau, l'air…) sans emporter avec elle de matière. Lorsque la perturbation qui se propage se produit périodiquement, on parle d'onde progressive périodique.

Elle se répète à intervalle de temps constant appelé **période T** en seconde (s).

Elle est caractérisée par une fréquence f telle que $f = \frac{1}{T}$ avec f en hertz (Hz) et T en seconde (s).

Certaines ondes nécessitent un milieu matériel pour se propager, d'autres peuvent se propager dans le vide.

Si d est la distance parcourue par l'onde et Δt la durée de la propagation, on définit la **vitesse de propagation** ou **célérité**, notée v, par $v = \frac{d}{\Delta t}$.

v s'exprime en mètre par seconde ($m \cdot s^{-1}$), d en mètre (m) et Δt en seconde (s).

La vitesse de propagation d'une onde dépend du milieu de propagation.

2 Les ondes sonores

La perturbation qui se propage est une variation de pression de l'air à son passage.

Cette perturbation se produit périodiquement et se propage : on parle d'onde progressive périodique.

Le son peut être perçu par nos oreilles ou par un microphone.

Les sons audibles par l'oreille humaine normale ont une fréquence comprise entre environ 20 Hz et 20 000 Hz. Pour des fréquences plus basses, ce sont des infrasons ; pour des fréquences plus élevées, ce sont des ultrasons. Les ultrasons sont utilisés en échographie.

Plus la fréquence d'un son est élevée, plus le son est aigu ; plus elle est basse, plus le son est grave.

La vitesse de propagation du son dépend du milieu et de la température. Dans l'air à 20 °C, la vitesse du son est $v = 344\ m \cdot s^{-1}$.

3 Les ondes électromagnétiques

La perturbation qui se propage est un champ électrique associé à un champ magnétique. Par exemple, les ondes lumineuses sont des ondes électromagnétiques. Elles se propagent dans le vide à une vitesse (ou célérité) c voisine de $3 \times 10^8\ \text{m} \cdot \text{s}^{-1}$. La valeur de la célérité de la lumière dans le vide est une constante universelle $c = 299\,792\,458\ \text{m} \cdot \text{s}^{-1}$.

Une onde électromagnétique est caractérisée par sa fréquence f ou ν exprimée en hertz (Hz) ou par sa période $T = \frac{1}{\nu}$ exprimée en seconde (s).

La fréquence d'une onde électromagnétique est la même dans tous les milieux.

La longueur d'onde λ dans le vide est égale à la distance parcourue par l'onde en une période $\lambda = cT$ avec λ en mètre (m), c en mètre par seconde ($\text{m} \cdot \text{s}^{-1}$) et T en seconde (s). L'œil humain n'est sensible qu'aux ondes lumineuses dont les longueurs d'onde dans le vide sont comprises entre 400 nm et 800 nm.

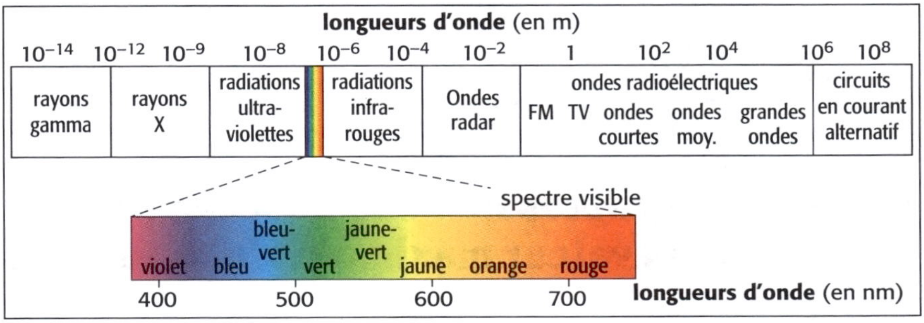

EXERCICE RÉSOLU

Mesurer une durée

ÉNONCÉ

Une personne se trouve à 30 m d'un diapason qui émet un son de fréquence 440 Hz, et se propageant à $v = 340\ \text{m} \cdot \text{s}^{-1}$. Calculer le temps mis par l'onde pour arriver aux oreilles de la personne.

CORRIGÉ

Par définition, $v = \frac{d}{\Delta t}$. D'où $\Delta t = \frac{d}{v}$.

$\Delta t = \frac{30}{340} = 8{,}8 \times 10^{-2}$ s.

Méthode

Identifiez dans l'énoncé les grandeurs nécessaires et attribuez-leur des lettres pour écrire une expression littérale.

Identifier le caractère périodique d'un signal

ÉNONCÉ

On donne l'oscillogramme ci-contre. La tension est-elle périodique ?

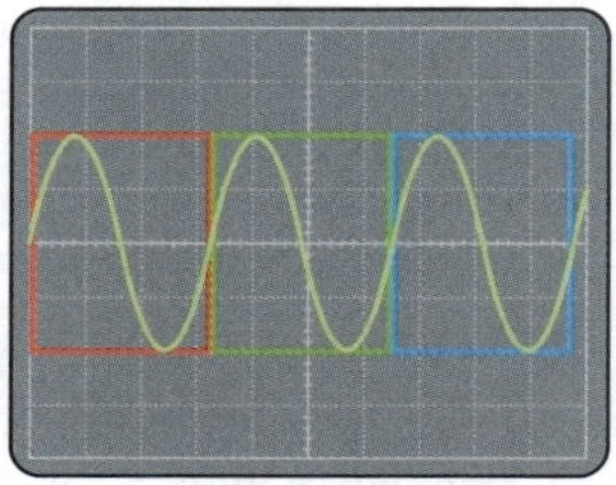

MÉTHODE

Repérez si un motif se répète régulièrement. Si c'est le cas, le signal observé est périodique.

CORRIGÉ

On remarque qu'il y a un motif qui se répète, c'est-à-dire que l'on peut superposer les « parties » de courbes encadrées : la tension est périodique.

Utiliser les calibres de l'oscilloscope pour déterminer la valeur maximale d'une tension

ÉNONCÉ

On donne l'oscillogramme ci-contre. Déterminer la valeur maximale de la tension visualisée en voie A.

Données : $s_A = 2$ *V/div ;*
$s_B = 2$ *V/div ;* $b = 1$ *ms/div.*

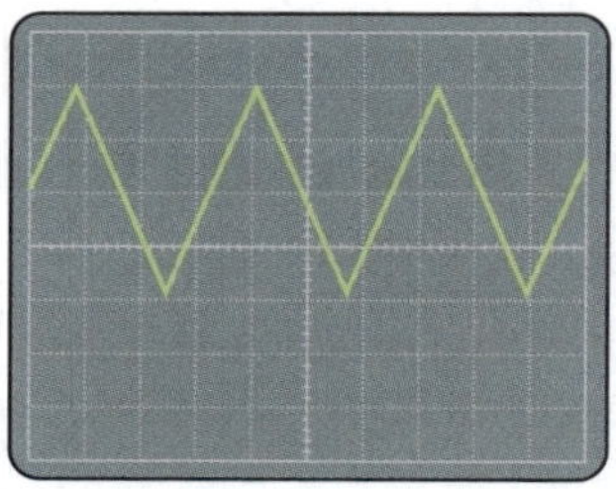

MÉTHODE

1. Repérez dans l'énoncé la sensibilité verticale *s*.
2. Trouvez le nombre maximal de carreaux *d* dont est dévié le spot verticalement à partir du milieu de l'écran. Puis calculez $U_{max} = s \times d$.

CORRIGÉ

1. $s_A = 2$ V/div en voie A.

2. Le spot lumineux est dévié de $d = 3{,}0$ carreaux.
$U_{max} = 2 \times 3{,}0 = 6{,}0$ V.

Piège à éviter

Ne vous trompez pas de voie pour la lecture de la sensibilité.

Mesurer une période à partir d'un oscillogramme

ÉNONCÉ

À partir de l'oscillogramme ci-contre, déterminer la période de la tension visualisée en voie B.
Données : $s_A = 2$ *V/div* ; $s_B = 2$ *V/div* ;
$b = 1$ *ms/div.*

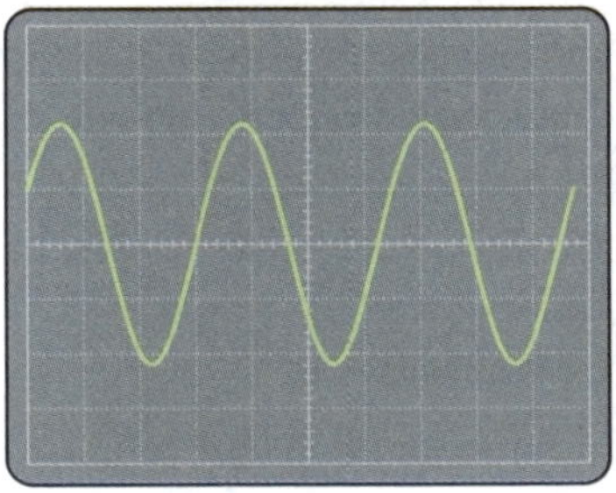

MÉTHODE

1. Repérez un motif.

2. Comptez le nombre n de divisions correspondant à ce motif.

3. Repérez la durée de balayage b (échelle horizontale).

4. Calculez la période par $T = n \times b$.

CORRIGÉ

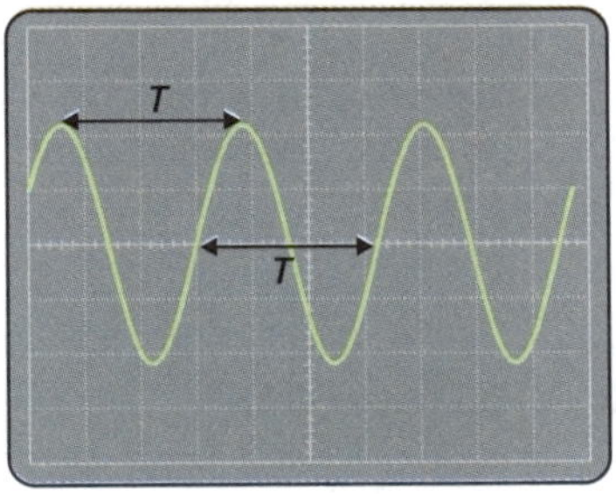

1. Le motif est repéré sur l'oscillogramme.

2. Une période est décrite en 3,2 divisions.

3. $b = 1$ ms/div.

4. $T = 3{,}2 \times 1 = 3{,}2$ ms.

Réflexe à avoir

Chaque division est divisée en 5 petites divisions. Chaque petite division vaut donc 1/5e de carreau, soit 0,2 carreau.

Vérifiez vos connaissances

1 Compléter les phrases

L'unité de temps du Système International (SI) est .... (......).

L'unité SI de tension est .... (......).

L'unité SI d'intensité est .... (......).

L'unité SI de longueur est .... (......).

Pour mesurer une tension, on utilise un .... branché en ....

L'oscilloscope permet de visualiser l'évolution d'une tension au cours du temps. Il se branche en .... dans un circuit. Un .... permet de mesurer une intensité de courant électrique, il se branche en .... dans un circuit.

Convertir les valeurs suivantes :

1,3 ms = ... s ; 12,8 μs = ... s ; 35 ms = ... s ;

250 mV = ... V ; 1,2 kV = ... V.

2 Vrai-Faux

Indiquer pour chaque proposition si elle est vraie (V) ou fausse (F).

La tension représentée ci-dessous est :

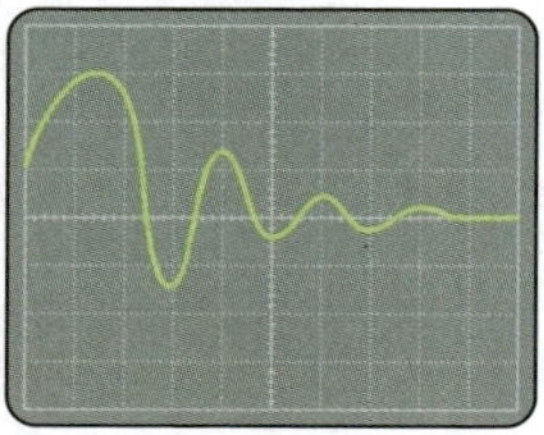

1. une tension variable. ☐ V ☐ F
2. une tension périodique. ☐ V ☐ F
3. une tension sinusoïdale. ☐ V ☐ F
4. alternative. ☐ V ☐ F

3 Compléter

La tension délivrée par EDF est une tension sinusoïdale de valeur maximale 311 V et de fréquence 50 Hz. C'est une tension ...., ... Sa valeur minimale est de ...., sa période est ....

4 Vrai-Faux

Indiquer pour chaque proposition si elle est vraie (V) ou fausse (F).

1. Aucune onde ne peut se propager dans le vide. ☐ V ☐ F

2. Une onde progressive est une onde qui se propage dans l'espace. ☐ V ☐ F

3. La vitesse de propagation d'une onde dépend du milieu de propagation. ☐ V ☐ F

4. La fréquence d'une onde dépend du milieu de propagation. ☐ V ☐ F

5 Q.C.M.

Cocher les bonnes réponses.

1. Une onde sonore :

a. ☐ peut se propager dans le vide.

b. ☐ nécessite un milieu élastique pour se propager.

c. ☐ ne peut pas se propager dans l'eau.

2. La formule correcte est :

a. ☐ $f = cT$.

b. ☐ $f = \frac{c}{T}$.

c. ☐ $f = \frac{1}{T}$.

3. Le milieu dans lequel un son se propage le plus vite, est :

a. ☐ le vide.

b. ☐ l'eau.

c. ☐ l'air.

4. La vitesse du son dans l'air à 15 °C est :

a. ☐ 300 000 $km \cdot s^{-1}$.

b. ☐ 340 $m \cdot s^{-1}$.

c. ☐ 340 $cm \cdot s^{-1}$.

5. Une onde de fréquence $f = 40$ kHz est :

a. ☐ une onde audible.

b. ☐ un infrason.

c. ☐ un ultrason.

6 Cocher les réponses exactes

1. Une onde électromagnétique est la propagation d'une charge électrique et d'un champ magnétique. ☐

2. Une onde électromagnétique peut se propager dans le vide. ☐

3. La lumière est une onde électromagnétique. ☐

4. L'œil humain est sensible à des ondes électromagnétiques de longueurs d'ondes comprises entre 400 μm et 800 μm environ. ☐

5. La lumière et le son se propagent avec des vitesses comparables dans l'air. ☐

6. La lumière ne se propage que dans des milieux dits transparents. ☐

7. La vitesse de la lumière est la même dans tous les milieux transparents. ☐

Exercices d'entraînement

7 ★ Étude d'une tension sinusoïdale

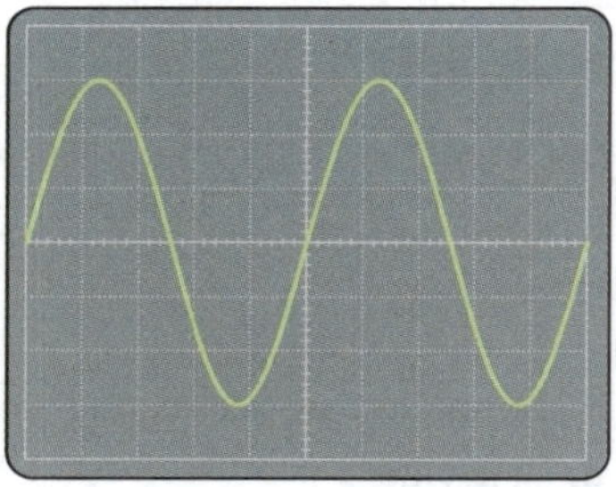

L'oscillogramme ci-contre a été obtenu avec une sensibilité verticale de 2 V/div et une durée de balayage de 1 ms/div.

1. Qualifier cette tension.

2. Déterminer la période, la fréquence, la valeur maximale et la valeur minimale de cette tension.

8 ★ Études d'oscillogrammes

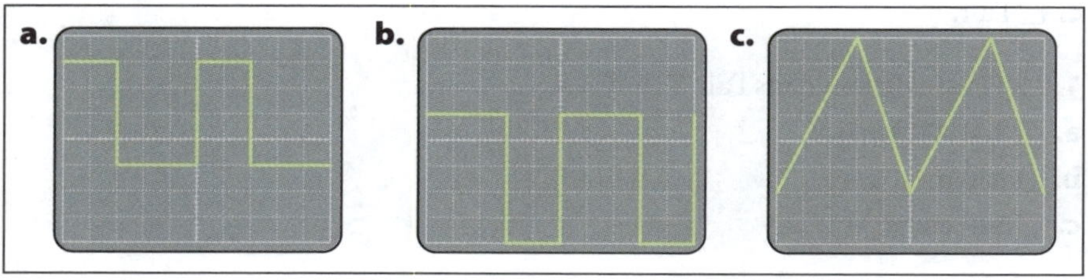

Les oscillogrammes ci-dessus ont été obtenus avec les calibres suivants :

a. 1 V/div et 2 ms/div ; **b.** 500 mV/div et 10 ms/div ; **c.** 2 V/div et 1 μs/div.

Pour chaque tension, déterminer la valeur maximale et la valeur minimale, la période et la fréquence.

9 ★ Mesures avec un oscilloscope

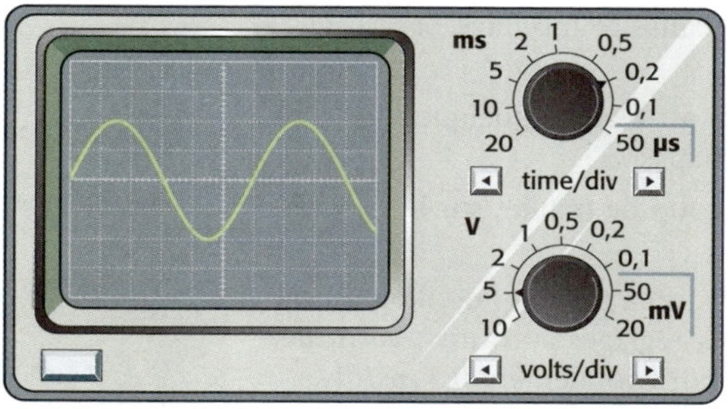

À l'aide de l'oscillogramme ci-dessus, déterminer la valeur maximale, la valeur minimale, la période et la fréquence de la tension.

10 Représentation d'oscillogramme

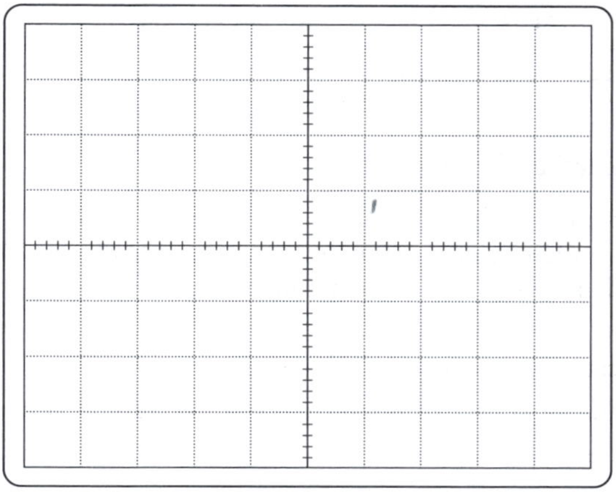

Représenter sur l'écran ci-dessus, l'oscillogramme que l'on obtient avec une tension carrée variant entre $U_{min} = -1{,}0$ V et $U_{max} = 3{,}4$ V et de fréquence 500 Hz avec les calibres suivants : 1 V/div et 0,5 ms/div.

11 ★★ Enregistrement d'un son

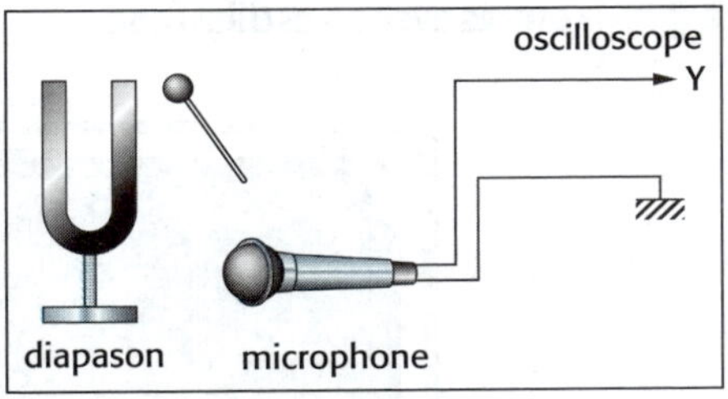

Pour enregistrer le son émis par un diapason, on a réalisé le montage ci-contre :

– le microphone est placé à quelques centimètres du diapason ;

– on donne un coup de maillet sur le diapason.

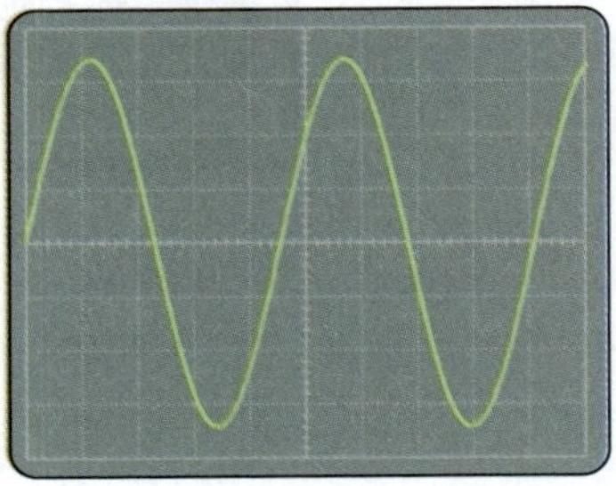

Sur l'oscilloscope, on a obtenu l'oscillogramme ci-contre avec les réglages suivants : verticalement 2 V/div et horizontalement 0,5 ms/div.

1. Un son est dit pur s'il est sinusoïdal.
Le diapason émet-il un son pur ?

2. Calculer la fréquence du son émis par le diapason.

3. Le tableau suivant donne le nom d'une note en fonction de sa fréquence :

Nom des notes	do(grave)	ré	mi	fa	sol	la	si	do(aigu)
Fréquence (Hz)	261,59	293,72	329,58	349,48	360,06	440	493,68	523,16

À partir des valeurs de la fréquence trouvée précédemment, retrouver le nom de la note.

12 ★★ Onde et milieu de propagation

On réalise l'expérience suivante. On place un réveil alors qu'il sonne sous une cloche à vide et on fait progressivement le vide sous la cloche. On remarque que le son émis par le réveil s'atténue lorsqu'on fait le vide et on finit par ne plus l'entendre.

1. Que prouve cette expérience ?

2. Que se passerait-il si l'on enfermait dans la cloche une lampe émettant de la lumière ?

13 ★★ Image de western

Dans un western, on voit un indien collant une oreille sur les rails de chemins de fer pour savoir si un train arrive.

Expliquer quel est le phénomène mis en jeu.

14 ★★ La foudre

Lors d'un orage, on peut observer deux phénomènes : l'éclair et le tonnerre qui est un bruit qui l'accompagne.

1. Pourquoi perçoit-on l'éclair avant d'entendre le tonnerre ?

2. Un observateur chronomètre le temps mis par le tonnerre pour lui parvenir après qu'il a aperçu l'éclair. Il mesure $\Delta t = 4{,}4$ s. En déduire à quelle distance a frappé la foudre.

Données : *la vitesse du son dans l'air est* $v = 340\ m \cdot s^{-1}$ *; la vitesse de la lumière dans l'air est* $c = 3{,}0 \times 10^{8}\ m \cdot s^{-1}$.

15 ★★ Électrocardiogramme

Dans le cœur, la tension entre deux points du muscle cardiaque varie en permanence. La courbe ci-dessous est un électrocardiogramme qui représente l'activité électrique du cœur au cours du temps ainsi que l'échelle de représentation.

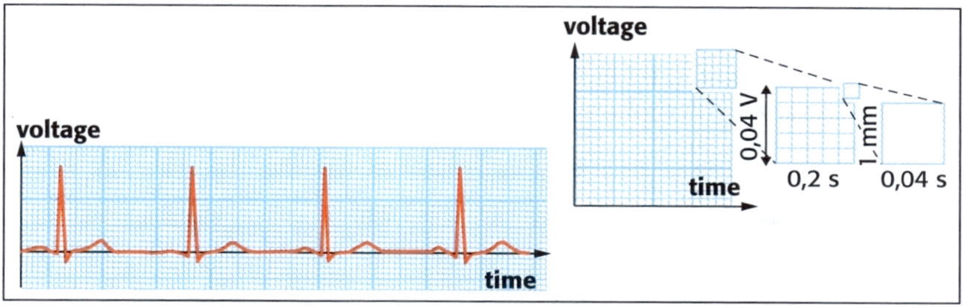

1. Qualifier la tension enregistrée.

2. Voltage et time sont des mots anglais. Donner leur traduction en français.

3. Calculer la période, la fréquence et la valeur maximale de la tension.

4. Quel est le nombre de pulsations du cœur par seconde ?

5. Calculer alors le nombre de pulsations par minute.

16 ★★★ Principe de l'échographie

L'échographie est une technique utilisée pour sonder le corps humain. L'appareil possède un émetteur d'ultrasons et un récepteur d'ultrasons placés à côté sur la face avant de l'appareil.

Le signal émis est constitué de « salves » sinusoïdales de fréquence $f = 40$ kHz, de durée $\tau = 100\ \mu s$. Pour mesurer une distance, on mesure la durée Δt entre l'envoi d'une salve par l'émetteur et sa réception par le récepteur après réflexion sur un organe.

La vitesse de propagation c des ultrasons dans le corps est supposée égale à 1 000 m · s^{-1}.

On a représenté ci-contre les salves émises par l'émetteur ainsi qu'une salve reçue par le récepteur au même instant.

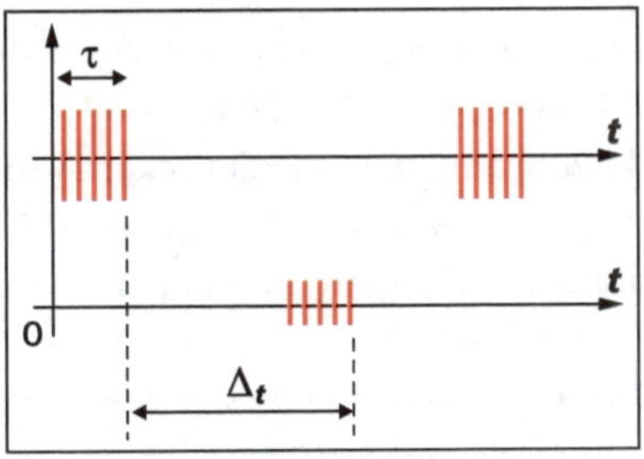

1. Faire un schéma représentant l'émetteur d'ultrasons, le récepteur, l'organe, la distance d, que l'on cherche à mesurer, entre l'appareil et l'organe.

2. Combien de périodes de sinusoïdes chaque salve d'ultrasons contient-elle ?

3. Expliquer pourquoi il y a un décalage dans le temps entre l'émission d'une salve par l'émetteur et sa réception par le récepteur. Exprimer la distance entre l'appareil et l'organe si le décalage temporel entre l'émission et la réception vaut $\Delta t = 40$ µs.

17 ★★★ Mesure de la vitesse du son

On réalise l'expérience suivante : deux microphones M1 et M2 sont alignés et distants de $d = 1{,}0$ m. Ils sont reliés respectivement aux voies 1 et 2 d'un oscilloscope à mémoire. Devant le microphone M1, on produit un « clap sonore », et on obtient l'oscillogramme ci-dessous.

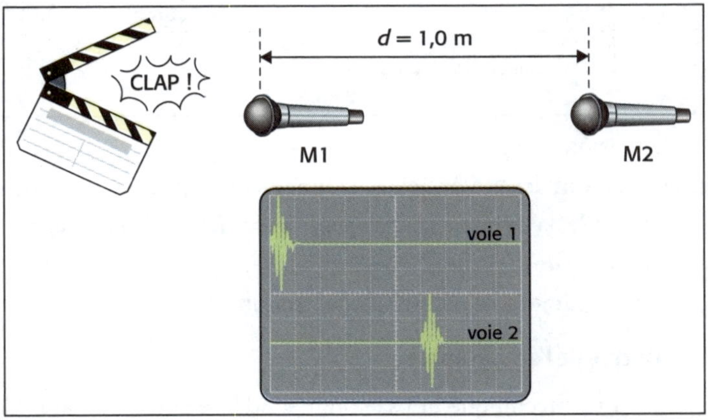

1. Expliquer pourquoi le microphone 2 reçoit le son après le microphone 1.

2. Sachant que le balayage horizontal de l'oscilloscope est de 500 µs/div, calculer la vitesse de propagation du son dans l'air.

Vérifiez vos connaissances

1 Compléter les phrases

L'unité de temps du système international (SI) est *la seconde (s).*

L'unité SI de tension est *le volt (V).*

L'unité SI d'intensité est *l'ampère (A).*

L'unité SI de longueur est *le mètre (m).*

Pour mesurer une tension, on utilise un *voltmètre* branché en *dérivation.* L'oscilloscope permet de visualiser l'évolution d'une tension au cours du temps. Il se branche en *dérivation* dans un circuit. Un *ampèremètre* permet de mesurer une intensité de courant électrique, il se branche en *série* dans un circuit.

1,3 ms = $1{,}3 \times 10^{-3}$ s = 0,0013 s ;

12,8 µs = $12{,}8 \times 10^{-6}$ s = $1{,}28 \times 10^{-5}$ s ;

35 ms = 35×10^{-3} s = 0,035 s ;

250 mV = 250×10^{-3} V = $2{,}50 \times 10^{-1}$ V ;

1,2 kV = $1{,}2 \times 10^{3}$ V.

Rappel

Dans les conversions, pensez à utiliser les puissances de 10 pour conserver le même nombre de chiffres significatifs.

2 Vrai-Faux

1. Vrai : sa valeur change au cours du temps.

2. Faux : ce n'est pas une tension périodique, il n'y a aucun motif qui se répète car l'amplitude n'est pas constante.

3. Faux : ce n'est pas une tension sinusoïdale car elle n'est pas périodique.

4. Vrai : elle est alternative car elle prend alternativement des valeurs positives et des valeurs négatives.

3 Compléter

La tension délivrée par EDF est une tension sinusoïdale de valeur maximale 311 V et de fréquence 50 Hz. C'est une tension *alternative, périodique.* Sa valeur minimale est de – 311 V, sa période est $T = \frac{1}{f} = \frac{1}{50} = 0{,}020$ s = 20 ms.

4 Vrai-Faux

1. Faux : certaines ondes peuvent se propager dans le vide, par exemple les ondes électromagnétiques qui n'ont pas besoin de support matériel pour se propager.

2. Vrai : une onde progressive se propage dans l'espace.

3. Vrai : la vitesse de propagation d'une onde dépend du milieu. Par exemple dans l'air, la vitesse du son est de 340 $m \cdot s^{-1}$, dans l'eau, elle est de $1,5 \times 10^3$ $m \cdot s^{-1}$.

4. Faux : la fréquence ne dépend pas du milieu matériel.

5 Q.C.M.

1. b. Une onde sonore nécessite un milieu élastique pour se propager.

2. c. La formule correcte est $f = \frac{1}{T}$.

3. b. Le milieu où un son se propage le plus vite est l'eau.

4. b. La vitesse du son dans l'air à 15 °C est 340 $m \cdot s^{-1}$.

5. c. Un ultrason.

6 Cocher les réponses exactes

1. Faux : une onde électromagnétique est la propagation d'un *champ* électrique et d'un champ magnétique.

2. Vrai.

3. Vrai.

4. Faux : l'œil humain est sensible à des ondes électromagnétiques de longueurs d'ondes comprises environ entre *0,4 µm* et *0,8 µm*.

5. Faux : la lumière se propage environ 1 million de fois plus vite que le son dans l'air.

6. Vrai : les milieux dans lesquels la lumière ne se propage pas sont dit opaques.

7. Faux : la vitesse de la lumière dépend du milieu de propagation.

Exercices d'entraînement

7 Étude d'une tension sinusoïdale

1. Cette tension est alternative car elle prend alternativement des valeurs positives et négatives ; elle est aussi périodique car un motif se répète. De plus, elle est sinusoïdale.

2. Un motif se répète tous les 5,0 carreaux. Chaque carreau représente 1 ms. $T = 5{,}0 \times 1 = 5{,}0$ ms ;

$$f = \frac{1}{T} = \frac{1}{5{,}0 \times 10^{-3}} = 2{,}0 \times 10^2 \text{ Hz}.$$

La courbe atteint son maximum à 3 carreaux. Chaque carreau représente 2 V. $U_{max} = 3{,}0 \times 2 = 6{,}0$ V.

De même, la tension descend jusqu'à 3 carreaux donc $U_{min} = -3{,}0 \times 2 = -6{,}0$ V.

L'astuce du prof

L'oscillogramme représente 2 périodes, il est plus précis de mesurer 2 périodes puis de diviser par 2.

8 Études d'oscillogrammes

a. $U_{max} = 3{,}0 \times 1 = 3{,}0$ V ; $U_{min} = -1{,}0 \times 1 = -1{,}0$ V ;

$T = 5{,}0 \times 2 = 10$ ms ; $f = \frac{1}{T} = \frac{1}{10 \times 10^{-3}} = 1{,}0 \times 10^2$ Hz.

b. $U_{max} = 1{,}0 \times 0{,}5 = 0{,}50$ V ; $U_{min} = -4{,}0 \times 0{,}5 = -2{,}0$ V ;

$T = 5{,}0 \times 10 = 50$ ms ; $f = \frac{1}{T} = \frac{1}{50 \times 10^{-3}} = 20$ Hz.

c. $U_{max} = 4{,}0 \times 2 = 8{,}0$ V ; $U_{min} = -2{,}0 \times 2 = -4{,}0$ V ;

$T = 5{,}0 \times 1 \times 10^{-6} = 5{,}0 \times 10^{-6}$ s ; $f = \frac{1}{T} = \frac{1}{5{,}0 \times 10^{-6}} = 2{,}0 \times 10^5$ Hz.

Gagnez des points !

Pensez à convertir les millisecondes en secondes pour calculer la fréquence en hertz.

9 Mesures avec un oscilloscope

$U_{max} = 2{,}0 \times 5 = 10$ V ;

$U_{min} = -2{,}0 \times 5 = -10$ V ;

$T = 6{,}0 \times 0{,}2 = 1{,}2$ ms ;

$$f = \frac{1}{T} = \frac{1}{1{,}2 \times 10^{-3}} = 8{,}3 \times 10^2 \text{ Hz}.$$

10 Représentation d'oscillogramme

$T = \frac{1}{f} = \frac{1}{500} = 2{,}0$ ms.

Chaque carreau représente horizontalement 0,5 ms, une période occupe donc 2,0/0,5 = 4,0 carreaux.

$U_{max} = 3{,}4$ V.

U_{max} est donc représentée par 3,4 carreaux, U_{min} par 1 carreau.

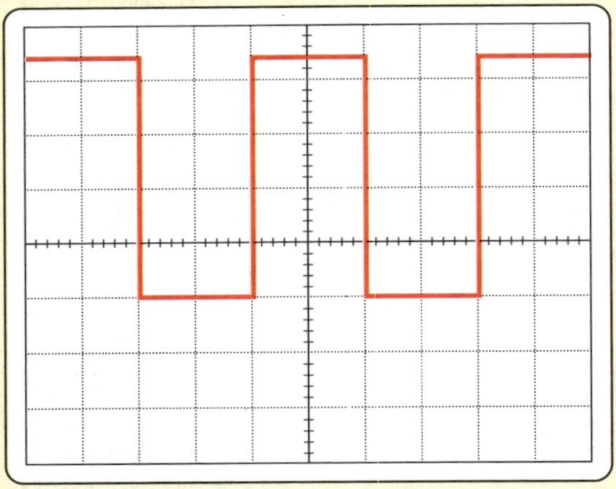

Rappel

Chaque petite division de carreau représente 1/5e de carreau, soit 0,2 carreau.

11 Enregistrement d'un son

1. La courbe obtenue sur l'oscilloscope est une sinusoïde, le son émis par un diapason est un son pur.

2. Pour déterminer la fréquence, il faut d'abord mesurer la période de la tension sur l'oscilloscope.

Un motif a lieu en 4,6 divisions et la durée de balayage est de 0,5 ms/div.

$T = 4{,}6 \times 0{,}5 = 2{,}3$ ms $= 2{,}3 \times 10^{-3}$ s ;

$f = \frac{1}{T} = \frac{1}{2{,}3 \times 10^{-3}} = 4{,}4 \times 10^{2}$ Hz.

La fréquence du son émis par ce diapason est $f = 4{,}4 \times 10^{2}$ Hz.

3. La note émise par le diapason est un *la* car la fréquence mesurée est proche de 440 Hz.

12 Onde et milieu de propagation

1. Cette expérience prouve que le son a besoin d'un milieu matériel pour se propager : il ne peut pas se propager dans le vide.

2. Si on enferme une lampe dans la cloche, on continue de la voir briller car la lumière peut se propager dans le vide.

13 Image de western

Le son se propage plus vite dans les métaux que dans l'air. Dans le fer, la vitesse de propagation est de 5 950 $m \cdot s^{-1}$. Le son émis par le train arrive plus vite par le rail que dans l'air.

14 La foudre

1. Lors de l'orage, le son et la lumière sont émis simultanément. Mais la lumière se propage environ 1 million de fois plus vite que le son dans l'air : on perçoit d'abord l'éclair, puis on entend le tonnerre.

2. On peut négliger la durée de propagation de la lumière car elle est environ 1 million de fois plus petite que la durée de propagation du son.

Δt = 4,4 s est donc le temps mis par le son pour parcourir la distance d entre l'endroit où a lieu l'orage et l'observateur.

Par définition de la vitesse, $v = \dfrac{d}{\Delta t}$

d'où $d = v\Delta t$.

A.N. : $d = 340 \times 4{,}4 = \mathbf{1{,}5 \times 10^3}$ **m.**

La foudre a frappé à $1{,}5 \times 10^3$ m de l'observation.

Gagnez des points !

Pensez à écrire une expression littérale, à faire l'application numérique et à donner le résultat avec le bon nombre de chiffres significatifs.

15 Électrocardiogramme

1. La tension enregistrée est variable, car sa valeur varie au cours du temps, alternative car elle prend des valeurs alternativement positives et négatives, et périodique car un motif se répète.

2. *Voltage* peut être traduit par tension. *Time* est traduit par temps.

La courbe enregistrée est donc une tension en fonction du temps.

3. Trois périodes sont représentées par 15 demi-carreaux (avec 1 demi-carreau = 0,2 s). D'où $3 \times T = 15 \times 0{,}2 = 3{,}0$ s, soit $T = \dfrac{3{,}0}{3} = 1{,}0$ s ;

$f = \frac{1}{T} = \frac{1}{1,0} = 1,0$ Hz.

La fréquence cardiaque est de 1,1 Hz.

La tension maximale $U_{max} = 3,2 \times 0,04 = 0,13$ V.

4. Le nombre de pulsations par seconde est égal à la fréquence cardiaque soit 1,0 pulsation par seconde.

5. Le nombre de pulsations par minute est $1,0 \times 60 = 60$ battements/min.

16 Principe de l'échographie

1. Schéma de l'échographe :

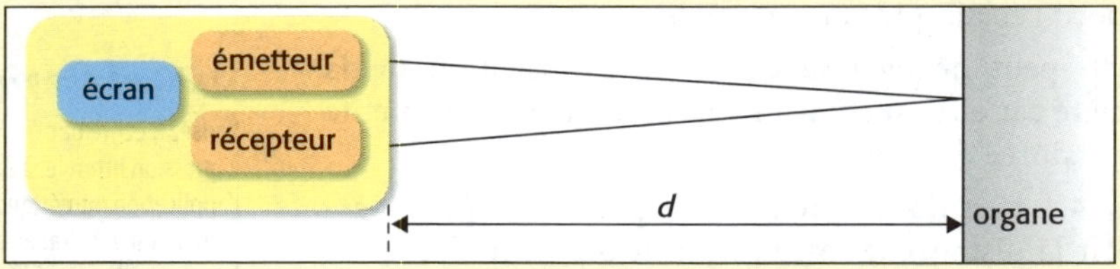

2. Pour les ultrasons émis : $f = 40$ kHz.

$T = \frac{1}{f} = \frac{1}{40 \times 10^3} = 2,5 \times 10^{-5}$ s.

La durée d'une salve étant $\tau = 100$ µs, le nombre de périodes dans une salve est $N = \frac{\tau}{T} = \frac{100 \times 10^{-6}}{2,5 \times 10^{-5}} = 4$.

Dans une salve d'ultrasons, il y a 4 périodes.

3. La distance entre l'appareil et l'organe est $d = v\Delta t$.

La distance parcourue par l'onde est, après approximation : $2d = v\Delta t$.

d'où $d = \frac{v\Delta t}{2}$.

A.N. : $d = \frac{1\,000 \times 40 \times 10^{-6}}{2} = \mathbf{0,020}$ **m.**

La distance d entre l'appareil et l'organe est de 20 mm.

Rappel

Il est important dans cet exercice de bien repérer à quoi correspond chaque grandeur.

Gagnez des points !

Attention aux unités dans l'application numérique.

17 Mesure de la vitesse du son

1. Le microphone 2 reçoit le son après le microphone 1 car il est placé après celui-ci. La vitesse du son étant finie, le décalage de temps entre le signal reçu par le microphone 1 et celui reçu par le microphone 2 correspond au temps mis par le son pour aller de M1 à M2.

2. D'après l'oscillogramme, le décalage temporel entre les deux signaux vaut :

$\Delta t = 6{,}0 \times 500 = 3{,}0 \times 10^3\ \mu s = 3{,}0$ ms.

$$v = \frac{d}{\Delta t} = \frac{1{,}0}{3{,}0 \times 10^{-3}} = 3{,}3 \times 10^2\ \text{m} \cdot \text{s}^{-1}.$$

Remarque

La mesure de la période sur l'oscillogramme peut être donnée avec 2 chiffres significatifs.

La vitesse de propagation du son mesurée est $v = 3{,}3 \times 10^2\ \text{m} \cdot \text{s}^{-1}$.

Cette valeur correspond aux incertitudes de mesures près à la valeur connue de $340\ \text{m} \cdot \text{s}^{-1}$.

CHAPITRE 2

Mouvements et forces

1 Relativité du mouvement

Pour étudier le mouvement d'un objet (ou du point d'un objet), il faut préciser le système étudié et le référentiel dans lequel on l'étudie.

1 Système, référentiel

Système : c'est l'objet dont on étudie le mouvement.
Référentiel : c'est un objet de référence par rapport auquel on étudie le mouvement du système.

→ Exemples de référentiels

- Pour étudier le mouvement d'un objet à la surface de la Terre, on utilise le **référentiel terrestre** appelé aussi référentiel du laboratoire ; tout objet immobile par rapport au sol est un référentiel terrestre.
- **Référentiel héliocentrique :** c'est un solide imaginaire construit à partir des centres du Soleil et de trois étoiles formant trois axes orthogonaux. On utilise le référentiel héliocentrique pour étudier le mouvement des planètes du système solaire.
- **Référentiel géocentrique** (grec : *géo*, la Terre) : solide imaginaire construit à partir des centres de la Terre et de trois étoiles formant trois axes orthogonaux. On utilise le référentiel géocentrique pour étudier le mouvement de la Lune et des satellites artificiels de la Terre.

2 Mouvement d'un objet

Le mouvement d'un système dépend du référentiel choisi.
Par exemple, le passager d'un train est immobile par rapport au train mais est en mouvement par rapport au sol : son mouvement dépend du référentiel.

3 Trajectoire d'un point

La trajectoire d'un point est l'ensemble des positions successives occupées par ce point.

- Si la trajectoire d'un point est une droite, on dit que le mouvement est **rectiligne**.
- Si la trajectoire d'un point est un cercle, on dit que le mouvement est **circulaire**.
- Si la trajectoire d'un point est une courbe, on dit que le mouvement est **curviligne**.

La trajectoire d'un point dépend du référentiel.

4 Vitesse d'un point

La vitesse d'un point est le rapport entre la distance parcourue, notée *d* (ou *l*) et la durée *t* du parcours.

$$v = \frac{d}{t}$$

où *d* est une distance en mètre (m), *t* une durée en seconde (s), *v* est la vitesse en m/s ou $\text{m} \cdot \text{s}^{-1}$.

- Si la vitesse du point est constante, on dit que son mouvement est **uniforme**.
- Si la vitesse du point augmente, on dit que son mouvement est **accéléré**.
- Si la vitesse du point diminue, on dit que son mouvement est **ralenti**.

Conversion : $1\ \text{m} \cdot \text{s}^{-1} = 3{,}6\ \text{km} \cdot \text{h}^{-1}$. La vitesse d'un point dépend du référentiel.

EXERCICE RÉSOLU

Analyser le mouvement d'un point

ÉNONCÉ

Les positions d'un point ont été enregistrées toutes les 20 ms.
Qualifier le mouvement de ce point qui se déplace de la gauche vers la droite.

1. +   +   +   +   +

2. + + +   +   +   +   +   +

CORRIGÉ

1. Ce point est animé d'un **mouvement rectiligne uniforme**, car la trajectoire est une droite (les points sont alignés) et la vitesse est constante (la distance parcourue pendant 20 ms est constante).

2. Ce point est animé d'un **mouvement rectiligne accéléré**, car la trajectoire est une droite et la vitesse augmente (la distance parcourue pendant 20 ms augmente).

> **Méthode**
> Pour qualifier un mouvement, il faut deux adjectifs : un qualifiant la trajectoire, l'autre l'évolution de la vitesse.

2 Actions mécaniques et principe d'inertie

1 Effets d'une force sur le mouvement d'un corps

➜ Représentation d'une force

Une force est représentée par un segment fléché appelé **vecteur force**, noté $\vec{F}_{\text{acteur/receveur}}$ dont les caractéristiques sont :
– l'origine du vecteur est le point d'application de la force ;
– la direction du vecteur est la direction de la force ;
– le sens du vecteur est le sens de la force ;
– la norme (ou longueur) est proportionnelle à la valeur de la force, exprimée en newton (N).

Exemple : Représentation de la force exercée par la main sur la corde.

➜ Les effets d'une force

Une force qui s'exerce sur un corps peut :
– mettre ce corps en mouvement (*exemple :* action du pied du footballeur sur le ballon lors du tir au but) ;
– modifier sa trajectoire (*exemple :* action d'un aimant sur une bille en acier en mouvement : celle-ci est déviée) ;
– modifier sa vitesse (*exemple :* la vitesse d'une balle en chute libre augmente sous l'effet de son poids) ;
– modifier son énergie cinétique (exemple : l'énergie cinétique d'une balle en chute libre diminue au cours de la montée puis diminue au cours de la descente).

➜ Influence de la masse du corps

L'effet d'une force sur le mouvement d'un corps est d'autant plus important que sa masse est petite.
Exemple : En exerçant une force, un enfant peut mettre en mouvement une petite voiture, il est incapable de mettre en mouvement un camion.

2 Principe d'inertie

Dans un référentiel terrestre, un système persévère dans son état de repos ou de mouvement rectiligne uniforme si les forces qui s'exercent sur lui se compensent.

Remarques :

– Si un corps est soumis à des forces qui se compensent, son mouvement est rectiligne uniforme (ou il est immobile), et inversement.

– L'immobilité est un cas particulier de mouvement rectiligne uniforme (vitesse nulle).

– Un corps soumis à des forces qui se compensent et un corps soumis à aucune force ont un comportement équivalent.

– Un corps peut être en mouvement sans force s'appliquant sur lui.

EXERCICE RÉSOLU

Déterminer le mouvement d'un mobile autoporteur

ÉNONCÉ

On a enregistré les positions successives d'un mobile autoporteur toutes les 40 ms. Dans les deux situations suivantes, qualifier le mouvement, puis dire si le mobile autoporteur est soumis à des forces qui se compensent.

1.

2.

CORRIGÉ

Dans chaque cas, le système est le mobile autoporteur, le référentiel est le référentiel terrestre ou référentiel du laboratoire.

1. Le mouvement est circulaire uniforme car la trajectoire est un cercle et que la vitesse est constante : ce corps n'est pas soumis à des forces qui se compensent, d'après le principe d'inertie.

> **Conseil**
> Commencez par identifier le système et le référentiel.

2. Le mouvement est rectiligne uniforme : d'après le principe d'inertie, ce corps est soumis à des forces qui se compensent.

3 La gravitation universelle

1 Un peu d'histoire

En 1687, Isaac Newton émet l'hypothèse que la force s'exerçant sur un corps en chute verticale et la force s'exerçant sur la Lune sont de même nature : c'est la force d'attraction gravitationnelle exercée par la Terre.

2 Loi de gravitation universelle

La gravitation universelle s'exerce entre tous les corps.
Deux corps de masses m_A et m_B exercent l'un sur l'autre des forces attractives.
Ces forces sont :

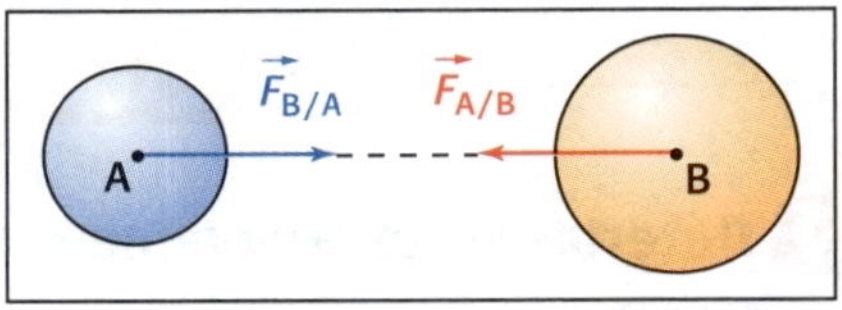

– appliquées aux centres A et B des deux corps ;
– de direction : la droite (AB) ;
– de même valeur

$$F_{A/B} = F_{B/A} = \frac{Gm_A m_B}{d^2}$$;

– de sens opposés : $\vec{F}_{A/B} = -\vec{F}_{B/A}$.

G est la constante de gravitation universelle, $G = 6{,}67 \times 10^{-11}$ SI ; m_A et m_B les masses des corps A et B en kilogramme (kg) ;
d la distance entre les centres de A et de B en mètre (m).

3 Poids d'un corps

➜ Poids et force gravitationnelle

La force gravitationnelle exercée par la Terre et le poids ont même valeur, même direction et même sens : le poids d'un corps peut s'identifier à la force gravitationnelle exercée par la Terre sur ce corps.
La force de pesanteur terrestre résulte de l'attraction terrestre.

→ Caractéristiques du poids

– Point d'application : centre de gravité du corps ;
– direction : verticale ;
– sens : de haut en bas ;
– valeur : $P = mg$, où g est l'intensité de la pesanteur en N/kg.

Remarque : L'intensité de la pesanteur g varie suivant le lieu à la surface de la Terre. Par exemple, $g = 9{,}79$ N/kg au niveau de l'Équateur et $g = 9{,}81$ N/kg à Paris.

→ Poids sur la Terre et sur la Lune

Le poids d'un corps dépend de l'astre à proximité duquel il se trouve. L'intensité de la pesanteur sur la Terre et sur la Lune valent :

Sur Terre : $g_{Terre} = G\frac{m_{Terre}}{R_{T^2}} = 6{,}67 \times 10^{-11} \times \frac{5{,}98 \times 10^{24}}{(6\,375 \times 10^{8})^2} = 9{,}81\ N \cdot kg^{-1}$, où R_T est le rayon de la Terre.

Sur la Lune : $g_{Terre} = G\frac{m_{Lune}}{R_{Lune^2}} = 6{,}67 \times 10^{-11} \times \frac{7{,}35 \times 10^{22}}{(1\,737 \times 10^{8})^2} = 1{,}62\ N \cdot kg^{-1}$

L'intensité du poids d'un objet sur la Lune est environ 6 fois plus faible que l'intensité de son poids sur Terre.

EXERCICE RÉSOLU

Calculer une force gravitationnelle

ÉNONCÉ

Calculer la valeur de la force gravitationnelle exercée par la Terre sur la Lune.

Données : *Masse de la Terre :* $M_T = 5{,}98 \times 10^{24}$ *kg ;*
Masse de la Lune : $M_L = 7{,}35 \times 10^{22}$ *kg ;*
Distance Terre-Lune : $D = 3{,}80 \times 10^{5}$ *km.*

Conseil

Faites l'application numérique en utilisant les unités du Système International SI.

CORRIGÉ

$$F_{T/L} = \frac{GM_TM_L}{D^2} = \frac{6{,}67 \times 10^{-11} \times 5{,}98 \times 10^{24} \times 7{,}35 \times 10^{22}}{(3{,}80 \times 10^{8})^2} = \mathbf{2{,}03 \times 10^{20}\ N.}$$

4 Mesure d'une durée

Pour mesurer une durée, l'Homme a construit de nombreux dispositifs, du plus rudimentaire au plus perfectionné.

1 Les premiers dispositifs

Souvent utilisés depuis plusieurs milliers d'années, ces dispositifs ont l'avantage d'être simples à mettre en œuvre.

- La clepsydre ou horloge à eau : L'eau placée dans un grand récipient gradué s'écoule par une petite ouverture faite dans le fond. Répandue, la clepsydre est simple d'utilisation, après avoir été étalonnée, mais n'est pas très fiable car de nombreux facteurs peuvent intervenir sur la durée de l'écoulement (température de l'eau, impuretés, remplissage…).
- Le sablier : Du sable placé dans un double récipient s'écoule régulièrement par un petit orifice. La durée mesurée est précise, mais ne peut être très longue, car la quantité de sable est limitée.
- Le cadran solaire : L'ombre d'un bâton posé au sol évolue au cours d'une journée. Sur cette constatation, on a amélioré ce dispositif utilisant le déplacement du Soleil dans le ciel au cours d'une journée, en plaçant le cadran sur les murs des bâtiments. Très largement répandu dans les pays ensoleillés, il n'est pas utilisé partout, et ne peut pas être utile la nuit.

2 Les horloges

Les horloges ont d'abord été des instruments coûteux et réservés à une certaine partie de la population. Démocratisées par l'apparition du quartz et de la miniaturisation, les horloges sont de plus en plus perfectionnées et permettent de mesurer des durées de plus en plus précises.

→ Principe de fonctionnement

Chaque horloge possède :

- une réserve d'énergie (le poids, le ressort) ;
- un échappement, qui régule le transfert de l'énergie ;
- un oscillateur qui met en mouvement des aiguilles ou qui transmet des informations à l'affichage.

3 Le pendule simple

Un pendule simple est un dispositif constitué d'un solide S de petite masse m accroché à un fil de longueur L. Écarté de sa position d'équilibre et lâché sans vitesse initiale, le pendule oscille régulièrement.

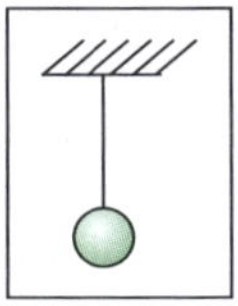

➜ Période et fréquence

La durée pour faire un aller et un retour est la période T des oscillations.

Elle est définie par la relation $T = 2\pi\sqrt{\frac{L}{g}}$ avec g l'intensité de la pesanteur.

La fréquence f des oscillations correspond au nombre d'oscillations qui se produisent en une seconde. D'où $f = \frac{1}{T}$ avec T en seconde (s) et f en hertz (Hz).

Remarque : Symbole des unités de durée : seconde : s ; minute : min ; heure : h ; jour : j.

EXERCICE RÉSOLU

Mesurer une durée

ÉNONCÉ

Un professeur de sport chronomètre ses élèves qui courent autour du stade d'athlétisme. La longueur de la piste est $D = 400$ m.
Pour avoir une note supérieure à 10/20 au baccalauréat, les garçons doivent courir le 1 500 m en moins de 5 min 14 s.

1. Convertir cette durée en secondes.

2. Quel instrument le professeur peut-il utiliser pour mesurer cette durée avec la précision adaptée ?

CORRIGÉ

1. La durée est $\Delta t = 5 \times 60 + 14 = 314$ s.

2. Pour mesurer cette durée (dont la précision est de 1 seconde), le professeur peut utiliser une montre. En utilisant un chronomètre, il donnera des résultats avec une précision trop importante et inadéquate.

Savoir qualifier un mouvement

ÉNONCÉ

On a enregistré les positions d'un point à intervalles de temps égaux. Quelle est la nature du mouvement du point ?

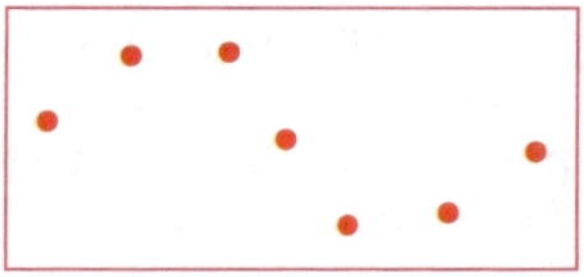

MÉTHODE

Il faut utiliser deux adjectifs : un qualifiant la trajectoire (rectiligne, curviligne, circulaire) et un caractérisant l'évolution de la vitesse (accéléré, ralenti, uniforme).

CORRIGÉ

La trajectoire du point est une courbe. Les distances parcourues sont identiques pendant des durées égales : le point est donc animé d'un mouvement curviligne et uniforme.

Piège à éviter

Ne confondez pas mouvement et trajectoire.

Savoir faire un bilan des forces

ÉNONCÉ

Une bille est immobile, suspendue à un fil. Faire le bilan des forces qui s'exercent sur la bille.

MÉTHODE

Il faut bien identifier le système, recenser les forces à distance (sans contact entre l'acteur et le receveur), puis les forces de contact.

CORRIGÉ

- Référentiel : terrestre.
- Système étudié : la bille.
- Forces à distance : son poids $\vec{P}$.

Il n'y a pas d'autre force à distance (pas de force électrostatique ou de force magnétique…).

- Forces de contact : le fil touche la bille ; il exerce sur elle une force appelée tension $\vec{T}$.

L'air est en contact avec la bille, mais dans la plupart des cas, on néglige les forces exercées par l'air.

Réflexe à avoir

Précisez le système et le référentiel d'étude.

Représenter les forces qui s'exercent sur un système

ÉNONCÉ

Un ballon de masse $m = 50$ g est en chute libre. Représenter la (ou les) force(s) qui s'exerce(nt) sur le ballon.

Piège à éviter

Ne confondez pas vitesse et force : une force s'exprime en N et une vitesse en $m \cdot s^{-1}$.

MÉTHODE

Il faut faire le bilan des forces, donner leurs caractéristiques, puis les représenter en tenant compte de ces caractéristiques et en choisissant une échelle adaptée.

CORRIGÉ

Le ballon n'est soumis qu'à son poids dont les caractéristiques sont :
- point d'application : le centre de gravité G du ballon ;
- direction : verticale ;
- sens : vers le bas ;
- valeur : $P = mg$. **A.N. :** $P = 0{,}050 \times 10 = 0{,}50$ N.

On peut choisir 1 cm représente 0,25 N.
La longueur du vecteur est alors 2 cm.

Réflexe à avoir

Faites un schéma clair et choisissez une échelle adaptée.

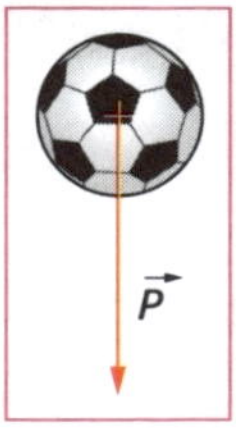

Appliquer le principe d'inertie

ÉNONCÉ

Une voiture prend un virage. Peut-on appliquer le principe d'inertie ?

MÉTHODE

Il faut vérifier que le mouvement est rectiligne uniforme ou que les forces se compensent.

CORRIGÉ

On ne peut pas appliquer le principe d'inertie car le mouvement n'est pas rectiligne.

Savoir convertir une durée exprimée en seconde

ÉNONCÉ

Une course à pieds dure 2 h 23 min 32 s. Exprimer cette durée en seconde.

MÉTHODE

On utilise les égalités « une heure dure 60 minutes » et « une minute dure 60 secondes », en multipliant la durée exprimée en minutes par 60 et celle exprimée en heures par 3 600.

CORRIGÉ

La durée exprimée en seconde vaut :
$\Delta t = 2 \times 3\,600 + 23 \times 60 + 32 = 8\,612$ s.

> **Piège à éviter**
> N'oubliez pas de convertir les heures et les minutes en secondes.

Savoir choisir le dispositif adapté pour mesurer une durée

ÉNONCÉ

Le record du marathon féminin est de 2 h 15 min 25 s. Parmi les instruments proposés, quel est celui qui est le plus adapté pour mesurer cette durée ?
Un pendule, un cadran solaire, une montre, une horloge atomique, un chronomètre.

MÉTHODE

On évalue la précision de la mesure (à la seconde, au 1/10e de seconde, au 1/100e de seconde…) et on choisit l'instrument qui a la même précision.

CORRIGÉ

Un pendule a une précision de 1 s.
Un cadran solaire a une précision d'une dizaine de minutes.
Une horloge atomique a une précision d'un milliardième de seconde.
Un chronomètre a une précision d'un centième de seconde.
Une montre a une précision d'une seconde.
On utilise donc une montre pour mesurer une durée qui a la précision de la seconde.

> **Piège à éviter**
> Ne choisissez pas un instrument trop précis pour une mesure en ne tenant pas compte de la précision attendue.

Vérifiez vos connaissances

1 Q.C.M.

Cocher la ou les bonnes réponses.

1. Le référentiel pratique pour l'étude du mouvement de la Lune autour de la Terre est :

a. ☐ le référentiel du laboratoire ; **b.** ☐ le référentiel héliocentrique ;

c. ☐ le référentiel géocentrique.

2. La vitesse de pointe du TGV est :

a. ☐ $30\ \text{m} \cdot \text{s}^{-1}$; **b.** ☐ $320\ \text{km} \cdot \text{h}^{-1}$; **c.** ☐ $320\ \text{m} \cdot \text{s}^{-1}$.

3. Une bille est posée sur une table. Elle est soumise à :

a. ☐ aucune force ; **b.** ☐ deux forces ; **c.** ☐ trois forces.

4. Une bille est suspendue à un fil et oscille de droite à gauche et de gauche à droite. Elle est soumise à :

a. ☐ aucune force ; **b.** ☐ à des forces qui se compensent ;

c. ☐ à des forces qui ne se compensent pas.

2 Vrai-Faux

Indiquer pour chaque proposition si elle est vraie (V) ou fausse (F).

1. Pour qu'un objet soit en mouvement, il faut qu'il soit soumis au moins à une force. ☐ V ☐ F

2. La masse d'un objet ne dépend pas du lieu. ☐ V ☐ F

3. Le poids d'un objet augmente avec l'altitude. ☐ V ☐ F

4. Un objet à la surface de la Terre est soumis à la force gravitationnelle exercée par la Terre et à son poids. ☐ V ☐ F

5. La force d'interaction gravitationnelle est une force à distance. ☐ V ☐ F

3 Durées et périodes

Indiquer pour chaque proposition si elle est vraie (V) ou fausse (F).

1. Une heure dure 60 minutes. ☐ V ☐ F

2. La période est une grandeur qui s'exprime en hertz. ☐ V ☐ F

3. Une journée dure 86 400 secondes. ☐ V ☐ F

4. Un phénomène périodique a toujours la même fréquence. ☐ V ☐ F

5. La fréquence d'un phénomène périodique correspond au nombre de fois où le phénomène se produit en une journée. ☐ V ☐ F

6. La fréquence est égale à l'inverse de la période. ☐ V ☐ F

4 Q.C.M.

Choisir les propositions correctes.

1. La période s'exprime en :

a. seconde ; **b.** newton ; **c.** hertz.

2. Une année dure :

a. 60 s ; **b.** 86 400 s ; **c.** $3{,}15 \times 10^7$ s.

3. La période des oscillations d'un pendule dépend de :

a. sa masse et la longueur du fil ;

b. sa masse et l'intensité de la pesanteur ;

c. la longueur du fil et l'intensité de la pesanteur.

4. La période des oscillations d'un pendule est définie par $T = 2\pi\sqrt{\frac{L}{g}}$. On retrouve la longueur du fil par la relation :

a. $L = 2\pi\sqrt{Tg}$; **b.** $L = \frac{T^2 g}{2\pi}$; **c.** $L = \frac{T^2 g}{(2\pi)^2}$.

5 Mesure du temps

Parmi les propositions suivantes, quels sont les instruments qui ne permettent pas de faire des mesures du temps ?

Le pendule, le botafumeiro, un cadran solaire, une montre, les marées, le vent, un sablier, une clepsydre, les phases de la Lune.

Exercices d'entraînement

6 ★ Référentiel et système

Une voiture est animée d'un mouvement rectiligne uniforme. Préciser le référentiel et le système.

7 ★ Jogging

Lors d'une course à pied, un homme parcourt 6,0 km en 50 minutes.

1. Préciser le référentiel.

2. Calculer la vitesse moyenne de ce sportif en $m \cdot s^{-1}$ puis en $km \cdot h^{-1}$.

8 ★ Classer des longueurs

Classer les longueurs suivantes dans l'ordre croissant.

1. Rayon d'un noyau d'atome de plomb, rayon d'une bille de plomb, rayon d'un atome de plomb.

2. Longueur d'une molécule d'eau, diamètre d'une cellule de l'œil, rayon d'un atome d'oxygène, rayon du noyau d'un atome, rayon du globe oculaire.

3. Rayon de la Terre, rayon de la Galaxie, rayon de l'orbite terrestre.

9 ★ Conversions en seconde

Convertir les durées suivantes en seconde :

1. $T = 37$ min 22 s ; **2.** $T = 1$ an 2 j.

10 ★ Conversions en heure

Convertir les durées suivantes en heure, minute, seconde :

1. $T = 25\,587$ s ; **2.** $T = 687$ min 57 s.

11 ★ Calcul de périodes et de fréquences

Calculer la période ou la fréquence des phénomènes dont les fréquences ou les périodes sont données ci-dessous :

1. $f = 400$ Hz ; **3.** $f = 0{,}010$ Hz ;

2. $T = 20$ ms ; **4.** $T = 45$ min.

12 ★ Représentation de forces

Une balle est posée sur une table. Elle est immobile.

1. Préciser le système et le référentiel.

2. Faire le bilan des forces qui s'appliquent sur la balle.

3. Donner les caractéristiques de ces forces, puis les représenter.

Données :

masse de la balle : $m = 100$ g ;

intensité de la pesanteur sur la Terre : $g = 9{,}81\ N \cdot kg^{-1}$.

13 ★★ Bille en équilibre

On considère l'expérience suivante : une bille est suspendue à un fil, à proximité d'un aimant. Elle est en équilibre.

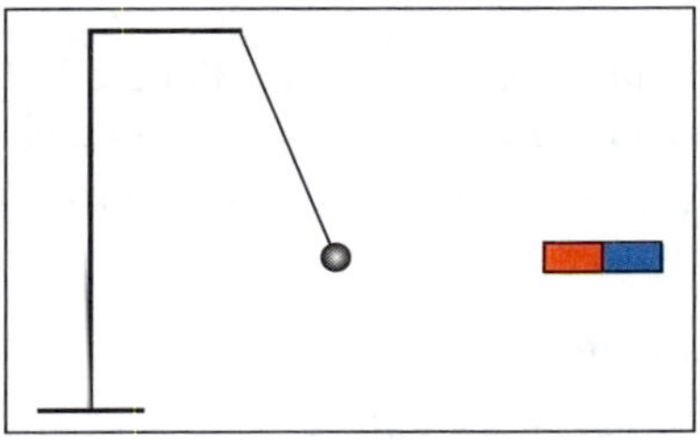

1. Préciser le système et le référentiel d'étude.

2. Faire le bilan des forces s'exerçant sur la bille.

3. Donner les caractéristiques de ces forces et les représenter sans souci d'échelle.

4. Que peut-on dire de ces forces ?

14 ★★ Grue

On considère une grue qui lève une charge.

1. Préciser le système et le référentiel.

2. Quelles sont les forces qui s'exercent sur le système ?

3. La charge monte verticalement à vitesse constante. Comparer les valeurs des forces qui s'exercent sur elle.

4. Les représenter sur le schéma sans souci d'échelle.

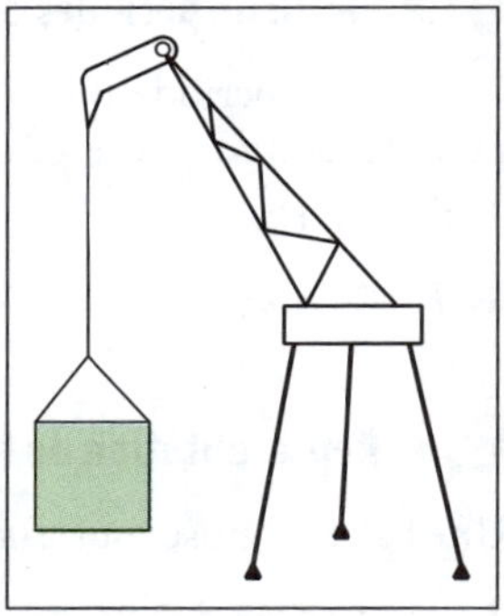

15 ★★ Chute d'une balle

On a filmé les positions du centre d'une balle, puis à l'aide d'un logiciel, on a enregistré les trajectoires de ce point toutes les 40 ms.

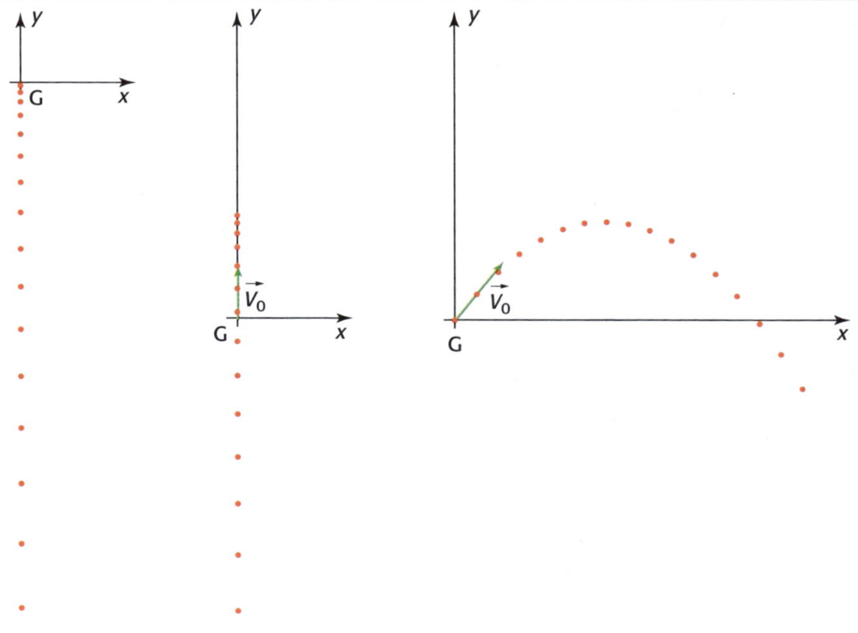

Balle lâchée | Balle lancée vers le haut | Balle lancée de manière oblique

1. Compléter le tableau suivant.

2. Représenter pour une position donnée de la balle la ou les force(s) qui s'exerce(nt) sur elle.

Expérience	Balle lâchée	Balle lancée vers le haut	Balle lancée de manière oblique
La vitesse varie-t-elle ?			
La direction du mouvement varie-t-elle ?			
Quelle(s) force(s) s'exerce(nt) sur la balle lors du mouvement ?			

16 ★★ Poids et force de pesanteur terrestre

Soit une sphère homogène de masse m située à la surface de la Terre ; elle est soumise à la force de pesanteur exercée par la Terre.

1. Exprimer la valeur de la force exercée par la Terre sur cette sphère en fonction de G, la masse de la Terre m_T, la masse de l'objet m et le rayon de la Terre R_T.

2. Faire le calcul pour exprimer la valeur de cette force en fonction de m.

3. Que peut-on en conclure ?

Données :

$G = 6,67 \times 10^{-11}$ *SI* ; $m_T = 5,98 \times 10^{24}$ *kg* ; $R_T = 6\,380$ *km.*

17 ★★ Force d'attraction gravitationnelle entre le Soleil et la Terre

1. Calculer la valeur de la force gravitationnelle exercée par le Soleil sur la Terre.

2. Donner les caractéristiques de cette force et la représenter sur un schéma.

Préciser l'échelle de représentation choisie.

3. Donner les caractéristiques de la force exercée par la Terre sur le Soleil et la représenter sur le même schéma.

4. Que peut-on dire de ces forces ?

Données :

masse de la Terre : $M_T = 5,98 \times 10^{24}$ *kg ;*

masse du Soleil : $M_S = 1,99 \times 10^{30}$ *kg ;*

distance moyenne entre les centres de la Terre et du Soleil : $D = 1,50 \times 10^{8}$ *km.*

18 ★★ Proxima du Centaure

La lumière met 4,3 années pour nous parvenir de l'étoile « Proxima du Centaure ».

1. Exprimer la durée en seconde.

2. Sachant que la vitesse de la lumière dans le vide est $c = 3,0 \times 10^{8}\ \text{m} \cdot \text{s}^{-1}$, en déduire la distance entre Proxima du Centaure et la Terre.

On considère qu'une année dure 365,25 jours.

19 ★★ Antares

La lumière met 170 années pour nous parvenir de l'étoile « Antares ». Convertir cette durée en jour, puis en seconde.

On considère qu'une année dure 365,25 jours.

20 ★★ Marathon

Le record actuel du marathon est de 2 h 02 min 57 s ; il a été établi en 2014 par Dennis Kimetto.

La distance parcourue est de 42,195 km.

1. Convertir cette durée en seconde.

2. Déterminer la vitesse moyenne du sportif. Exprimer le résultat en $m \cdot s^{-1}$ puis en $km \cdot h^{-1}$.

21 ★★ Mesure de la distance Terre-Lune

En 1969, lors de la mission Apollo XI, Neil Armstrong et Edwin Aldrin ont déposé à la surface de la Lune un réflecteur laser.

Ce réflecteur laser permet de renvoyer vers la Terre des faisceaux d'impulsions laser tirés de centres d'études.

Une impulsion laser effectue un aller-retour Terre-Lune en $\tau = 2,65$ s.

Déterminer la distance Terre-Lune sachant que la vitesse de propagation de la lumière dans le vide est $c = 3,00 \times 10^8\ m \cdot s^{-1}$.

22 ★★ Oscillations sur Terre

La période d'un pendule de masse *m* et de longueur *L* a pour expression :

$$T = 2\pi\sqrt{\frac{L}{g}}.$$

Intensité de la pesanteur à Paris : $g_T = 9,81\ N \cdot kg^{-1}$.

1. Déterminer la longueur d'un pendule qui fait cinq oscillations en 16,3 secondes.

2. Ce même pendule bat-il plus lentement à Paris ou à Cayenne (Guyane) ? Expliquer.

23 ★★★ Mouvement d'un parachutiste

Un parachutiste saute d'un hélicoptère immobile dans le ciel. On a mesuré la vitesse du parachutiste toutes les 2 secondes, lors de sa chute verticale et les résultats de mesures sont donnés dans le tableau suivant :

t (s)	0	2	4	6	8	10	12	14	16	18	20	22	24	26
v ($m \cdot s^{-1}$)	0	20	40	55	65	70	46	25	18	10	10	10	10	10

1. Tracer le graphique donnant l'évolution de la vitesse *v* en fonction du temps *t*.

2. On observe trois phases.

Qualifier pour chaque phase le mouvement du parachutiste en précisant l'intervalle de temps correspondant à chaque phase.

Indiquer comment l'énergie cinétique E_c du parachute évolue.

3. Au début de la première phase, la vitesse v et le temps t sont proportionnels. Justifier et calculer le rapport de proportionnalité.

Le comparer à g.

4. Lors d'une chute libre, c'est-à-dire lorsqu'un corps n'est soumis qu'à la force d'attraction gravitationnelle, il existe une relation entre la vitesse v et la durée t de la chute : $v = gt$.

Les frottements de l'air sont alors négligeables.

Jusqu'à quelle date peut-on considérer que la chute est libre ?

5. Lorsque le parachute s'ouvre, la vitesse du parachutiste diminue brusquement.

a. À quelle date le parachutiste ouvre-t-il son parachute ?

b. Faire alors le bilan des forces auxquelles il est soumis.

6. À partir de $t = 20$ s, faire le bilan des forces qui s'appliquent sur le parachutiste.

Que peut-on dire de ces forces ?

7. Avec quelle vitesse arrivera-t-il au sol ?

Donner sa valeur en $km \cdot h^{-1}$.

8. Qu'observe une personne ayant sauté en même temps que le parachutiste et qui ouvre son parachute après le parachutiste dont on a étudié le mouvement précédemment ?

24 ★★★ Mouvement d'un skieur

Un skieur descend une piste verglacée en ligne droite. Les frottements sont alors négligeables et sa vitesse augmente.

1. Étude de la descente

a. Qualifier le mouvement du skieur pendant sa descente.

b. Faire le bilan des forces s'exerçant sur lui, donner leurs caractéristiques et les représenter sur un schéma, sans souci d'échelle.

c. Expliquer alors pourquoi le mouvement n'est pas rectiligne uniforme pendant la descente.

d. Comment l'énergie cinétique varie-t-elle au cours de la descente ?

2. La piste devient horizontale, les frottements sont toujours négligeables.

a. Faire le bilan des forces s'exerçant sur lui et les représenter sur un nouveau schéma sans souci d'échelle.

b. Que peut-on dire de ces forces ?

c. Que peut-on en conclure sur le mouvement du skieur ?

Donnée : *lorsque les frottements sont négligeables, la réaction est perpendiculaire au support.*

25 ★★★ Astronaute

Un astronaute a une masse $m = 130$ kg, équipement compris.

1. Donner l'expression de la valeur de la force gravitationnelle que la Terre exerce sur lui lorsqu'il se trouve à une altitude z.

2. Quelle est la valeur de son poids à la surface de la Terre ?

3. Quelle est la valeur de son poids lorsqu'il est en orbite autour de la Terre dans la station Mir à 1 000 km de la surface de la Terre ?

4. Conclure.

Données :
Masse de la Terre : $M_T = 5{,}98 \times 10^{24}$ *kg ;*
rayon de la Terre : $R_T = 6\,380$ *km ;*
constante de gravitation : $G = 6{,}67 \times 10^{-11}$ *SI.*

26 ★★★ Chute verticale

À la date $t_0 = 0$, on lâche sans vitesse initiale une bille de masse $m = 12$ g dans une grande éprouvette remplie de glycérine. On enregistre les positions successives occupées par la bille à intervalle de temps égaux $\tau = 20$ ms. Le document ci-contre représente les positions successives occupées par la bille au cours du mouvement.

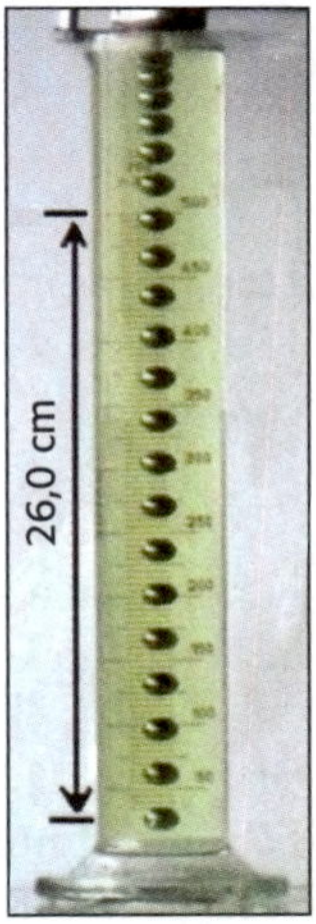

1. Déterminer la durée de la chute.

2. Décrire le mouvement de la bille.

3. Au cours de la deuxième phase, déterminer la vitesse de la bille.

4. Comment l'énergie cinétique de la bille évolue-t-elle au cours de la chute ?

Vérifiez vos connaissances

1 Q.C.M.

1. c. Le référentiel pratique pour étudier le mouvement de la Lune est le référentiel géocentrique, c'est-à-dire que l'on étudie son mouvement par rapport au centre de la Terre.

2. b. La vitesse de pointe du TGV est de 320 $km \cdot h^{-1}$.

3. b. Une bille posée sur une table est soumise à son poids et à la réaction de la table (on peut considérer que les forces exercées par l'air sont négligeables).

4. c. La bille est soumise à des forces qui ne se compensent pas. En effet, elle est animée d'un mouvement qui n'est pas rectiligne uniforme : d'après le principe d'inertie, les forces qu'elle subit ne se compensent pas.

2 Vrai-Faux

1. Faux.

Un objet peut être en mouvement en n'étant soumis à aucune force, d'après le principe d'inertie. Son mouvement est alors rectiligne uniforme (ou il est immobile).

Rappel

L'immobilité est un cas particulier de mouvement rectiligne uniforme, la vitesse est alors nulle.

2. Vrai.

La masse d'un objet ne dépend pas du lieu : elle est reliée à la quantité de matière constituant l'objet.

3. Faux.

Le poids d'un objet diminue lorsque l'altitude augmente : plus l'altitude est élevée, plus la valeur du poids est faible car la distance entre le centre de l'objet et le centre de la Terre augmente.

4. Faux.

Un objet à la surface de la Terre est soumis à la force gravitationnelle exercée par la Terre, mais cette force peut être assimilée à son poids (la force de pesanteur).

5. Vrai.

La force d'interaction gravitationnelle est une force à distance : l'acteur et le receveur de la force ne sont pas nécessairement en contact.

3 Durées et périodes

1. **Vrai.**

2. **Faux.** La période s'exprime en seconde et la fréquence s'exprime en hertz.

3. **Vrai.** Une journée dure 24 heures, soit $24 \times 60 \times 60 = 86\,400$ s.

4. **Vrai.** Un phénomène périodique a une période et une fréquence constantes.

5. **Faux.** La fréquence correspond au nombre de fois où le phénomène se produit en une seconde.

6. **Vrai.**

4 Q.C.M.

1. La période s'exprime en seconde (proposition **a.**).

2. Une année dure $3{,}15 \times 10^7$ s. En effet, $365 \times 24 \times 60 \times 60 = 3{,}15 \times 10^7$ s (proposition **c.**).

3. La période des oscillations d'un pendule dépend de la longueur du fil et l'intensité de la pesanteur (proposition **c.**).

4. La période des oscillations d'un pendule est définie par $T = 2\pi\sqrt{\frac{L}{g}}$. On retrouve la longueur du fil par la relation $L = \frac{T^2 g}{(2\pi)^2}$ (proposition **c.**).

5 Mesure du temps

Les instruments qui ne permettent pas de faire des mesures du temps sont le Botafumeiro (oscillateur utilisé pour disperser l'encens), les marées et le vent.

Remarque

Même si le phénomène des marées a été utilisé pour repérer le temps, il n'est pas assez régulier pour être utilisé pour le mesurer.

Exercices d'entraînement

6 Référentiel et système

Dans cette situation, le système est la voiture car c'est l'objet dont on étudie le mouvement. Le référentiel est le référentiel terrestre.

7 Jogging

1. Le référentiel est le référentiel terrestre.

2. $v = \frac{d}{t}$ avec $d = 6{,}0 \times 10^3$ m ; $t = 50$ min $= 50 \times 60$ s $= 3{,}0 \times 10^3$ s.

$v = \frac{6{,}0 \times 10^3}{3{,}0 \times 10^3} = 2{,}0 \text{ m} \cdot \text{s}^{-1}$.

$v = 2{,}0 \times 3{,}6 = \mathbf{7{,}2\ km \cdot h^{-1}}$.

Rappel

$1 \text{ m} \cdot \text{s}^{-1} = 3{,}6 \text{ km} \cdot \text{h}^{-1}$.

8 Classer des longueurs

1. Rayon d'un noyau d'atome de plomb < rayon d'un atome de plomb < rayon d'une bille de plomb.
En effet le noyau de l'atome est contenu dans l'atome, la bille de plomb contient un très grand nombre d'atomes de plomb.

L'astuce du prof

Pour résoudre cet exercice, il faut réfléchir : qui est contenu dans quoi ?

2. Rayon du noyau d'un atome < rayon d'un atome d'oxygène < longueur d'une molécule d'eau < diamètre d'une cellule de l'œil < rayon du globe oculaire.

3. Rayon de la Terre < rayon de l'orbite terrestre < rayon de la Galaxie.

9 Conversions en seconde

1. $T = 37$ min 22 s $= 37 \times 60 + 22 =$ **2 242 s.**

2. $T = 1$ an 2 j $= 365 \times 24 \times 60 \times 60 + 2 \times 24 \times 60 \times 60 =$ **31 708 800 s.**

10 Conversions en heure

1. $T = 25\,587 \text{ s} = \frac{25\,587}{(60 \times 60)} = 7{,}107\,5 \text{ h}$,

soit 7 heures et $0{,}107\,5 \times 60$ minutes $= 6{,}45$ minutes,

soit 6 minutes et 0,45 minute,

soit $0{,}45 \times 60$ secondes $= 27$ secondes.

La durée est donc $\boldsymbol{T}$ **= 7 h 6 min 27 s.**

Rappel

1 heure vaut 3 600 secondes (60×60).

2. $T = 687$ min 57 s $= 687 \times 60 + 57$ s $= 41\,277$ s,

soit $\frac{41\,277}{(60 \times 60)} = 11{,}47$ h,

soit 11 heures et $0{,}47 \times 60$ minutes $= 27{,}95$ minutes,

soit 27 minutes et 0,95 minute,

soit $0{,}95 \times 60$ secondes $= 57$ secondes.

La durée est donc $\boldsymbol{T = 11}$ **h 27 min 57 s.**

Gagnez des points !

Pensez à garder les valeurs exactes en mémoire pour obtenir les résultats corrects.

11 Calcul de périodes et de fréquences

Par définition, la période d'un phénomène périodique est l'inverse de la fréquence, soit $T = \frac{1}{f}$.

1. $T = \frac{1}{400} = 0{,}002\,5$ s, soit **2,5 ms.**

2. $f = \frac{1}{(20 \times 10^{-3})} = 50$ Hz.

3. $T = \frac{1}{0{,}010} = \mathbf{1{,}0 \times 10^2}$ **s.**

4. $T = \frac{1}{(45 \times 60)} = 3{,}7 \times 10^{-4}$ Hz.

12 Représentation de forces

1. Le système étudié est la balle, le référentiel est le référentiel terrestre.

2. Pour faire le bilan des forces, faire un schéma, puis recenser les forces à distance puis les forces de contact.

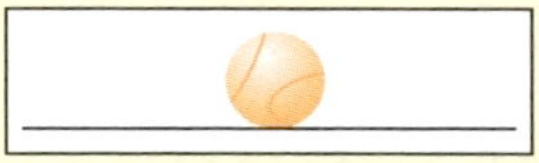

Le système étudié est la balle. Les forces qui s'exercent sur elle sont :

– forces à distance : le poids : $\vec{P}$,
il n'y a pas d'autre force à distance (pas de force électrostatique, pas de force magnétique…) ;

– force de contact : la balle est en contact avec la table, il y a donc la réaction $\vec{R}$ de la table.

Elle est en contact avec l'air qui l'entoure, mais on peut négliger l'action de l'air.

L'astuce du prof

Dans la plupart des cas, on négligera l'action de l'air sauf s'il est indiqué d'en tenir compte.

3. Caractéristiques :

$\vec{P}$: – point d'application : le centre de gravité G de la balle ;
– direction : verticale ;
– sens : vers le bas ;
– valeur $P = mg = 0{,}100 \times 9{,}81 = 0{,}981$ N.

$\vec{R}$: – point d'application : le point de contact entre la table et la balle ;
– direction : verticale ;
– sens : vers le haut (la table empêche la balle de tomber : elle exerce donc une force vers le haut) ;
– valeur : la même que celle du poids car la bille est immobile : d'après le principe d'inertie, la bille est soumise à des forces qui se compensent : $R = 0{,}981$ N.

On peut représenter ces forces par des vecteurs avec l'échelle :
1 cm représente 1 N.

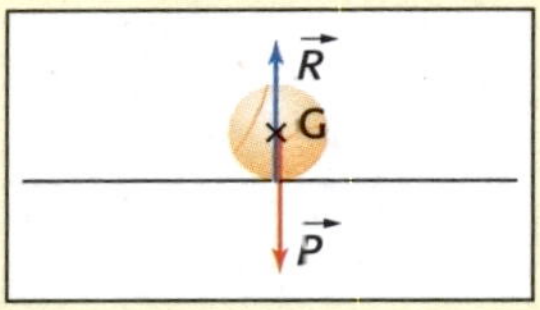

Attention
1 N ≠ 1 cm :
1 N est une valeur de force,
1 cm est une longueur.

13 Bille en équilibre

1. Le référentiel d'étude est le référentiel terrestre. Le système étudié est la bille.

2. Forces à distance :
– le poids $\vec{P}$,
– la force magnétique $\overrightarrow{F_m}$.

Forces de contact :
– la tension du fil : $\vec{T}$.

On néglige les forces exercées par l'air.

3. Caractéristiques de ces forces

• Le poids $\vec{P}$:
– point d'application : le centre de gravité G de la bille ;
– direction : verticale ;
– sens : vers le bas ;
– valeur : n'est pas connue.

• La force magnétique $\overrightarrow{F_m}$:
– point d'application : le centre de la bille ;
– direction : horizontale ;
– sens : vers la droite ;
– valeur : n'est pas connue.
• La tension du fil $\overrightarrow{T}$:
– point d'application : le point d'attache du fil à la bille ;
– direction : la direction du fil ;
– sens, vers en haut à gauche ;
– valeur : n'est pas connue.

Remarque

La force magnétique et le poids sont des forces réparties : pour simplifier, on peut considérer qu'elles s'appliquent au centre de la bille.

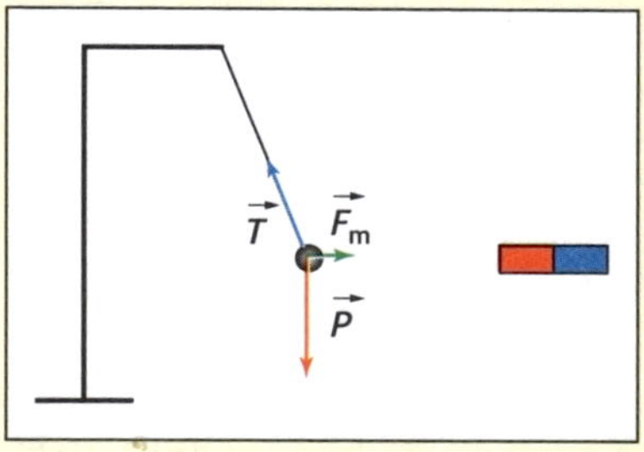

4. La bille étant immobile dans le référentiel terrestre, d'après le principe d'inertie, les forces se compensent.

14 Grue

1. Le système est la charge, le référentiel est le référentiel terrestre.

2. Les forces qui s'exercent sur la charge sont son poids $\vec{P}$ et la tension du câble $\vec{T}$.

3. La charge est animée d'un mouvement rectiligne uniforme, d'après le principe d'inertie, les forces qui s'exercent sur elle se compensent : le poids et la tension ont la même valeur !

Remarque

Si la valeur de la tension était supérieure à celle du poids, la charge serait animée d'un mouvement rectiligne accéléré vers le haut.

4.

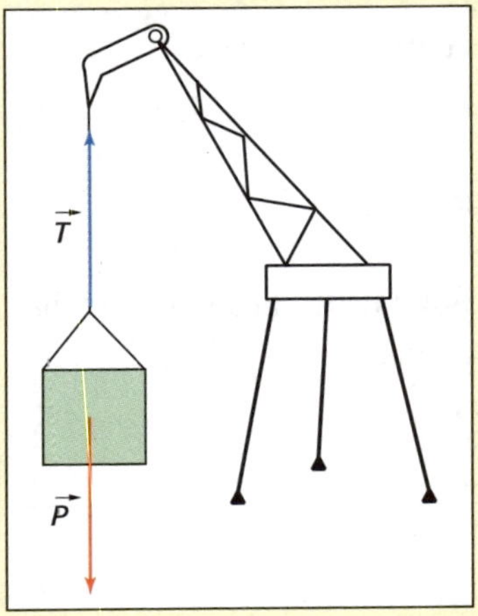

15 Chute d'une balle

1.

Expérience	Balle lâchée	Balle lancée vers le haut	Balle lancée de manière oblique
La vitesse varie-t-elle ?	Oui, la vitesse augmente	Oui, la vitesse diminue lors de la montée puis augmente lors de la descente	Oui, la vitesse diminue lors de la montée puis augmente lors de la descente
La direction du mouvement varie-t-elle ?	Non, la direction reste verticale	Non, la direction est toujours verticale	Oui, la direction varie
Quelle(s) force(s) s'exerce(nt) sur la balle lors du mouvement ?	La seule force qui s'exerce sur la balle est son poids	La seule force qui s'exerce sur la balle est son poids	La seule force qui s'exerce sur la balle est son poids

2.

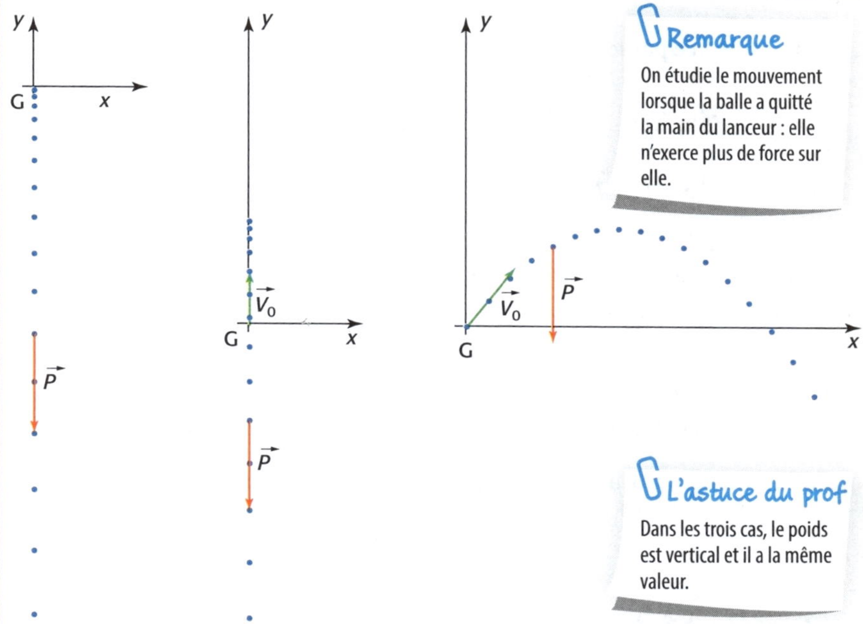

Remarque

On étudie le mouvement lorsque la balle a quitté la main du lanceur : elle n'exerce plus de force sur elle.

L'astuce du prof

Dans les trois cas, le poids est vertical et il a la même valeur.

16 Poids et force de pesanteur terrestre

1. Entre l'objet et la Terre, il s'exerce la force de pesanteur terrestre. Si on néglige les dimensions de l'objet, la distance entre le centre de l'objet et le centre de la Terre est égale au rayon de la Terre R_T.

Cette force a pour valeur : $F = \frac{G m_T m}{R_T^2}$.

2. Masse de la Terre $m_T = 5{,}98 \times 10^{24}$ kg et rayon de la terre $R_T = 6{,}38 \times 10^6$ m.

Après calcul, on obtient :

$$F = \frac{6{,}67 \times 10^{-11} \times 5{,}98 \times 10^{24} \times m}{(6{,}38 \times 10^6)^2} = \mathbf{9{,}80 \times m.}$$

3. On peut en conclure que la force de pesanteur terrestre exercée par la Terre sur un objet a la même valeur que le poids de l'objet.

L'astuce du prof

Ils ont aussi même direction et même sens (vers le centre de la Terre) : le poids est la force d'attraction exercée par la Terre sur un objet.

17 Force d'attraction gravitationnelle entre le Soleil et la Terre

1. La force exercée par le Soleil sur la Terre s'exprime par : $F_{S/T} = \frac{GM_TM_S}{D^2}$

A.N. : $F_{S/T} = \frac{6,67 \times 10^{-11} \times 5,98 \times 10^{24} \times 1,99 \times 10^{30}}{(1,50 \times 10^{11})^2}$

$= \mathbf{3,53 \times 10^{22}}$ **N.**

> **Gagnez des points !**
> Attention aux unités : il faut utiliser les unités du Système International.

2. Caractéristiques de cette force
– point d'application : le centre T de la Terre ;
– direction : la droite (TS) joignant le centre T de la Terre et le centre S du soleil ;
– sens : vers le Soleil car c'est une force attractive ;
– valeur : $3,53 \times 10^{22}$ N.

L'échelle de représentation choisie ici est : 1 cm représente 2×10^{22} N.

$\vec{F}_{S/T}$ est représentée par un vecteur de $\frac{3,53 \times 10^{22}}{2 \times 10^{22}} = 1,8$ cm.

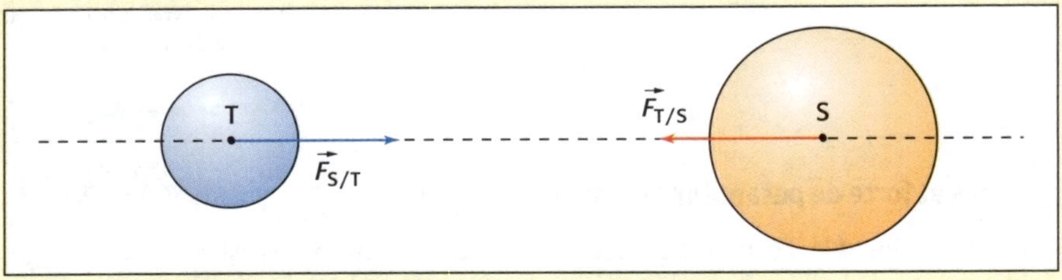

3. La force exercée par la Terre sur le Soleil a même direction, un sens opposé et même valeur que la force exercée par le Soleil sur la Terre.

4. Ces deux forces sont représentées par des vecteurs opposés.

> **Remarque**
> On parle de forces qui se compensent pour des forces qui agissent sur le même système, ce n'est pas le cas ici.

18 Proxima du Centaure

1. La lumière parcourt la distance en une durée $\Delta t = 4,3$ années pour nous parvenir de cette étoile, soit $\boldsymbol{\Delta t} = 4,3 \times 365,25 \times 24 \times 3\,600 = \mathbf{1,36 \times 10^8}$ **s.**

2. Par définition, la vitesse est définie par la relation $c = \frac{d}{\Delta t}$, soit $d = c\Delta t$, soit : $\boldsymbol{d} = 3,0 \times 10^8 \times 1,36 \times 10^8 = \mathbf{4,1 \times 10^{16}}$ **m.**

19 Antares

170 ans = $170 \times 365{,}25 = 62\,092{,}5$ jours.

170 ans = $170 \times 365{,}25 \times 24 \times 3\,600 = 5{,}36 \times 10^9$ s.

20 Marathon

1. Le record du marathon vaut :

2 h 02 min 57 s = $2 \times 3\,600 + 2 \times 60 + 57 =$ **7 377 s.**

2. Par définition, la vitesse est définie par la relation $v = \dfrac{d}{\Delta t}$,

soit $v = \dfrac{42\,195}{7\,377} = 5{,}72\ \text{m} \cdot \text{s}^{-1}$,

soit $v = 5{,}72 \times 3{,}6 = \mathbf{20{,}6\ km \cdot h^{-1}}$.

> **Rappel**
> Conversion :
> 42,195 km = 42 195 m.
> $1\ \text{m} \cdot \text{s}^{-1} = 3{,}6\ \text{km} \cdot \text{h}^{-1}$.

21 Mesure de la distance Terre-Lune

Pendant la durée τ, la lumière effectue un aller-retour Terre-Lune, soit deux fois la distance Terre-Lune D_{TL}.

D'où $2D_{\text{TL}} = c\tau$

$$D_{\text{TL}} = \frac{c\tau}{2}$$

> **Gagnez des points !**
> Attention aux unités lorsqu'on fait l'application numérique.

A.N. : $\boldsymbol{D_{\text{TL}}} = \dfrac{3{,}00 \times 10^8 \times 2{,}65}{2} = 3{,}98 \times 10^8\ \text{m} = \mathbf{3{,}98 \times 10^5\ km.}$

22 Oscillations sur Terre

1. La période du pendule est $T = \dfrac{16{,}3}{5} = 3{,}26$ s. La longueur du pendule se détermine par la relation : $L = \dfrac{T^2 g}{(2\pi)^2}$, soit $\boldsymbol{L} = \dfrac{(3{,}26)^2 \times 9{,}81}{(2\pi)^2} =$ **2,64 m** (soit 264 cm).

2. Le même pendule de longueur L bat plus lentement à Cayenne qu'à Paris.

En effet, à Cayenne, qui se trouve près de l'équateur, l'intensité de la pesanteur est un peu plus faible qu'à Paris (la Terre n'est pas parfaitement sphérique, et est légèrement plus bombée à l'équateur). D'après l'expression de la période, plus l'intensité de la pesanteur est faible et plus la période est grande.

23 Mouvement d'un parachutiste

Le système étudié est le parachutiste dans le référentiel terrestre.

1. Voir graphique page suivante.

2. Pour $0 \leqslant t \leqslant 10$ s : la vitesse du parachutiste augmente, sa trajectoire est une droite : il est animé d'un **mouvement rectiligne accéléré**. L'énergie cinétique E_c augmente.

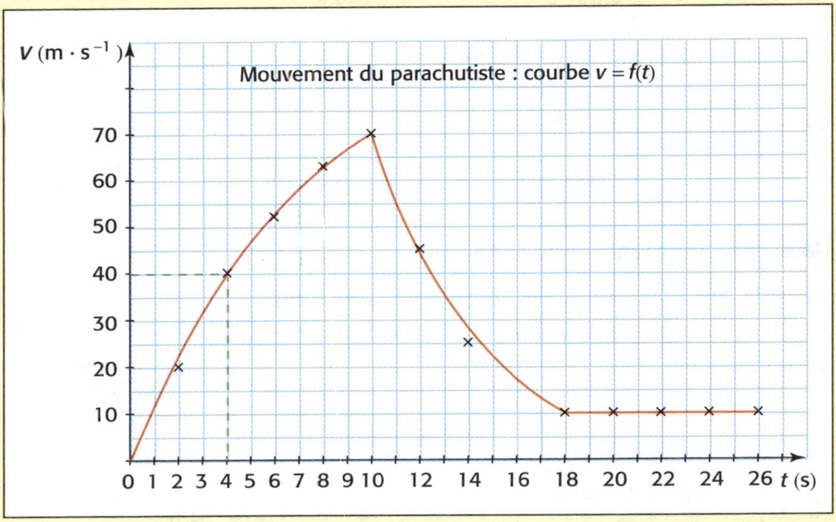

Pour $10 \text{ s} \leqslant t \leqslant 18$ s, sa vitesse diminue : il est animé d'un **mouvement rectiligne ralenti**. L'énergie cinétique E_c diminue.

$18 \text{ s} \leqslant t \leqslant 26$ s, sa vitesse est constante : il est animé d'un **mouvement rectiligne uniforme**. L'énergie cinétique E_c est constante.

3. Au début de la première phase, pour $0 \leqslant t \leqslant 4$ s, les points du graphique sont alignés avec l'origine : la vitesse et le temps sont proportionnels.

On lit pour $t = 4$ s :

$$v = 40 \text{ m} \cdot \text{s}^{-1}, \text{ d'où } \frac{v}{t} = \frac{40}{4} = 10.$$

Le rapport de proportionnalité est égal à 10 : il est égal à g.

4. La chute peut être considérée comme libre jusqu'à $t = 4$ s, au-delà v et t ne sont plus proportionnels : les frottements de l'air ne sont plus négligeables car la vitesse est trop importante.

5. a. La vitesse diminue brusquement à $t = 10$ s : le parachute s'ouvre donc à $t = 10$ s.

b. Le parachutiste est alors soumis à son poids $\vec{P}$ et à la force exercée par l'air sur le parachute.

6. À partir de $t = 20$ s, le parachutiste est toujours soumis à son poids et à la force exercée par l'air sur le parachute.

Le parachutiste est animé d'un mouvement rectiligne uniforme, d'après le principe d'inertie, les forces se compensent.

7. Il arrivera au sol avec une vitesse de :

$$v_f = 10 \text{ m} \cdot \text{s}^{-1} = 10 \times 3{,}6 \text{ km} \cdot \text{h}^{-1} = 36 \text{ km} \cdot \text{h}^{-1}.$$

8. Par rapport à une personne qui ouvre son parachute après, le parachutiste dont on a étudié le mouvement semble remonter, lorsqu'il ouvre son parachute.

24 Mouvement d'un skieur

Dans cet exercice, le système est le skieur, le référentiel est le référentiel terrestre.

1. Étude de la descente

a. La trajectoire du skieur est une droite, sa vitesse augmente : il est animé d'un mouvement rectiligne accéléré.

b. Forces appliquées au système :

– le poids $\vec{P}$ dont le point d'application est le centre de gravité G du skieur, la direction est la direction verticale, le sens est vers le bas, et on ne connaît pas sa valeur car on ne connaît pas la masse du skieur ;

– la réaction $\vec{R}$ de la neige qui s'applique sur la surface de contact entre les skis et la neige, la direction est perpendiculaire au sol, le sens est vers le haut.

L'astuce du prof

Pour simplifier, représentez la réaction en un point de contact entre les skis et la neige.

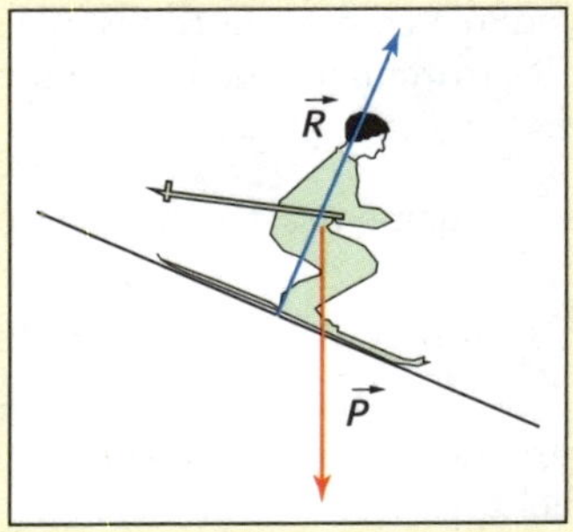

c. Pendant la descente, les forces ne se compensent pas, d'après le principe d'inertie, le mouvement n'est pas rectiligne uniforme.

d. L'énergie cinétique augmente au cours de la déscente.

2. Piste horizontale

a. Les forces qui s'exercent sur lui sont toujours son poids $\vec{P}$ et la réaction de la neige $\vec{R}$.

On peut représenter ces forces : la réaction étant perpendiculaire au sol, elle est verticale.

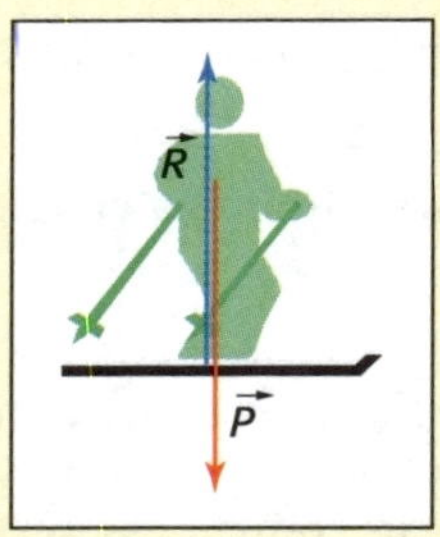

b. Ces forces se compensent : elles ont même direction (verticale), des sens opposés et même valeur.

c. D'après le principe d'inertie, on peut en conclure que le skieur est animé d'un mouvement rectiligne uniforme.

25 Astronaute

1. La distance entre le centre de l'astronaute et le centre de la Terre est $d = R_T + z$.

On en déduit l'expression de la force d'attraction gravitationnelle à l'altitude z :

$$F = \frac{GM_T M}{(R_T + z)^2}.$$

2. À la surface de la Terre, $z = 0$ et l'expression de la valeur de la force est alors égale à : $$F_0 = \frac{GM_T M}{(R_T + 0)^2}.$$

$$F_0 = \frac{6{,}67 \times 10^{-11} \times 5{,}98 \times 10^{24} \times 130}{(6\,380 \times 10^3)^2} = \mathbf{1{,}27 \times 10^3\ N}.$$

3. À l'altitude $z = 1\,000$ km, la valeur de la force d'attraction gravitationnelle est alors :

$$F_{1\,000} = \frac{6{,}67 \times 10^{-11} \times 5{,}98 \times 10^{24} \times 130}{(6\,380 \times 10^3 + 1\,000 \times 10^3)^2} = \mathbf{952\ N}.$$

4. Lorsque l'altitude augmente, la valeur de la force d'attraction gravitationnelle diminue.

26 Chute verticale

1. Sur le schéma, on repère 22 positions de la bille ; la durée de la chute est donc $\Delta t = 21 \times 20 =$ **420 ms.**

2. Dans une première phase (de $t = 0$ à $t_7 = 7 \times 20 = 140$ ms), la bille est animée d'un mouvement rectiligne et accéléré. En effet, sa trajectoire est une droite et les positions successives sont de plus en plus espacées.

> **Remarque**
> La première position correspond à l'instant $t = 0$; la deuxième position correspond à l'instant $t_1 = 20$ ms, etc.

Dans une deuxième phase (de $t_7 = 140$ ms à $t_{21} = 420$ ms), la bille est animée d'un mouvement rectiligne et uniforme. En effet, sa trajectoire est une droite et les positions successives sont régulièrement espacées.

3. Au cours de la deuxième phase, la bille parcourt la distance $d = 26{,}0$ cm pendant la durée $\Delta t = 14 \times 20 = 2{,}8 \times 10^2$ ms.

Par définition, la vitesse est définie par la relation $v = \frac{d}{\Delta t}$, soit :

$$v = \frac{0{,}26}{0{,}28} = \mathbf{0{,}93\ m \cdot s^{-1}}.$$

4. Au cours de la chute, l'énergie cinétique augmente.

CHAPITRE 3 La pression

1 Pression d'un gaz, d'un liquide

1 Comportement et notion de pression d'un gaz

Un gaz occupe tout l'espace qui lui est offert ; il est compressible et expansible.

→ Description d'un gaz à l'échelle microscopique

Les propriétés précédentes peuvent s'interpréter grâce à la description du gaz à l'échelle microscopique :
– les gaz sont constitués de molécules très petites et très éloignées les unes des autres. Entre ces molécules, il y a du vide ;
– elles se déplacent à grande vitesse, environ 500 $m \cdot s^{-1}$. En l'absence d'obstacle, leur mouvement est rectiligne ;
– des chocs se produisent entre les molécules du gaz et avec les parois ; leur mouvement est désordonné : c'est le chaos moléculaire.

→ Pression d'un gaz

Un gaz exerce des forces pressantes sur les surfaces avec lesquelles il est en contact. Ces forces pressantes sont dues au grand nombre de chocs des molécules avec ces parois.

Par définition, la pression p d'un gaz est donnée par la relation :

$$p = \frac{F}{S}$$

où p est la pression en pascal (Pa), F est la force pressante des molécules en newton (N) et S est la surface de la paroi en mètre carré (m^2).

- L'unité légale de pression est le **pascal** (Pa). On utilise aussi le bar : 1 bar = 10^5 Pa.

En météorologie, on utilise aussi l'hectopascal : 1 hPa = 10^2 Pa.

La pression atmosphérique est voisine de 1 bar.

- L'appareil qui permet de mesurer une pression s'appelle un manomètre. Un baromètre mesure la pression atmosphérique.

2 Comportement et pression d'un liquide

Un liquide n'a pas de forme propre : il prend la forme du récipient qui le contient. Sa surface libre est plane et horizontale. Un liquide est incompressible.

→ Description du liquide à l'échelle microscopique

Dans un liquide, les molécules qui le constituent sont proches les unes des autres, mais elles sont en mouvement permanent : c'est un arrangement compact et désordonné.

→ Pression dans un liquide

Dans un liquide, il existe une pression mise en évidence en plongeant un manomètre dans un liquide. La pression dépend de la profondeur. Un liquide exerce des forces pressantes perpendiculaires à la paroi et dirigées vers l'extérieur du liquide.

La pression p due à une force pressante de valeur F perpendiculaire à une surface S est donnée par :

$p = \frac{F}{S}$ avec F en newton (N), S en mètre carré (m^2) et p en pascal (Pa).

EXERCICE RÉSOLU

Comparer la force pressante et le poids d'un objet

ÉNONCÉ

1. Calculer la force exercée par l'air sur une vitre de surface de 1,0 m^2.

2. Calculer la masse d'un corps posé sur cette vitre qui exercerait la même force.

Données : $p_{atm} = 10^5$ *Pa*, $g = 10$ *N·kg⁻¹*.

CORRIGÉ

1. La pression atmosphérique est reliée à la force pressante par la relation $p_{atm} = \frac{F}{S}$ d'où $F = p_{atm}\, S$.

A.N. : $F = 10^5 \times 1{,}0 = \mathbf{1{,}0 \times 10^5}$ **N.**

2. La force exercée par ce corps a même valeur que son poids : $P = mg$ d'où :

$m = \frac{P}{g} = \frac{F}{g} = \frac{1{,}0 \times 10^5}{10} = 1{,}0 \times 10^4$ kg = **10 tonnes.**

Rappel

La vitre résiste à une telle force pressante car ses deux parois sont soumises à la même force.

2 Pression dans un liquide

1 Théorème fondamental de l'hydrostatique

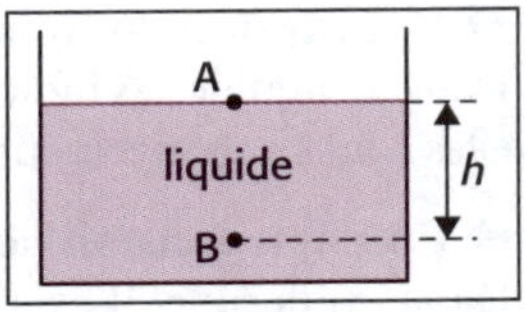

La différence de pression entre un point du liquide et un point à la surface du liquide est proportionnelle à la profondeur h :

$$p_B - p_A = \rho g h$$

avec p_A la pression en A en pascal (Pa) ; p_B la pression en B en pascal (Pa), ρ la masse volumique du liquide en kilogramme par mètre cube ($kg \cdot m^{-3}$), g l'intensité de la pesanteur en $N \cdot kg^{-1}$.

➜ Conséquences

- Dans un liquide au repos, la pression augmente avec la profondeur. En effet, $p_B = \rho g h + p_A$: si la profondeur h augmente, la pression au point B augmente.

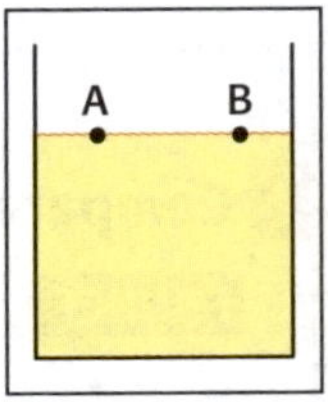

- Dans un liquide au repos, la pression est la même en tout point d'un plan horizontal. En effet, pour deux points A et B d'un plan horizontal, donc à la même altitude, $h = 0$ et $p_A = p_B$.

- La surface libre des liquides au repos est plane et horizontale. En effet, pour deux points A et B appartenant à la surface libre $p_A = p_B = p_{atm}$ donc $h = 0$.

2 Force pressante dans un liquide

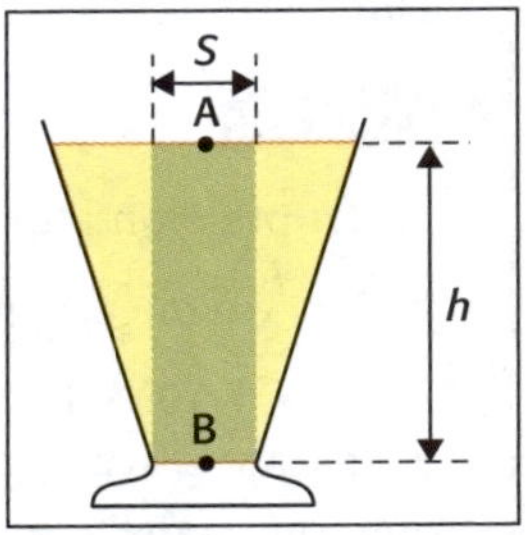

La force pressante F exercée par un liquide au repos sur un fond plan et horizontal (de surface S) est égale au poids d'une colonne de ce liquide ayant pour base l'aire de la surface S du fond, et pour hauteur h la distance entre le fond et la surface libre du liquide.

$$F = S \rho g h$$

avec S la surface de la paroi plane sur laquelle le fluide exerce une force pressante en mètre carré (m^2), h la hauteur de la colonne de liquide en mètre (m), ρ la masse volumique du liquide en kilogramme par mètre cube ($kg \cdot m^{-3}$).

EXERCICE RÉSOLU

Déterminer une pression

ÉNONCÉ

Dans une éprouvette graduée, on verse une hauteur de mercure égale à $h_1 = 40$ cm (masse volumique du mercure : $\rho_1 = 13\,600\ \text{kg}\cdot\text{m}^{-3}$), puis une hauteur d'eau égale à $h_2 = 60$ cm (masse volumique de l'eau : $\rho_2 = 1\,000\ \text{kg}\cdot\text{m}^{-3}$). La pression atmosphérique extérieure est égale à $p = 1\,013$ hPa.

1. Faire un schéma.

2. Déterminer la pression p_A à la surface de l'eau.

3. Déterminer la pression p_B à $h_B = 30{,}0$ cm sous la surface de l'eau.

4. Déterminer la pression p_C à $h_C = 20{,}0$ cm sous la surface de séparation entre l'eau et le mercure.

> **Méthode**
> Attention aux unités : une masse volumique est en $\text{kg}\cdot\text{m}^{-3}$, une distance en m.

CORRIGÉ

1. La masse volumique du mercure est supérieure à celle de l'eau, il est plus dense que l'eau, il est au-dessous dans l'éprouvette.

2. À la surface de l'eau, $p_A = p = 1\,013$ hPa.

3. D'après le théorème fondamental de l'hydrostatique,

$$p_B = p_A + \rho_2 g h_B$$

A.N. :
$p_B = 1013 \times 10^2 + 1\,000 \times 9{,}81 \times 0{,}300 = 1{,}04 \times 10^5$ Pa.

4. $$p_C = p + \rho_2 g h_2 + \rho_1 g h_C$$

A.N. :
$p_C = 1\,013 \times 10^2 + 1\,000 \times 9{,}81 \times 0{,}60 + 13\,600 \times 9{,}81 \times 0{,}200$
$p_C = 1{,}34 \times 10^5$ Pa.

> **Méthode**
> Écrivez successivement la loi de l'hydrostatique pour deux points appartenant au même liquide.

3 Comportement des gaz

1 Dissolution d'un gaz dans un liquide

Il est possible de dissoudre un gaz dans un liquide (c'est le cas du dioxygène dissous dans l'eau et qui permet la vie aquatique).

Tous les gaz ne se dissolvent pas de la même manière dans un liquide, mais **pour un même gaz et un même liquide, la quantité maximale de gaz dissous dans un volume donné de liquide augmente avec la pression.**

2 Loi de Boyle-Mariotte

→ Les paramètres caractérisant l'état d'un gaz

L'état d'un gaz dépend de sa température T, de son volume V, de sa pression p et de sa quantité de matière n : ce sont des variables d'état.

- À pression constante, le volume d'un gaz augmente lorsque sa température augmente.
- À volume constant, la pression augmente lorsque la température augmente.
- À température constante, la pression d'un gaz augmente lorsque son volume diminue.

→ Loi de Boyle-Mariotte

On étudie expérimentalement les variations de pression p d'un gaz, lorsqu'on fait varier son volume V, à température constante T et pour une même quantité de matière n.

On vérifie ainsi la loi de Boyle-Mariotte :

À température constante, pour une quantité de gaz n donnée, le produit pV de la pression p du gaz par son volume V est constant : pV = constante.

On montre expérimentalement que cette constante dépend de la température T et de la quantité de matière n, mais ne dépend pas de la nature du gaz.

À température et à pression données, un nombre donné de molécules occupe un volume indépendant de la nature du gaz.

➜ Limites de la loi de Boyle-Mariotte

De nombreux gaz obéissent à la loi de Boyle-Mariotte tant que la pression est faible. C'est le cas de l'air, du diazote et du dioxygène. Mais pour des pressions plus élevées, le produit pV n'est plus constant. Le produit pV tend à croître lorsque la pression augmente. Si on continue d'augmenter la pression, le gaz se liquéfie et le liquide n'obéit pas à la loi de Boyle-Mariotte.

EXERCICE RÉSOLU

Appliquer la loi de Boyle-Mariotte

ÉNONCÉ

Un manomètre est relié à une seringue et mesure la pression de l'air enfermé. Un volume $V = 30\ \text{cm}^3$ d'air est enfermé à $p = 1{,}0$ bar dans la seringue. On déplace lentement le piston pour modifier le volume de l'air.

1. Quels sont les paramètres qui sont constants pendant l'expérience ?

2. Calculer la pression de l'air pour un volume $V' = 60\ \text{cm}^3$.

3. Calculer le volume de l'air pour une pression $p'' = 0{,}70$ bar.

CORRIGÉ

1. Pendant l'expérience, la seringue est fermée : aucun gaz ne peut entrer ou sortir. La quantité d'air est donc constante. De plus, le piston est déplacé lentement et la température à l'intérieur de la seringue est à chaque instant égale à la température ambiante : la température de l'air dans la seringue est constante. En revanche, la pression et le volume varient.

2. La température et la quantité d'air sont constantes, on applique la loi de Boyle-Mariotte : $pV = p'V'$, soit $p' = \dfrac{pV}{V'}$.

A.N. : $p' = \dfrac{1{,}0 \times 30}{60} = 0{,}50$ bar.

3. La loi de Boyle-Mariotte s'applique à nouveau car la température et la quantité d'air sont constantes.

$P''V'' = p'V'$, soit $V'' = \dfrac{p'V'}{p''}$.

A.N. : $V'' = \dfrac{1{,}0 \times 30}{0{,}70} = 43\ \text{cm}^3$.

Méthode

Dans l'application numérique, on peut laisser les pressions en bar, puisqu'on calcule un rapport, et le volume en cm^3, le résultat sera alors en cm^3.

Savoir calculer la valeur d'une force pressante exercée par un gaz sur une paroi

ÉNONCÉ

Calculer la force pressante exercée par l'air contenu dans un ballon de rayon $r = 10$ cm à la pression $p = 1,0$ bar.

MÉTHODE

Exprimez la surface en fonction de *r*, puis la force en fonction de la surface de la paroi et de la pression.

CORRIGÉ

La surface d'une sphère $S = 4 \times \pi \times r^2$.
$F = pS$, d'où $F = p \times 4 \times \pi \times r^2$.
A.N. : $F = 1,0 \times 10^5 \times 4 \times \pi \times 0,10^2 = 1,3 \times 10^4$ N.

Réflexe à avoir

Exprimez la grandeur cherchée en fonction des données de l'énoncé : ne pas faire de calculs intermédiaires.

Savoir appliquer la loi de l'hydrostatique dans un liquide au repos

ÉNONCÉ

Calculer la pression à laquelle est soumis un plongeur à $h = 8,0$ m de profondeur lorsque la pression atmosphérique est $p_{atm} = 1,0$ bar.
***Données* :** $\rho = 1,0\ kg \cdot L^{-1}$; $g = 9,81\ N \cdot kg^{-1}$.

MÉTHODE

- Faites un schéma, repérez le point A à la surface de l'eau et le point B au niveau du plongeur.
- Exprimez $p_B - p_A$ puis p_B. Faites l'application numérique.

CORRIGÉ

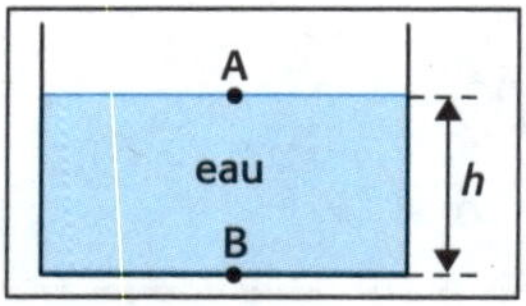

$p_B - p_A = \rho g h$

$p_B = \rho g h + p_A$

A.N. :
$\rho = 1{,}0 \text{ kg}\cdot\text{L}^{-1} = 1{,}0 \times 10^3 \text{ kg}\cdot\text{m}^{-3}$.
$p_B = 1{,}0 \times 10^3 \times 9{,}81 \times 8{,}0 + 1{,}0 \times 10^5$
$p_B = 1{,}8 \times 10^5$ Pa.

Réflexe à avoir
Le premier point de l'expression est celui qui est à la profondeur la plus grande.

Savoir appliquer la loi de Boyle-Mariotte

ÉNONCÉ

Un ballon de baudruche éclate lorsque son volume dépasse $V = 2{,}0$ L. On gonfle ce ballon d'air à la pression atmosphérique jusqu'à un volume $V_0 = 1{,}0$ L, on le ferme en faisant un nœud et on le place dans une cloche à vide. Calculer la pression de l'air sous la cloche lorsque le ballon éclate.
Donnée : $p_0 = 1{,}0$ bar.

MÉTHODE

- Vérifiez que l'on peut appliquer la loi de Boyle-Mariotte : la température doit être constante ainsi que la quantité de gaz.
- Exprimez la loi de Boyle-Mariotte avec les lettres de l'énoncé.
- Donnez l'expression littérale de la grandeur cherchée en fonction des données de l'énoncé puis faites l'application numérique.

CORRIGÉ

Lorsqu'on fait le vide sous la cloche avec la pompe, les températures de l'air dans le ballon et sous la cloche sont égales à la température ambiante. La quantité d'air enfermée dans le ballon ne varie pas car il est fermé : aucune matière ne peut entrer ou sortir du ballon.
On applique la loi de Boyle-Mariotte :

$p_0 V_0 = pV$, d'où $p = \dfrac{p_0 V_0}{V}$.

A.N. : $p = \dfrac{1{,}0 \times 1{,}0}{2{,}0} = 0{,}50$ bar.

Réflexe à avoir
La pression dans le ballon n'est pas supérieure à la pression à l'extérieur du ballon : elles sont égales.

Vérifiez vos connaissances

1 Q.C.M.

Cocher la bonne réponse.

1. L'unité légale de pression est :

a. □ le pascal ; **b.** □ le bar ; **c.** □ l'atmosphère.

2. À température constante :

a. □ si on augmente le volume d'un gaz, sa pression augmente ;

b. □ si on diminue la pression, le volume diminue ;

c. □ si la pression augmente, le volume diminue.

3. À une force de 1,0 N exercée sur une surface de 1,0 cm^2 correspond une pression de :

a. □ 0,10 bar ; **b.** □ 10 bar ; **c.** □ 10 Pa.

4. Si on double le volume d'un gaz à température constante :

a. □ sa pression est doublée ;

b. □ sa température est doublée ;

c. □ sa pression diminue de moitié.

5. Dans un liquide, la pression :

a. □ augmente avec la profondeur ;

b. □ ne dépend pas de la profondeur ;

c. □ diminue lorsque la profondeur augmente.

6. Dans un liquide, la différence de pression entre deux points dépend :

a. □ uniquement de la masse volumique du liquide ;

b. □ uniquement de la profondeur et de l'intensité de la pesanteur ;

c. □ de la profondeur et de la masse volumique du liquide et de l'intensité de la pesanteur.

7. La loi de Boyle-Mariotte peut s'écrire :

a. □ $\frac{p}{V} = \text{cte}$; **b.** □ $p = \frac{\text{cte}}{V}$; **c.** □ $p = \text{cte}\ V$.

2 ★ Graphique et loi de Boyle-Mariotte

Parmi les graphiques ci-dessous, quels sont ceux qui traduisent la loi de Boyle-Mariotte ?

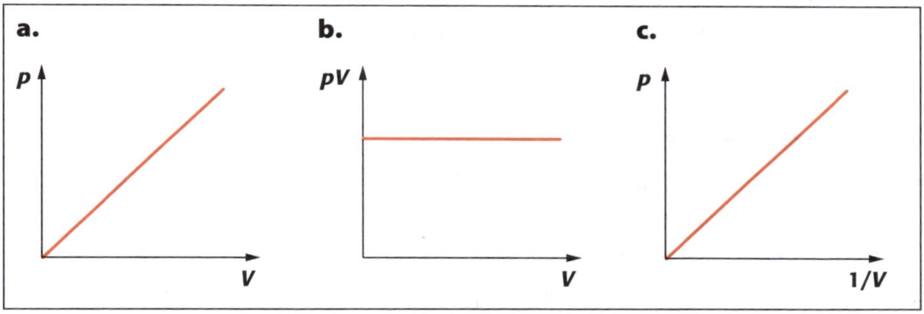

Exercices d'entraînement

3 ★ Convertir

$10{,}5\ \text{cm}^2 = \dots\dots\dots\ \text{m}^2$

$1{,}04\ \text{L} = \dots\dots\dots\ \text{m}^3$

$0{,}78\ \text{kg}\cdot\text{L}^{-1} = \dots\dots\dots\ \text{kg}\cdot\text{m}^{-3}$

$1{,}3\ \text{bar} = \dots\dots\dots\ \text{Pa}$

$1{,}3 \times 10^5\ \text{cm}^2 = \dots\dots\dots\ \text{m}^2$

$12{,}5\ \text{cm}^3 = \dots\dots\dots\ \text{m}^3$

$13{,}6\ \text{g}\cdot\text{cm}^{-3} = \dots\dots\dots\ \text{kg}\cdot\text{m}^{-3}$

$1\,013\ \text{hPa} = \dots\dots\dots\ \text{Pa}$

4 ★ Force pressante

1. Une force pressante de 3 000 N s'exerce sur une surface de 50 cm². Quelle est la valeur de la pression exercée sur cette surface ?

☐ 60 Pa ☐ 15 kPa ☐ $6{,}0 \times 10^2$ kPa

2. La force pressante reste inchangée, l'aire de la surface est multipliée par 10. Quelle est la valeur de la pression ?

☐ 0,60 Pa ☐ 60 kPa ☐ 150 kPa

5 ★ Pression atmosphérique et force pressante

1. Calculer la force pressante exercée sur une porte dont les dimensions sont 2,10 m sur 90 cm.

2. Calculer le poids d'un homme de 100 kg.

3. Expliquer alors pourquoi, en général, on peut ouvrir facilement une porte.

Données : *$P = 1{,}013$ bar ; $g = 9{,}81\ N \cdot kg^{-1}$.*

6 ★ Pression des pneus

Sur une notice technique, on lit qu'un pneu doit être gonflé à une pression de 2,2 bar pour rouler en toute sécurité.

1. Comment s'appelle l'appareil permettant de mesurer la pression dans le pneu ?

2. En réalité, cette pression n'est pas la pression de l'air dans le pneu mais la différence de pression entre l'air dans le pneu et l'air à l'extérieur du pneu. Calculer alors la pression de l'air dans le pneu.

3. Expliquer ce qui se passe dans un pneu quand on le gonfle et pourquoi il devient dur.

4. Expliquer pourquoi un pneu peut éclater lorsque la température augmente.

Donnée : *la pression atmosphérique est de $p_{atm} = 1\,010$ hPa.*

7 ★ Pompe à vélo

Calculer la force à exercer sur le piston de surface $S = 2{,}0\ cm^2$ pour gonfler le pneu à une pression de 1,0 bar.

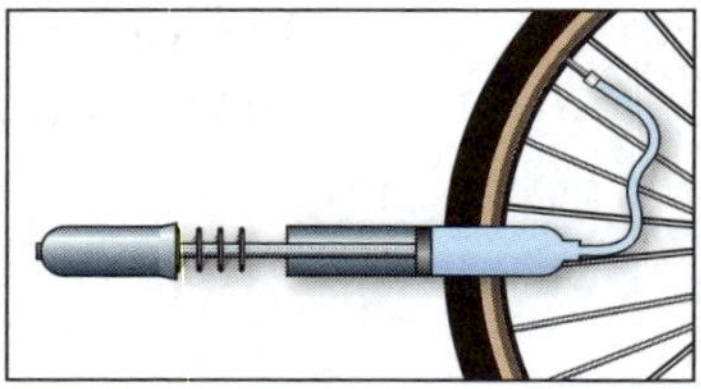

8 ★★ Pression de l'eau dans une piscine

La profondeur d'une piscine est de 1,8 m.

Données : *intensité de la pesanteur : $g = 10\ N \cdot kg^{-1}$;*
pression atmosphérique : $p_{atm} = 1\,010$ hPa ;
masse volumique de l'eau : $\rho = 1\,000\ kg \cdot m^{-3}$.

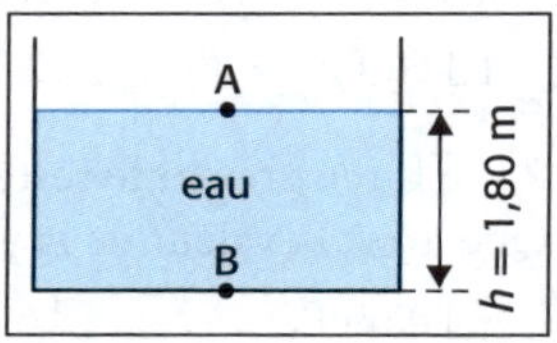

1. Comment appelle-t-on la pression exercée au point A ? Quelle est sa valeur ?

2. Exprimer la différence de pression $p_B - p_A$, puis la calculer.

3. Calculer la pression au fond de la piscine.

9 ★★ Pression d'huile dans un vérin

Le vérin de la benne d'un camion a un diamètre interne de 15 cm. La benne est chargée de matériaux.

On se place dans le cas où l'ensemble benne-matériaux exerce une force de valeur 260 kN sur la tige du vérin.

1. Calculer l'aire de la section interne du vérin.

2. Calculer la pression de l'huile qui règne à l'intérieur du vérin. On exprimera le résultat en pascal puis en bar.

10 ★★★ Vérification expérimentale de la loi de Boyle-Mariotte

On se propose de vérifier en séance de travaux pratiques la loi de Boyle-Mariotte. Pour cela, on dispose d'une seringue reliée à un pressiomètre. Celui-ci permet de mesurer la pression de l'air enfermé dans la seringue.

On enferme dans la seringue un volume d'air V_i à la pression atmosphérique. $V_i = 20$ mL. Cette quantité d'air va être comprimée ou détendue en faisant varier le volume de la seringue en poussant le piston. On attend quelques instants l'équilibre thermique. On lit ensuite la pression correspondante sur le pressiomètre pour chaque volume. On a noté les résultats de mesures dans le tableau suivant :

***V* (mL)**	15	20	25	30	35	40	50	60
***P* (hPa)**	1 345	1 010	809	673	577	505	404	337
pV								

1. Quelle est la pression atmosphérique ?

2. Expliquer pourquoi on doit attendre l'équilibre thermique avant de relever la pression.

3. Compléter la dernière ligne du tableau, en utilisant les unités du Système International. Que constate-t-on ?

4. Tracer la courbe p en fonction de V. Les grandeurs p et V sont-elles proportionnelles ? (On utilisera les unités SI.)

5. Tracer la courbe p en fonction de $\frac{1}{V}$ en utilisant les unités SI. Les points sont-ils alignés ? Que peut-on en conclure ?

11 ★★★ Bouteille de plongée

On introduit, dans une bouteille de plongée de 12 L, 50 L d'air à la pression atmosphérique.

1. Expliquer comment on peut introduire 50 L d'air dans une bouteille de volume plus petit.

2. Calculer la pression de l'air dans la bouteille.

Donnée : *p_{atm} = 1,0 bar.*

12 ★★★ Presse hydraulique

Une presse hydraulique est schématisée ci-dessous. La force $\vec{F_1}$ est la force exercée par l'opérateur pour exercer une force $\vec{F_2}$ de pressage sur un objet.

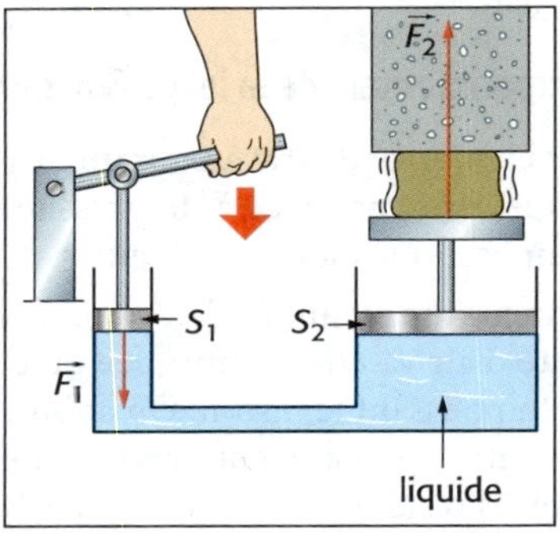

1. Que peut-on dire de la pression du liquide au niveau des pistons de surfaces S_1 et S_2 ?

2. Exprimer cette pression en fonction de F_1 et S_1 d'une part et en fonction de F_2 et S_2 d'autre part.

3. Calculer la valeur de la force F_1 exercée par l'opérateur pour une force de pressage de 1 000 N.

4. Calculer la pression du liquide.

5. Quel est l'intérêt de cette presse ?

Données : *S_1 = 15 cm^2 ; S_2 = 100 cm^2.*

13 ★★★ Mélange de gaz

On considère un récipient possédant deux compartiments de même volume qui peuvent communiquer par l'intermédiaire d'un tube que l'on peut fermer avec un robinet.

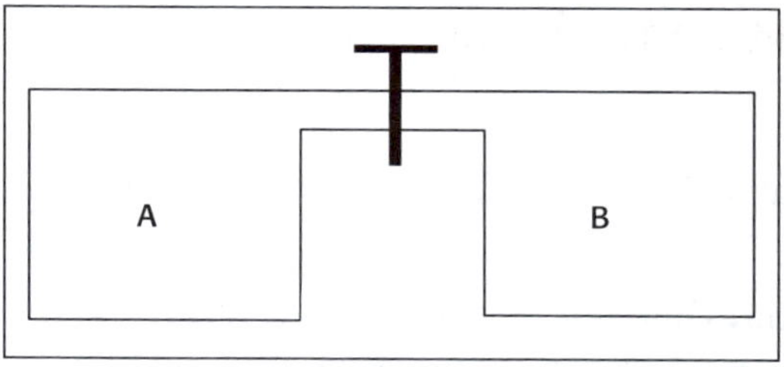

Dans le compartiment A, on introduit $n = 0{,}50$ mol de dioxygène à la température ambiante $\theta = 20$ °C. Le volume du compartiment A est $V_A = 3{,}0$ L.

Le compartiment B est vide, le robinet est fermé.

On ouvre le robinet et on attend l'équilibre thermique.

1. Expliquer pourquoi le récipient B va se remplir de dioxygène.

2. Quelle est la température du dioxygène lorsque l'équilibre thermique est atteint ?

3. Calculer alors la pression du dioxygène.

Donnée : $p_{atm} = 1\,013$ *hPa.*

14 ★★★ Baromètre de Toricelli

Un tube de Toricelli est un tube en verre rempli de mercure, métal liquide de masse volumique $\rho = 13{,}6$ kg · L^{-1}, et retourné sur une cuve contenant du mercure. Lorsqu'on retourne le tube, le niveau du liquide descend mais s'arrête à une hauteur h du niveau du mercure dans la cuve.

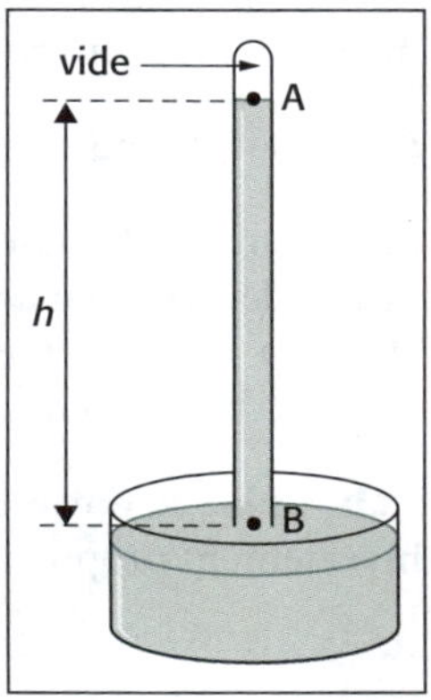

1. Quelle est la pression dans le tube au point A ?

2. Quelle est la pression au point B ?

3. Calculer la hauteur de mercure lorsque la pression atmosphérique est $P_{atm} = 1\,013$ *hPa.*

4. Lorsque la pression atmosphérique augmente, que fait le mercure dans le tube ? Expliquer alors comment on peut se servir de ce tube comme baromètre.

5. Quelle devrait être la longueur du tube s'il était plein d'eau pour mesurer la pression atmosphérique. Pourquoi n'utilise-t-on pas de baromètre de Toricelli contenant de l'eau ?

Données : $g = 9{,}81$ *N · kg^{-1}* ; $\rho_{eau} = 1\,000$ *kg · m^{-3}.*

Vérifiez vos connaissances

1 Q.C.M.

1. a. L'unité légale de pression est le pascal (Pa) : 1 pascal correspond à une force de 1 N sur une surface de 1 m^2.

2. c. À température constante, si la pression augmente, le volume diminue : c'est une compression. Ce résultat peut se retrouver grâce à la loi de Boyle-Mariotte, pV = constante : si p augmente, V diminue : p et V sont inversement proportionnels.

Remarque
Ceci est vrai pour un système fermé, c'est-à-dire tel que la quantité de gaz ne varie pas.

3. a. À une force de 1,0 N exercée sur une surface de 1,0 cm^2 correspond une pression de 0,10 bar.

En effet, $p = \frac{F}{S}$ avec $S = 1{,}0 \times 10^{-4}$ m²

$$p = \frac{1{,}0}{1{,}0 \times 10^{-4}} = 1{,}0 \times 10^{4} \text{ Pa et } 1 \text{ bar} = 10^{5} \text{ Pa ; } 1 \text{ Pa} = 10^{-5} \text{ bar}$$

$$p = 1{,}0 \times 10^{4} \times 10^{-5} = 0{,}10 \text{ bar.}$$

4. c. Si on double le volume d'un gaz à température constante, sa pression diminue de moitié. En effet, d'après la loi de Boyle-Mariotte pV = cte ; V et p sont inversement proportionnels : si le volume double, la pression diminue de moitié.

5. a. Dans un liquide, quand la profondeur augmente, la pression augmente.

6. c. Dans un liquide, la différence de pression entre deux points dépend de la profondeur, de la masse volumique du liquide et de l'intensité de la pesanteur. En effet, $\Delta p = \rho g h$ où ρ est la masse volumique du liquide, g l'intensité de la pesanteur et h la profondeur.

7. b. La loi de Boyle-Mariotte pV = cte peut aussi s'écrire $p = \frac{\text{cte}}{V}$; la pression est inversement proportionnelle au volume du gaz.

2 Graphique et loi de Boyle-Mariotte

Les graphiques qui représentent la loi de Mariotte sont **b.** et **c.**

b. Ce graphique représente l'évolution du produit pV lorsque le volume V varie : il montre que le produit pV = cte, conformément à la loi de Mariotte.

c. Ce graphique montre que la courbe p en fonction de $\frac{1}{V}$ est une droite qui passe par l'origine du repère : p et $\frac{1}{V}$ sont proportionnels. $p = \text{cte}\left(\frac{1}{V}\right)$, d'où $pV = \text{cte}$: c'est la loi de Boyle-Mariotte.

Exercices d'entraînement

3 Convertir

$10{,}5\ \text{cm}^2 = 10{,}5 \times 10^{-4}\ \text{m}^2 = 1{,}05 \times 10^{-3}\ \text{m}^2$; $1{,}3 \times 10^5\ \text{cm}^2 = 1{,}3 \times 10^1\ \text{m}^2$;
$1{,}04\ \text{L} = 1{,}04 \times 10^{-3}\ \text{m}^3$; $12{,}5\ \text{cm}^3 = 12{,}5 \times 10^{-6}\ \text{m}^3 = 1{,}25 \times 10^{-5}\ \text{m}^3$;
$0{,}78\ \text{kg}\cdot\text{L}^{-1} = 0{,}78 \times 10^3\ \text{kg}\cdot\text{m}^{-3}$; $13{,}6\ \text{g}\cdot\text{cm}^{-3} = 13{,}6 \times 10^3\ \text{kg}\cdot\text{m}^{-3}$;
$1{,}3\ \text{bar} = 1{,}3 \times 10^5\ \text{Pa}$; $1\,013\ \text{hPa} = 1\,013 \times 10^2\ \text{Pa} = 1{,}013 \times 10^5\ \text{Pa}$.

4 Force pressante

1. $p = \frac{F}{S}$

$F = 3\,000\ \text{N}$; $S = 50\ \text{cm}^2 = 50 \times 10^{-4}\ \text{m}^2$.

D'où $p = \frac{3\,000}{50 \times 10^{-4}} = 6{,}0 \times 10^5\ \text{Pa} = 6{,}0 \times 10^2\ \text{kPa}$.

> **L'astuce du prof**
> Pensez à utiliser les unités du Système International et à respecter les chiffres significatifs.

2. Si la surface est multipliée par 10, la pression est divisée par 10, soit 60 kPa.

5 Pression atmosphérique et force pressante

1. D'après la relation, $p = \frac{F}{S}$, on en déduit que $F = pS$ et $S = Ll$, avec L = hauteur et l = largeur.

On en déduit : $F = pLl$.

A.N. : $F = 1{,}013 \times 10^5 \times 2{,}10 \times 0{,}90 = \mathbf{1{,}9 \times 10^5\ N}$.

2. Le poids d'un homme $P_{\text{homme}} = mg$.

A.N. : $P_{\text{homme}} = 100 \times 9{,}81 = \mathbf{981\ N}$.

> **Gagnez des points !**
> Établissez une expression littérale en fonction des données de l'énoncé, puis faites l'application numérique.

3. La force pressante exercée par l'air sur la porte est très supérieure au poids d'un homme de 100 kg. On peut ouvrir une porte car une force pressante de même valeur s'exerce sur l'autre face de la porte.

6 Pression des pneus

1. L'appareil qui permet de mesurer la pression dans le pneu est un manomètre.

2. $p = p_{\text{mesurée}} + p_{\text{atm}}$.

Or $p_{\text{mesurée}} = 2{,}2$ bar $= 2{,}2 \times 10^5$ Pa

et $p_{\text{atm}} = 1\,010$ hPa $= 1{,}010 \times 10^3 \times 10^2$ Pa $= 1{,}010 \times 10^5$ Pa.

$p = 2{,}2 \times 10^5 + 1{,}010 \times 10^5 = \mathbf{3{,}2 \times 10^5}$ **Pa.**

3. Quand on gonfle un pneu, on ajoute de l'air, c'est-à-dire que la quantité d'air augmente, le volume étant quasiment constant. La pression augmente. La force pressante exercée par l'air sur la paroi augmente et le pneu devient dur.

4. Lorsque la température de l'air augmente, le volume étant constant, la pression augmente. Si la pression augmente trop, le pneu peut éclater.

7 Pompe à vélo

L'expression de la force pressante en fonction de la surface du piston S et de la pression de l'air p est :

$$F = pS$$

$S = 2{,}0$ cm$^2 = 2{,}0 \times 10^{-4}$ m^2 ; $p = 1{,}0$ bar $= 1{,}0 \times 10^5$ Pa.

D'où $F = 1{,}0 \times 10^5 \times 2{,}0 \times 10^{-4} = 2{,}0 \times 10^1$ N $= 20$ N.

L'opérateur doit donc exercer une force de 20 N pour compenser la force pressante exercée par le gaz sur le piston.

8 Pression de l'eau dans une piscine

1. Le point A est un point à la surface de l'eau : sa pression est égale à la pression atmosphérique : $p_{\text{atm}} = 1\,010$ hPa.

2. $$p_B - p_A = \rho g h$$

A.N. : $p_B - p_A = 1\,000 \times 10 \times 1{,}80 = \mathbf{1{,}8 \times 10^4}$ **Pa.**

3. $p_B = p_A + (p_B - p_A) = p_{\text{atm}} + (p_3 - p_A)$.

A.N. : $p_B = 1\,010 \times 10^2 + 1{,}8 \times 10^4 = \mathbf{1{,}2 \times 10^5}$ **Pa.**

9 Pression d'huile dans un vérin

1. $S = \pi R^2 = \pi\left(\frac{D}{2}\right)^2 = \pi\frac{D^2}{4}$.

A.N. : $S = \pi \times \frac{0{,}15^2}{4} = \mathbf{1{,}8 \times 10^{-2}\ m^2}$.

L'aire de la section interne du vérin est $1{,}8 \times 10^{-2}$ m².

Gagnez des points !
Pensez à convertir le diamètre en mètre pour calculer l'aire en m², unité du Système International.

2. $p = \frac{F}{S}$

A.N. : $p = \frac{260 \times 10^3}{1{,}8 \times 10^{-2}} = 1{,}5 \times 10^7 \text{ Pa} = \mathbf{1{,}5 \times 10^2\ bar}$.

La pression de l'huile dans le vérin est de $1{,}5 \times 10^2$ bar (plus de 100 fois la pression atmosphérique).

10 Vérification expérimentale de la loi de Mariotte

1. Dans le tableau, on lit que pour le volume initial $V_i = 20$ mL, la pression de l'air est de 1010 hPa : ce gaz est à la pression atmosphérique. La pression atmosphérique est donc égale à 1 010 hPa.

2. On doit attendre l'équilibre thermique pour que la température de l'air dans la seringue soit égale à la température ambiante : on étudie ainsi les variations de pression et de volume à température constante.

3. L'unité du Système International est le pascal, il faut convertir les pressions en pascal.
Il faut convertir les volumes en m³, sachant que 1 mL = 10^{-6} m³.

V (mL)	15	20	25	30	35	40	50	60
P (hPa)	1345	1010	809	673	577	505	404	337
pV (m³·Pa)	2,0	2,0	2,0	2,0	2,0	2,0	2,0	2,0

On constate que le produit pV est constant aux incertitudes de mesures près.

4. **Loi de Mariotte : courbe p en fonction de V**

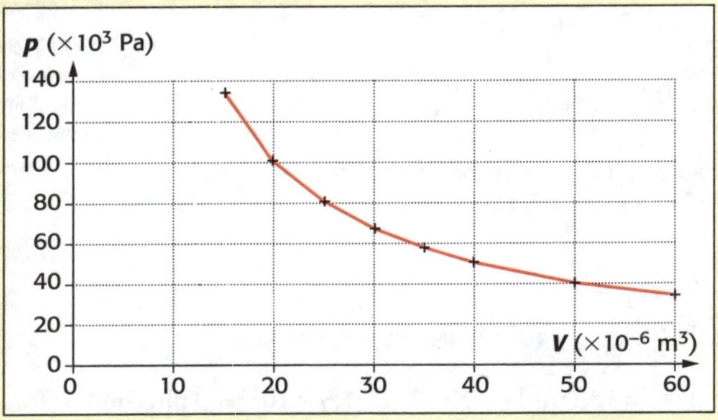

On constate que p et V ne sont pas proportionnels, car la courbe n'est pas une droite passant par l'origine du repère.

5. **Loi de Mariotte : courbe p en fonction de l'inverse de V**

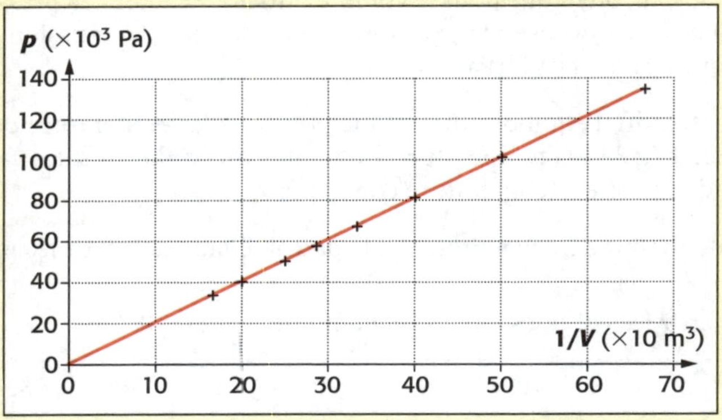

On constate que les points sont alignés avec l'origine du repère ; p et $\frac{1}{V}$ sont proportionnels : on retrouve la Loi de Mariotte pV = constante.

11 Bouteille de plongée

1. On peut introduire 50 L d'air dans une bouteille de 12 L en comprimant l'air : en le comprimant, son volume diminue.

2. D'après la loi de Boyle-Mariotte, $p_1V_1 = p_2V_2$:

$$p_2 = \frac{p_1V_1}{V_2}.$$

A.N. : $p_2 = \frac{1{,}0 \times 50}{12} = \mathbf{4{,}2\ bar.}$

La pression de l'air dans la bouteille est de 4,2 bar.

> **Remarque**
> On peut laisser les volumes en litre puisqu'on calcule un rapport, et on peut laisser la pression en bar, le résultat est alors exprimé en bar.

12 Presse hydraulique

1. Les deux pistons sont à la même hauteur et dans le même liquide, donc la pression du liquide sur le piston 1 est égal à la pression du liquide sur le piston 2 :

$$p_1 = p_2.$$

2. $p_1 = \frac{F_1}{S_1}$ et $p_2 = \frac{F_2}{S_2}$.

3. D'après la question **1.**, $p_1 = p_2$.

$$\frac{F_1}{S_1} = \frac{F_2}{S_2}$$

$$F_1 = \frac{F_2S_1}{S_2}.$$

A.N. : $F_1 = \frac{1\,000 \times 15}{100} = \mathbf{1{,}5 \times 10^2\ N.}$

La valeur de la force exercée par l'opérateur sur la presse est de $1{,}5 \times 10^2$ N, celle reçue par l'objet placé dans la presse a pour valeur 1 000 N.

4. $p_1 = \frac{F_1}{S_1}$.

A.N. : $p_1 = \frac{1{,}5 \times 10^2}{15 \times 10^{-4}} = \mathbf{1{,}0 \times 10^5\ Pa.}$

> **Remarque**
> Vous pouvez calculer p_2 à partir de F_2 et S_2, ce qui donne un résultat identique.

5. Cette presse permet de « multiplier » la force exercée par l'opérateur.

13 Mélange de gaz

1. Le compartiment B se remplit car le gaz occupe tout l'espace qui lui est offert.

2. Lorsque l'équilibre thermique est atteint, le dioxygène est à température ambiante.

3. D'après la loi de Boyle-Mariotte, pV = cte.

Initialement, le dioxygène est à la pression p_A et occupe un volume V_A. À la fin, il occupe $V_A + V_B$ et est à la pression P_f :

$p_A V_A = p_f(V_A + V_B)$

$V_A = V_B$.

D'où $p_f = \dfrac{p_A V_A}{2V_A} = \dfrac{p_A}{2}$.

$$p_f = \frac{p_A}{2}.$$

A.N. : $p_f = \dfrac{1013 \times 10^2}{2} = \mathbf{5{,}1 \times 10^4\ Pa.}$

La pression finale dans les récipients est $p_f = 5{,}1 \times 10^4$ Pa.

14 Baromètre de Toricelli

1. La pression au point A est nulle, car au-dessus de A il y a du vide.

$p_A = 0$ Pa.

2. Le point B est au niveau de la surface libre du mercure :

$p_B = p_{atm} = 1013$ hPa.

3. $p_B - p_A = \rho g h$

$$h = \frac{p_B - p_A}{\rho g}.$$

A.N. : $h = \dfrac{1013 \times 10^2 - 0}{13{,}6 \times 10^3 \times 9{,}81} = 0{,}759$ m = **759 mm.**

Remarque

C'est pour cela qu'il existe l'unité de pression « mm de mercure ».

4. Lorsque la pression atmosphérique augmente, $p_B - p_A$ augmente, donc h augmente : le mercure monte dans le tube en verre.

En mesurant la hauteur de mercure, on peut donc en déduire la pression atmosphérique.

5. Si le tube était plein d'eau $h = \dfrac{p_B - p_A}{\rho_{eau} g}$.

A.N. : $h = \dfrac{1\,013 \times 10^2 - 0}{1,0 \times 10^3 \times 9,81} = \mathbf{10\ m}$.

Le tube de Toricelli à eau n'est pas utilisé car il est encombrant !

CHAPITRE 4

Propriétés de la lumière

1 Propagation de la lumière

1 Propagation de la lumière

• La lumière se propage en ligne droite dans un milieu homogène et transparent. Un milieu est dit homogène s'il a les mêmes propriétés en tout point.

• Le trajet suivi par la lumière du point source S jusqu'à l'œil O est modélisé par une droite orientée SO appelée **rayon lumineux**.

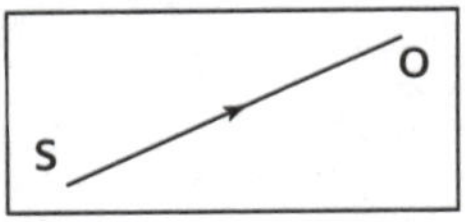

• La lumière se propage dans le vide à la vitesse c ; c'est une constante universelle avec $c \approx 3{,}00 \times 10^8\ m \cdot s^{-1}$.

2 Longueur d'onde d'une radiation

Une radiation monochromatique est caractérisée par sa **longueur d'onde** λ_0 dans le vide (et dans l'air), exprimée en mètre et sous-multiples.

La lumière blanche est une lumière polychromatique, constituée d'une infinité de radiations, chacune caractérisée par sa couleur.

Les longueurs d'onde des radiations perceptibles par l'œil humain sont comprises entre 400 nm (violet extrême) et 750 nm (rouge).

Remarque : Il existe des radiations non visibles, mais de même nature que la lumière : les ultraviolets (U.V.), les infrarouges (I.R.), etc.

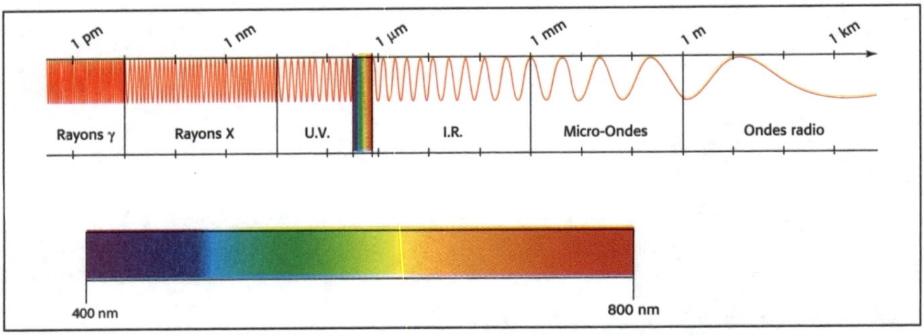

Domaines de longueurs d'ondes électromagnétiques

3 Les ondes électromagnétiques dans l'imagerie médicale

L'imagerie médicale utilise les ondes électromagnétiques :
– la fibroscopie (ou endoscopie) utilise la propagation de la lumière visible dans une fibre optique pour observer un organe ;
– le scanner et la radiographie utilisent les rayons X ;
– l'IRM utilise des ondes radio.

EXERCICE RÉSOLU

à venir

ÉNONCÉ

Lors d'une radiographie, on envoie des rayons X sur la zone du patient à analyser. Les rayons X ayant traversé cette zone viennent noircir la plaque. Mais une partie des rayons X est absorbée au cours de leur traversée. Cette absorption dépend du milieu de propagation. Les os et les chairs n'ont ainsi pas la même influence sur le faisceau de rayons X, ce qui explique les différences de teintes sur un cliché de radiographie.

1. Les rayons X sont-il de nature électromagnétique ou sonore ?

2. Les ondes lumineuses visibles sont-elles de même nature que les rayons X ?

CORRIGÉ

1. Les rayons X sont des ondes électromagnétiques.

2. Les ondes lumineuses sont de même nature que les rayons X : ce sont des ondes électromagnétiques, elles diffèrent par leur longueur d'onde.

Remarque
Les ondes électromagnétiques se propagent dans le vide, contrairement aux ondes sonores.

2 Lois de la réfraction et de la réflexion

1 Lois de Snell-Descartes pour la réfraction

→ Mise en évidence de la réfraction

Lorsque la lumière passe d'un milieu transparent à un autre, elle change de direction ; c'est la **réfraction** de la lumière.

La réfraction de la lumière a été mise en évidence par Descartes qui a remarqué que la lumière blanche pouvait être décomposée, puis recomposée en traversant un prisme.

→ Lois de Snell-Descartes

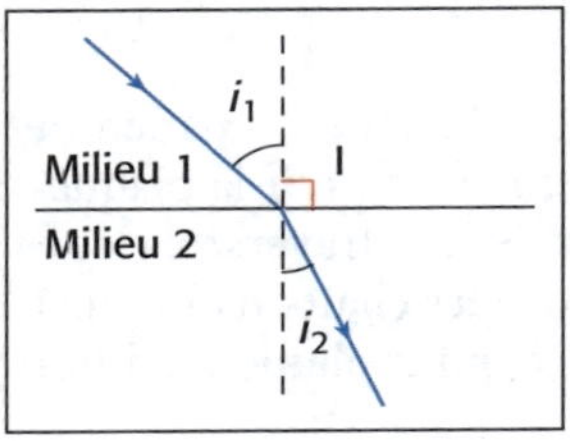

Les rayons lumineux se propagent dans un même plan, appelé **plan d'incidence**.

L'**indice de réfraction** n est une grandeur qui caractérise un milieu transparent. Par définition, $n = \frac{c}{v}$ avec c : célérité de la lumière dans le vide et v : célérité de la lumière dans le milieu.

L'angle d'incidence i_1 et l'angle réfracté i_2 sont liés par la relation
$\boldsymbol{n_1 \sin i_1 = n_2 \sin i_2}$.
n_1 et n_2 sont des nombres sans unité, appelés indices des milieux 1 et 2.

Les angles sont mesurés par rapport à la normale (droite perpendiculaire au dioptre, limite entre les deux milieux) au point d'incidence I.

2 La réflexion de la lumière

Lorsque la lumière se propage dans un milieu d'indice n_1 et arrive à la surface de séparation avec un milieu d'indice n_2 tel que $n_1 < n_2$, elle est toujours déviée en se rapprochant de la normale ($i_1 > i_2$).

En revanche, lorsque la lumière se propage dans un milieu d'indice n_1 et arrive à la surface de séparation avec un milieu d'indice n_2 tel que $n_1 > n_2$, elle est déviée et s'éloigne de la normale ($i_1 < i_2$) (figure a).

Dans certains cas, la lumière n'est pas réfractée mais réfléchie (figure b).

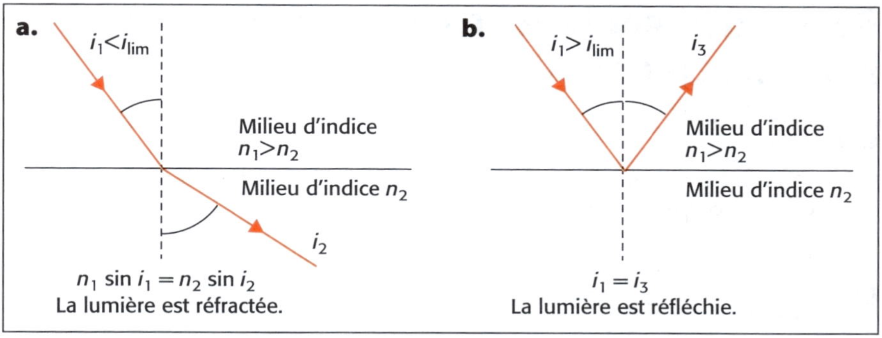

Ce phénomène est appelé la réflexion totale.

L'angle limite se calcule en appliquant la relation : $\sin i_{lim} = \frac{n_2}{n_1}$.

Le rayon réfléchi appartient au plan d'incidence.

EXERCICE RÉSOLU

Déterminer les angles dans un dioptre air-eau

ÉNONCÉ

Un rayon lumineux se propageant dans l'air (indice 1,0) arrive à la surface de l'eau (indice 1,33). Il fait un angle de 25° avec la surface horizontale.

1. Faire un schéma annoté de la situation.

2. Déterminer l'angle d'incidence i_1.

3. En déduire l'angle réfracté i_2.

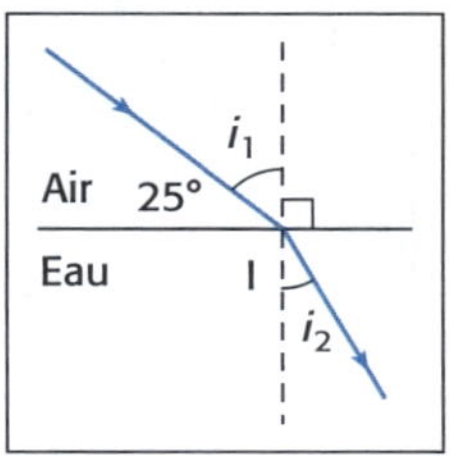

Conseil

Ne confondez pas angle d'incidence et angle avec la surface.

CORRIGÉ

1. Le schéma est ci-contre :

2. L'angle d'incidence est $\boldsymbol{i_1} = 90° - 25° = \mathbf{65°}$.

3. En utilisant la loi de Snell-Descartes pour la réfraction, on écrit :

$$n_{air} \sin i_1 = n_{eau} \sin i_2, \text{ soit } \sin(i_2) = \frac{n_{air} \times \sin(i_1)}{n_{eau}}.$$

On obtient $\sin(i_2) = \frac{1,0 \times \sin(65)}{1,33} = 0,68$, soit $\boldsymbol{i_2} = \mathbf{43°}$.

Méthode

On obtient l'angle i_2 en utilisant la fonction « $\sin^{-1}$ » de la calculatrice, utilisée en degré.

Savoir utiliser la loi de Snell-Descartes pour la réfraction

ÉNONCÉ

Un rayon lumineux se propage dans l'air (indice 1,0) et arrive à la surface de l'eau (indice 1,3) avec un angle d'incidence $i_1 = 13°$.

Calculer l'angle réfracté i_2 dans l'eau.

MÉTHODE

Identifiez l'angle d'incidence et les indices des milieux, puis appliquez la relation $\boldsymbol{n_1 \sin i_1 = n_2 \sin i_2}$ en remplaçant par les données.

CORRIGÉ

L'angle réfracté i_2 est calculé avec la relation :

$\sin i_2 = \dfrac{n_1}{n_2} \sin(13) = \dfrac{1{,}0}{1{,}3} \sin(13) = 0{,}17$

soit $i_2 = 10°$.

Réflexe à avoir

Identifiez les angles d'incidence et réfracté sur un schéma.

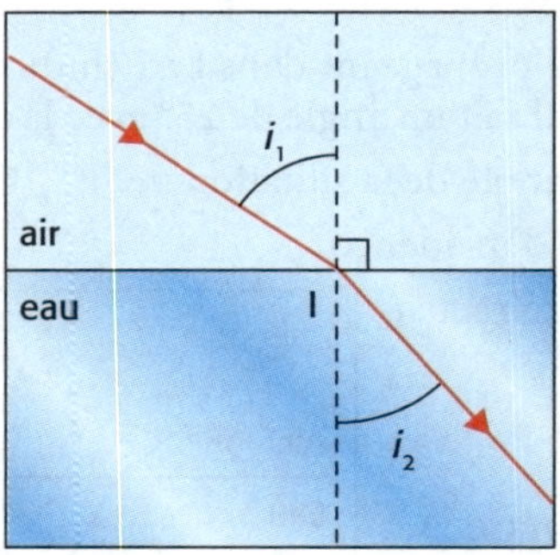

Savoir calculer un angle limite

ÉNONCÉ

Un rayon lumineux se propage dans le verre (indice 1,52) et arrive à la surface de l'air (indice 1,0).
Calculer l'angle limite.

Qu'arrive-t-il à un rayon qui arrive avec un angle d'incidence de 25° ? de 45° ?

MÉTHODE

Il faut appliquer la relation $\sin i_{lim} = \frac{n_2}{n_1}$.
Un rayon lumineux arrivant avec un angle d'incidence inférieur à l'angle limite est réfracté ; un rayon lumineux arrivant avec un angle d'incidence supérieur à l'angle limite est réfléchi.

CORRIGÉ

L'angle limite est tel que $\sin i_{lim} = \frac{1,0}{1,52} = 0,66$ soit $i_{lim} = 41°$.

Pour $i = 25°$, le rayon est réfracté ; pour $i = 45°$, le rayon est réfléchi.

Piège à éviter

N'oubliez pas d'utiliser la calculatrice en mode degrés.

Vérifiez vos connaissances

1 Propagation de la lumière

Indiquer pour chaque proposition si elle est vraie (V) ou fausse (F).

1. La lumière se propage toujours en ligne droite. ☐ V ☐ F

2. La lumière est déviée lorsqu'elle passe d'un milieu homogène à un autre. ☐ V ☐ F

3. La lumière se propage dans tous les milieux homogènes. ☐ V ☐ F

4. La lumière se propage à la célérité de 300 000 $km \cdot s^{-1}$. ☐ V ☐ F

5. L'indice d'un milieu dépend de la longueur d'onde de la radiation qui le traverse. ☐ V ☐ F

2 Changement de milieu

Parmi les situations proposées, choisir celles qui correspondent à des situations physiques correctes.

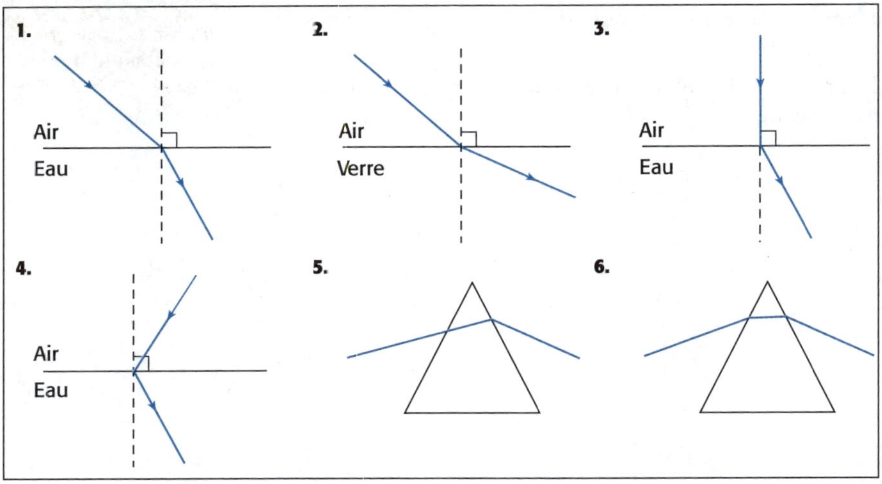

3 Lois de Snell-Descartes

Déterminer les valeurs manquantes des angles ou des indices.

Données : *indices de réfraction des milieux : n(eau) = 1,33 ; n(air) = 1,00 ; n(verre) = 1,50.*

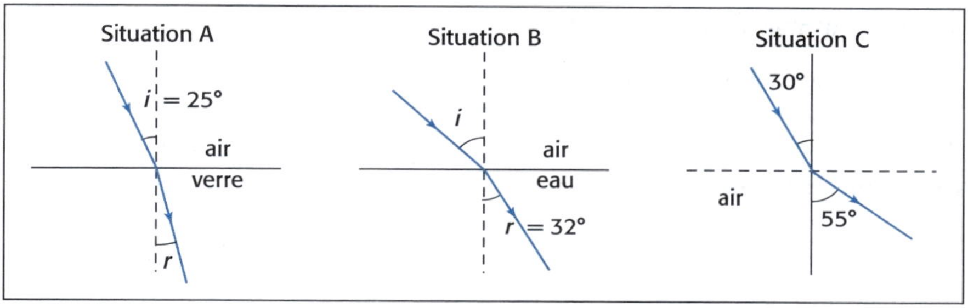

4 Angle limite

Un rayon lumineux se propage dans l'eau (indice n_1 = 1,33) et arrive à la surface de séparation avec l'air (indice n_2 = 1,00).

Déterminer l'angle limite pour lequel il y aura réflexion totale.

5 Réfraction sur une lame de verre

Un rayon lumineux se propage dans l'air et arrive à la surface d'une lame en verre (indice n = 1,50) en faisant un angle de 30° avec la surface délimitant les deux milieux.

Déterminer la valeur de l'angle réfracté.

Exercices d'entraînement

6 ★ Loi de Snell-Descartes

Un rayon lumineux se propage dans l'air, et arrive à la surface d'une lame de verre (indice n = 1,5) comme le schéma l'indique. Compléter le schéma en indiquant les mots : « air, verre, point d'incidence » et schématiser le rayon réfracté.

Déterminer la valeur de l'angle réfracté.

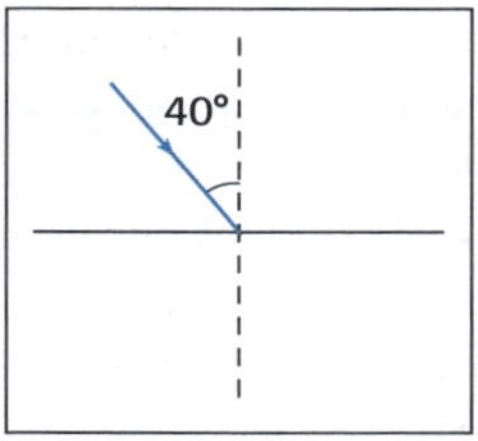

7 ★ Réflexion ?

Un rayon lumineux se propage dans le verre (indice n_1 = 1,52) et arrive à la surface de séparation avec l'air en faisant un angle i_1 = 47,0° avec la normale.

1. Déterminer l'angle limite. Le rayon est-il réfracté ou réfléchi ?

2. Faire un schéma de la situation.

8 ★ Calcul d'un angle de réfraction

Un rayon lumineux se propage dans l'air (indice 1,00), et arrive à la surface d'un diamant (indice $n = 2,43$).

Déterminer la valeur de l'angle réfracté.

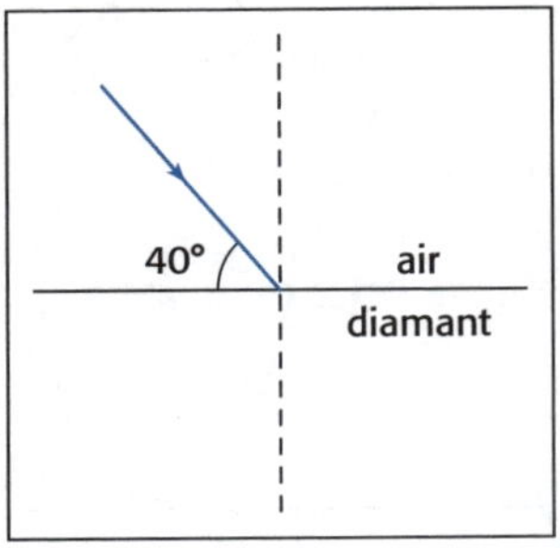

9 ★ Calculs d'angles limites

Calculer l'angle limite i_{lim} et tracer la marche du rayon lumineux.

1.

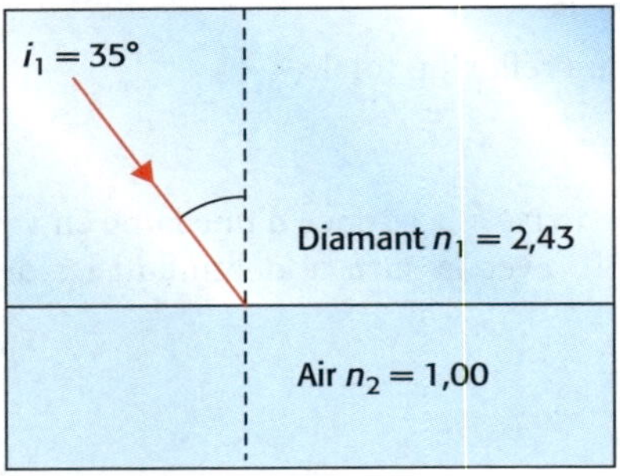

2.

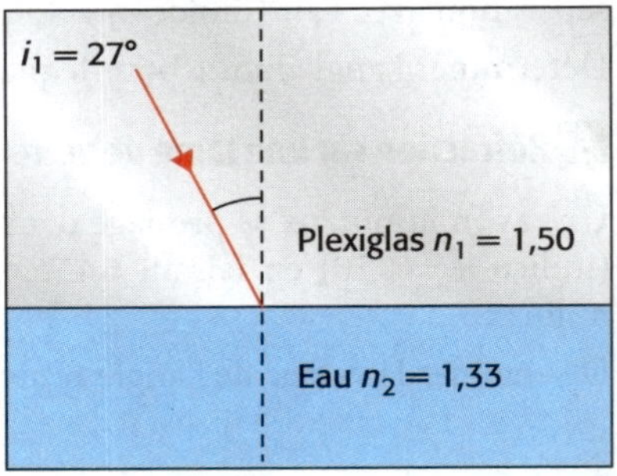

10 ★★ Réfraction dans un hémicylindre

En séance de travaux pratiques, un élève réalise le montage ci-dessous.

Le faisceau de lumière émise par une source se propage dans l'air et arrive sur la face plane d'un hémicylindre en matière plastique d'indice n.

Pour différentes valeurs de l'angle i_1, il relève la valeur de l'angle i_2.

Les résultats sont regroupés dans le tableau ci-dessous.

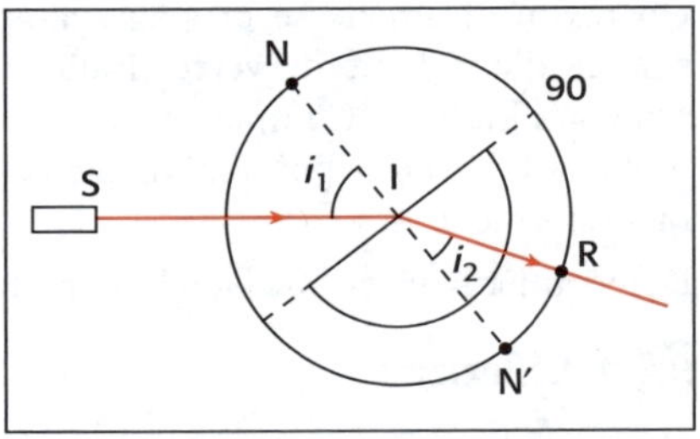

i_1 (°)	0	5	10	15	20	25	30	35	40
i_2 (°)	0	3	7	10	13	16	19	22	25

i_1 (°)	45	50	55	60	65	70	75	80
i_2 (°)	28	30	33	35	37	38	39	40

1. Tracer la courbe $i_2 = f(i_1)$. Quelle est l'allure de la courbe ? Existe-t-il une relation simple entre ces deux angles ?

2. Recopier et compléter le tableau en calculant $\sin i_1$ et $\sin i_2$.

3. Tracer la courbe $\sin i_1 = f(\sin i_2)$. Quelle est l'allure de la courbe ? Existe-t-il une relation simple entre les sinus de ces deux angles ?

4. Déterminer le coefficient qui relie $\sin i_1$ et $\sin i_2$. À quoi ce coefficient correspond-il ?

11 ★★ Calcul d'un angle d'incidence

Un rayon lumineux ressort de l'eau (indice n = 1,33) vers l'air (indice 1,00) en faisant un angle de 20° avec la surface de l'eau. Faire un schéma et déterminer la valeur de l'angle d'incidence i.

12 ★★ Prisme et réfraction

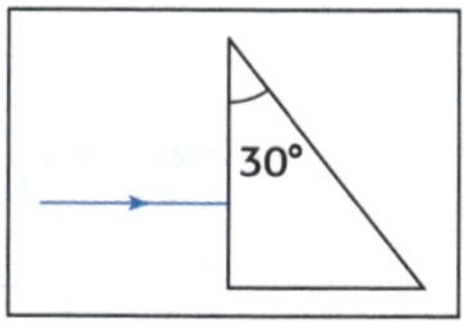

On envoie un rayon lumineux monochromatique, perpendiculairement à la face d'un prisme (dont la section est un triangle rectangle d'angle au sommet 30°) de verre d'indice n = 1,5. Le prisme plonge dans l'air d'indice 1,0.

1. Que se passe-t-il à la traversée du dioptre air-verre ? Justifier.

2. Déterminer et tracer le parcours du rayon lumineux à sa sortie du prisme, c'est-à-dire à la traversée du dioptre verre-air.

3. Décrire qualitativement ce qui se passe si la lumière utilisée est polychromatique.

4. Citer un autre système dispersif de lumière.

13 ★★ Détermination d'un indice

Déterminer la valeur de l'indice n du milieu transparent.

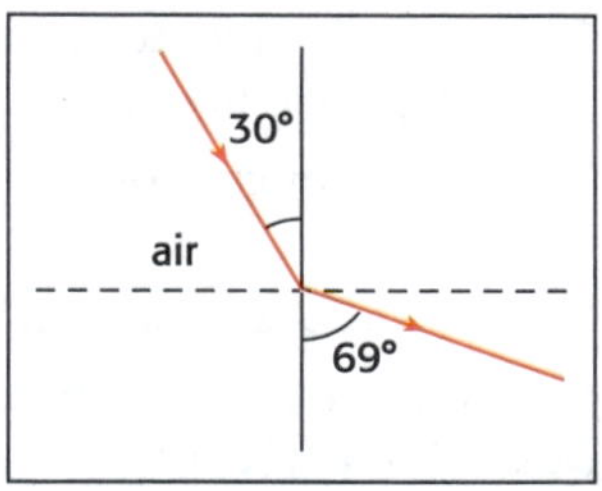

14 ★★ Fibre optique

La fibre optique est un fil fin et transparent qui permet de transporter des informations sur des distances très élevées.

On peut considérer que la fibre est constituée d'un cœur et d'une gaine. Un rayon lumineux se propageant dans l'air (indice 1,00) transportant l'information lumineuse entre dans la fibre en I et s'y propage en subissant des réflexions sur la limite entre la surface cœur/gaine.

Schéma en coupe d'une fibre optique :

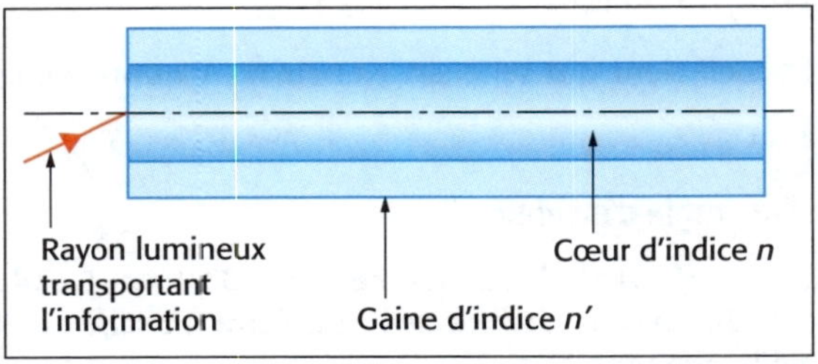

Schéma représentant le trajet d'un rayon lumineux :

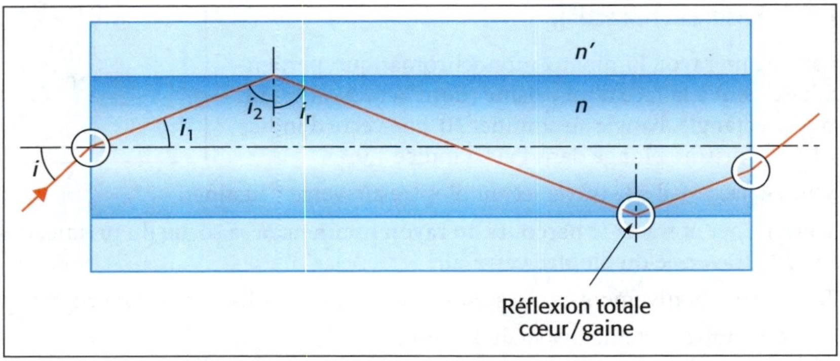

1. L'angle d'incidence du rayon entrant est $i = 20{,}0°$. Déterminer l'angle réfracté i_1 sachant que l'indice du cœur est $n = 1{,}52$.

2. Calculer l'angle, noté i_2, avec lequel le rayon arrive sur la surface limitant le cœur et la gaine.

3. L'indice de la gaine est $n' = 1{,}46$. Calculer l'angle limite de ce dioptre.

4. Justifier alors que le chemin suivi par le rayon lumineux dans la fibre optique est celui représenté sur le schéma.

15 ★★★ Réfraction dans un prisme

Au cours d'une expérience, on utilise une lumière de couleur rouge, émise par un laser, de longueur d'onde dans le vide $\lambda = 633$ nm.

On dispose d'un prisme dont la base est un triangle équilatéral et dont l'indice de réfraction est $n = 1,61$ pour cette radiation.

On dirige le faisceau laser vers l'une des faces du prisme placé dans l'air. On observe que ce faisceau est dévié. Un écran placé derrière le prisme montre un point lumineux de même couleur (rouge) que le faisceau incident.

On note i l'angle d'incidence du rayon sur le premier dioptre air-verre.

1. Quelle est la nature de la lumière émise par le laser ?

2. La célérité de la lumière dans le vide est $c = 3,00 \times 10^8\ \mathrm{m \cdot s^{-1}}$. Sachant que l'indice n d'un milieu transparent est égal au rapport entre la célérité de la lumière dans le vide et la célérité de la lumière dans le milieu, déterminer la célérité de la lumière dans le prisme.

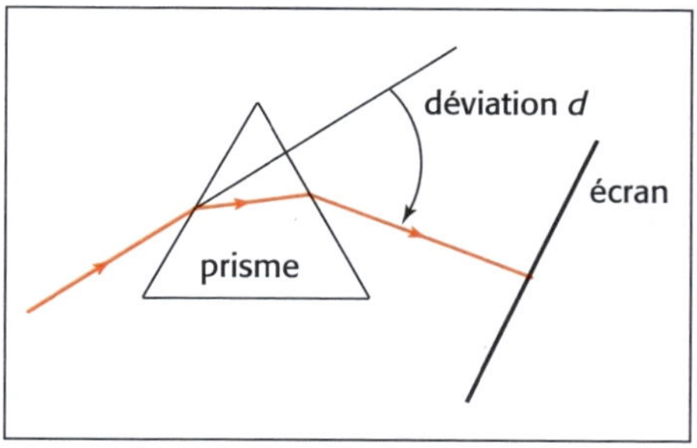

3. Donner les limites des longueurs d'onde dans le vide du spectre visible et les couleurs correspondantes. Situer les domaines des rayonnements ultraviolets et infrarouges par rapport au domaine du spectre visible.

4. En utilisant la loi de Snell-Descartes pour la réfraction au premier point d'incidence, exprimer l'angle réfracté r après la première réfraction.
On appelle r' l'angle avec lequel le rayon arrive sur la deuxième face ; on admet que $A = r + r'$, avec A, l'angle au sommet (soit $A = 60°$).

5. Exprimer l'angle réfracté, noté i', à la sortie du prisme.

6. Calculer r' et i' pour $i = 25°$.

7. On remplace la lumière du laser par une lumière blanche. Qu'observe-t-on sur l'écran ?

16 ★★★ Vitesse de propagation de la lumière

On utilise des fibres optiques en imagerie médicale pour pratiquer des fibroscopies. Celles-ci permettent d'observer l'intérieur du corps humain ; elles sont munies d'une petite caméra et sont reliées à un écran vidéo.
L'indice d'un milieu, noté n, est égal au rapport entre la vitesse de la lumière dans le vide et la vitesse de la lumière dans le milieu.

1. Quelle est la vitesse de la lumière dans le vide ?

2. Quelle est la relation liant l'indice du milieu n, la vitesse c de la lumière dans le vide et la vitesse v de la lumière dans le milieu ?

3. Sachant qu'une fibre optique est faite d'un matériau transparent d'indice n compris entre 1,46 et 1,53, calculer la vitesse de la lumière dans le milieu.

4. Combien de temps une information provenant de la caméra met-elle pour arriver à l'extrémité d'une fibre de longueur $L = 1{,}0$ m ?

Vérifiez vos connaissances

1 Propagation de la lumière

1. Faux. La lumière se propage en ligne droite dans un milieu homogène et transparent. Dans certains milieux (fibres optiques, air non homogène), elle se propage selon des lignes courbes.

2. Faux. La lumière est déviée si elle passe d'un milieu transparent à un autre.

3. Faux. La lumière se propage dans tous les milieux transparents, homogènes ou non.

4. Faux. La lumière se propage dans le vide à la célérité de 300 000 $km \cdot s^{-1}$. Dans les autres milieux transparents, elle se propage plus lentement.

5. Vrai.

2 Changement de milieu

Les situations physiques correctes sont les situations 1 et 6.

> **Remarque**
> Lorsqu'un rayon lumineux passe de l'air vers un autre milieu, il est dévié en se rapprochant de la normale.

3 Lois de Snell-Descartes

Dans toutes les situations, on applique la loi de Snell-Descartes pour la réfraction, c'est-à-dire :

$$n_1 \sin i_1 = n_2 \sin i_2 .$$

• Situation A : $n_{\text{air}} \sin i = n_{\text{verre}} \sin r$, soit $\sin r = \dfrac{n_{\text{air}} \sin i}{n_{\text{verre}}}$ et donc :

$$\sin r = \frac{1{,}00 \times \sin 25}{1{,}50} = 0{,}28,$$

soit $\boldsymbol{r = 16°}$.

• Situation B : $n_{\text{air}} \sin i = n_{\text{eau}} \sin r$, soit $\sin i = \dfrac{n_{\text{eau}} \sin r}{n_{\text{air}}}$ et donc :

$$\sin i = \frac{1{,}33 \times \sin 32}{1{,}00} = 0{,}70,$$

soit $\boldsymbol{i = 45°}$.

• Situation C : $n_{air} \sin i = n \sin r$, soit $n = \dfrac{n_{air} \sin i}{\sin r}$ avec $i = 90 - 30 = 60°$ et $r = 90 - 55 = 35°$.

On a donc $n = \dfrac{1{,}00 \times \sin 60}{\sin 35} = 1{,}5$.

Le milieu traversé est donc **le verre**.

4 Angle limite

Par définition, l'angle limite i_{lim} se calcule en utilisant la relation :

$\sin i_{lim} = \dfrac{n_2}{n_1}$, soit $i_{lim} = \sin^{-1}\left(\dfrac{1{,}00}{1{,}33}\right) =$ **48,8°.**

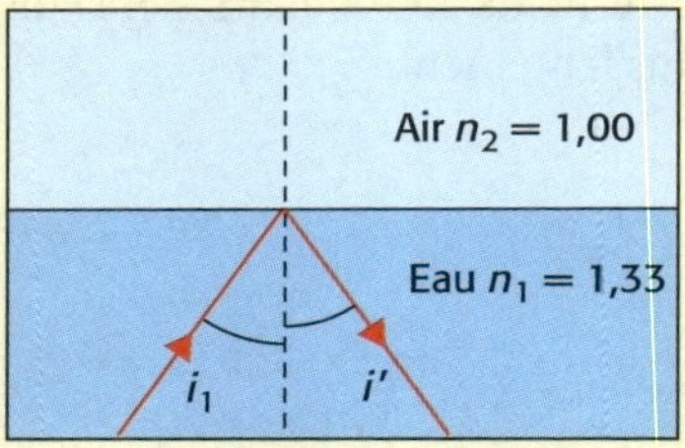

• Si l'angle d'incidence est supérieur à l'angle limite, le rayon est réfléchi :

$i_1 > i_{lim}$, d'où $i' = i_1$.

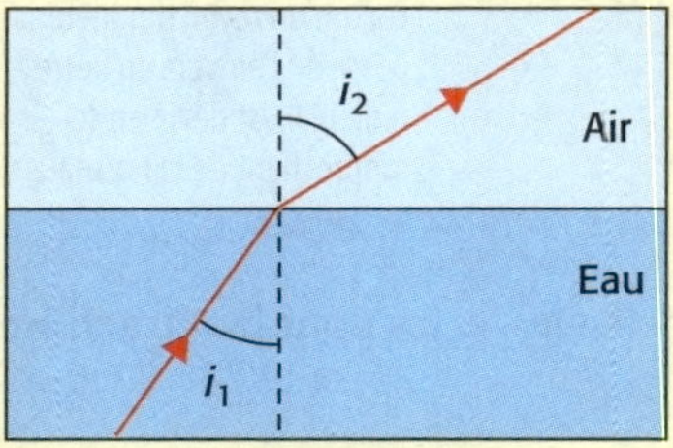

• Si l'angle d'incidence est inférieur à l'angle limite, le rayon est réfracté et vérifie :

$n_1 \sin i_1 = n_2 \sin i_2$ avec $i_1 < i_{lim}$,

d'où $i_2 > i_1$.

5 Réfraction sur une lame de verre

En appliquant la loi de Snell-Descartes pour la réfraction, on obtient :

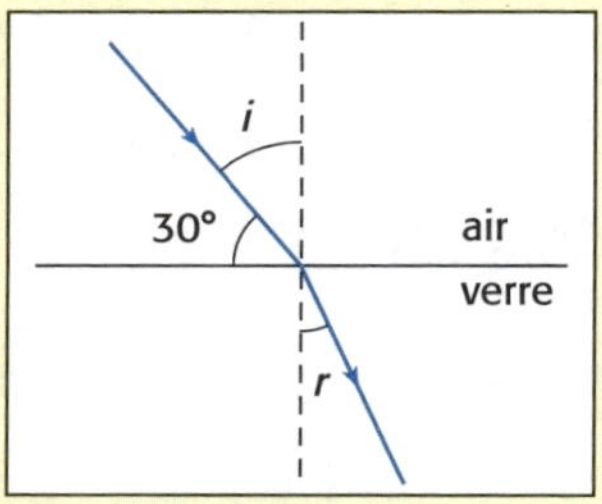

$n_{air} \sin i = n_{verre} \sin r$,

avec $i = 90 - 30 = 60°$

soit $\sin r = \dfrac{n_{air} \sin i}{n_{verre}}$

et donc $\sin r = \dfrac{1{,}00 \times \sin 60}{1{,}50} = 0{,}58$,

soit $\boldsymbol{r = 35°}$.

Remarque

L'angle incident *i* vaut 60° car c'est l'angle entre le rayon et la normale au dioptre.

Exercices d'entraînement

6 Loi de Snell-Descartes

En appliquant la loi de Snell-Descartes pour la réfraction, on obtient :

$n_{air} \sin i = n_{verre} \sin r$, soit $\sin r = \dfrac{n_{air} \sin i}{n_{verre}}$ et

donc $\sin r = \dfrac{1{,}00 \times \sin 40}{1{,}50} = 0{,}43$, soit $\boldsymbol{r = 25°}$.

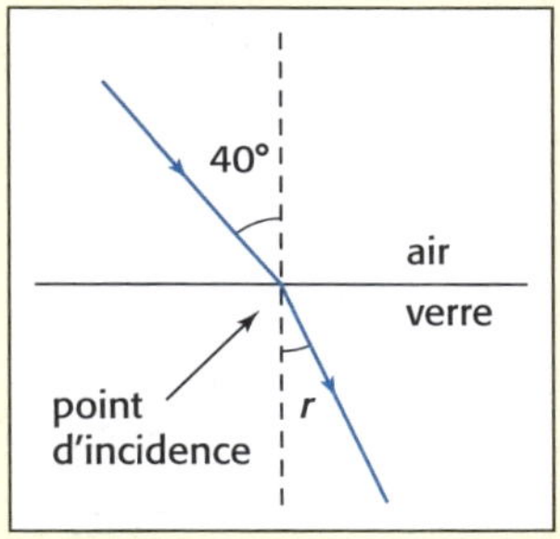

7 Réflexion ?

1. Par définition, l'angle limite se calcule en utilisant la relation :

$\sin i_{lim} = \dfrac{n_2}{n_1}$, soit $i_{lim} = \sin^{-1}\left(\dfrac{1{,}00}{1{,}52}\right) = \mathbf{41{,}1°}$.

Comme $i_1 = 47{,}0° > i_{lim}$, le rayon est réfléchi.

2.

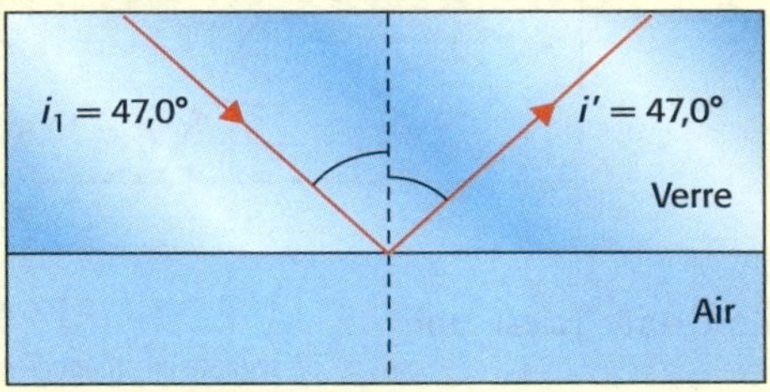

8 Calcul d'un angle de réfraction

En appliquant la loi de Snell-Descartes pour la réfraction, on obtient :

$n_{air} \sin i = n_{diamant} \sin r$, soit $\sin r = \dfrac{n_{air} \sin i}{n_{diamant}}$

et donc $\sin r = \dfrac{1{,}00 \times \sin 50}{2{,}43} = 0{,}32$, soit $\boldsymbol{r = 18°}$.

Remarque

L'angle incident *i* vaut 50° car c'est l'angle entre le rayon et la normale au dioptre.

9 Calculs d'angles limites

L'angle limite se calcule en utilisant la relation :

$$\sin i_{lim} = \frac{n_2}{n_1}, \text{ soit } i_{lim} = \sin^{-1}\left(\frac{n_2}{n_1}\right).$$

• **Cas 1 :** $\sin i_{lim} = \frac{1,00}{2,43}$,

soit $i_{lim} = \sin^{-1}\left(\frac{1,00}{2,43}\right) = \mathbf{24,3°}$.

$i_1 > i_{lim}$: le rayon lumineux est réfléchi avec $i' = i_1$.

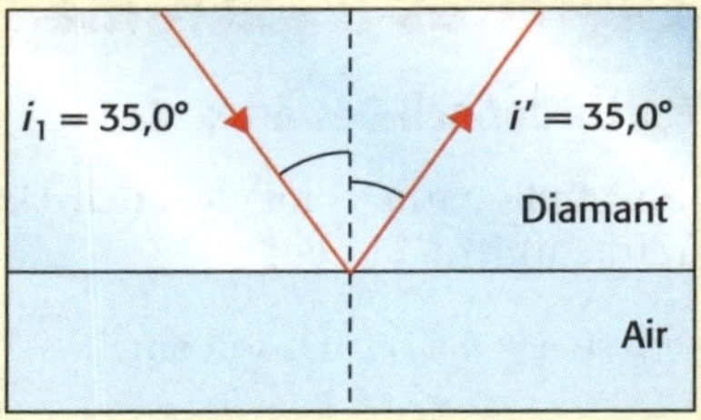

• **Cas 2 :** $\sin i_{lim} = \frac{1,33}{1,50}$,

soit $i_{lim} = \sin^{-1}\left(\frac{1,33}{1,50}\right) = \mathbf{62,5°}$.

$i_1 < i_{lim}$: le rayon lumineux est réfracté.

On applique la loi de Snell-Descartes pour la réfraction :

$n_1 \sin i_1 = n_2 \sin i_2$,

soit $\boxed{\sin i_2 = \frac{n_1}{n_2} \sin i_1}$.

A.N. : $\sin i_2 = \frac{1,50}{1,33} \times \sin(27,0)$,

soit $\mathbf{i_2 = 30,8°}$.

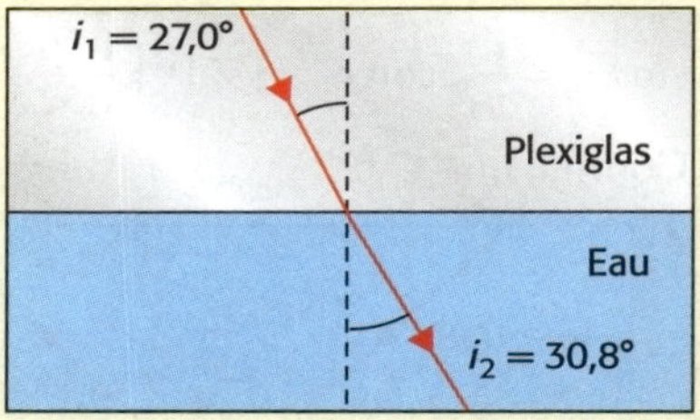

10 Réfraction dans un hémicylindre

1. La courbe $i_2 = f(i_1)$ n'est pas une droite (c'est une courbe).

Il n'existe donc pas de relation simple entre i_1 et i_2.

Gagnez des points !

i_2 se place en ordonnée et i_1 se place en abscisse.

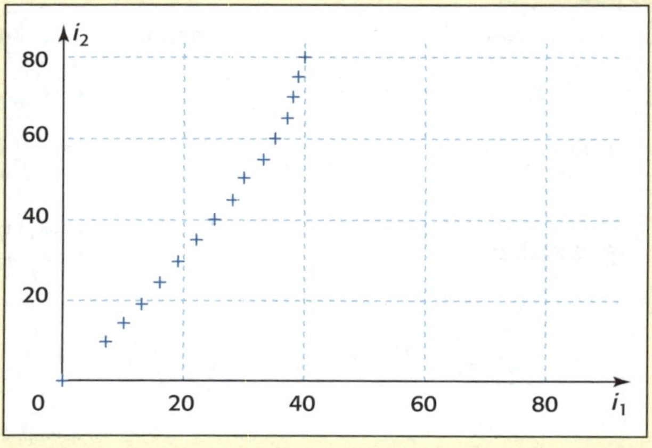

2. Les valeurs des sinus des angles sont regroupées dans le tableau ci-dessous.

i_1 (°)	0	5	10	15	20	25	30	35	40
i_2 (°)	0	3	7	10	13	16	19	22	25
sin (i_1)	0,00	0,09	0,17	0,26	0,34	0,42	0,50	0,57	0,64
sin (i_2)	0,00	0,05	0,12	0,17	0,22	0,28	0,33	0,37	0,42

i_1 (°)	45	50	55	60	65	70	75	80
i_2 (°)	28	30	33	35	37	38	39	40
sin (i_1)	0,71	0,77	0,82	0,87	0,91	0,94	0,97	0,98
sin (i_2)	0,47	0,50	0,54	0,57	0,60	0,62	0,63	0,64

3.

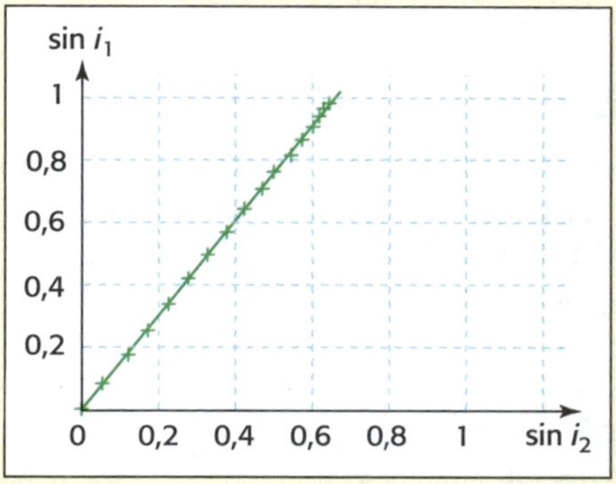

La courbe est une droite passant par l'origine du repère ; il existe donc une relation simple entre sin i_1 et sin i_2, de la forme sin $i_1 = n$ sin i_2, avec n le coefficient de proportionnalité entre les deux grandeurs.

4. Le coefficient de proportionnalité est égal à $n = \frac{0{,}98}{0{,}64} = 1{,}5$.
Il s'agit de l'indice du milieu.

11 Calcul d'un angle d'incidence

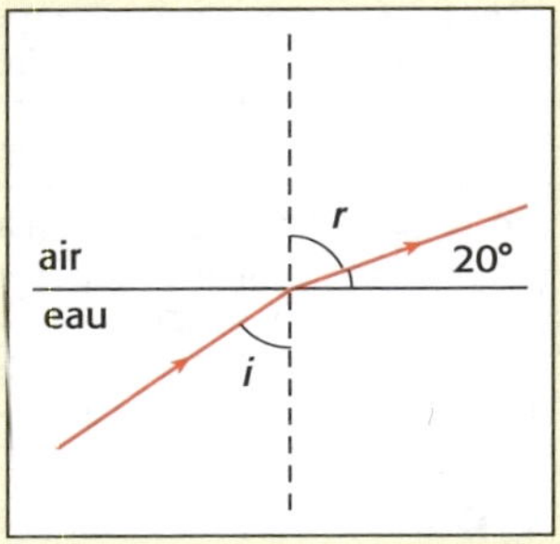

En appliquant la loi de Snell-Descartes pour la réfraction, on obtient :

$n_{eau}\ \sin i = n_{air}\ \sin r$, soit $\sin i = \dfrac{n_{air} \sin r}{n_{eau}}$ avec $r = 90 - 20 = 70°$ et donc

$\sin i = \dfrac{1{,}00 \times \sin 70}{1{,}33} = 0{,}71$, soit $\boldsymbol{i = 45°}$.

12 Prisme et réfraction

1. À la traversée du dioptre « air-verre », le rayon lumineux n'est pas dévié car il arrive perpendiculairement à la surface de séparation (dioptre) entre les deux milieux.

2. Le schéma du trajet du rayon lumineux est représenté ci-contre. Le rayon lumineux rencontre un deuxième dioptre (verre-air).

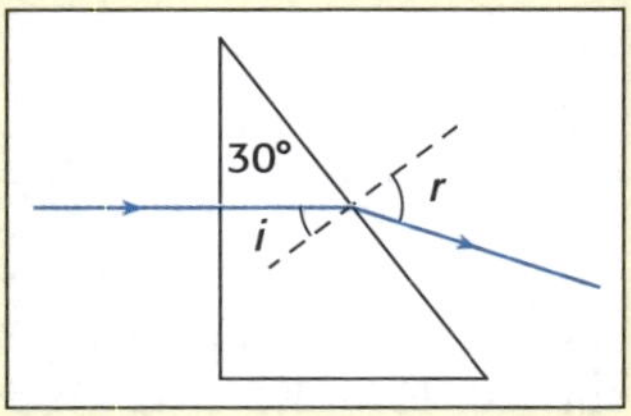

L'astuce du prof

L'utilisation de la loi de Snell-Descartes donne $n_{air} \sin 0 = n_{verre} \sin i$ et donc $\sin i' = 0$.

En appliquant la loi de Snell-Descartes pour la réfraction, on obtient :

$n_{verre} \sin i = n_{air} \sin r$, soit $\sin r = \dfrac{n_{verre} \sin i}{n_{air}}$ avec $i = 30°$ et donc

$\sin r = \dfrac{1{,}5 \times \sin 30}{1{,}0} = 0{,}75$, soit $\boldsymbol{i = 49°}$.

3. Si la lumière utilisée est polychromatique, le faisceau de lumière est dévié et dispersé. On obtient à la sortie du prisme un spectre de la lumière utilisée.

4. Un réseau est un système qui permet de disperser la lumière : c'est un film transparent sur lequel sont gravés plusieurs centaines de traits fins parallèles entre eux.

13 Détermination d'un indice

En appliquant la loi de Snell-Descartes pour la réfraction, on obtient :

$n_{air} \sin i = n \sin r$, soit $n = \dfrac{n_{air} \sin i}{\sin r}$ avec

$i = 90 - 30 = 60°$ et $r = 90 - 69 = 21°$; on a donc :

$\boldsymbol{n} = \dfrac{1{,}0 \times \sin 60}{\sin 21} = \mathbf{2{,}4.}$

Remarque

Cet indice de réfraction très élevé est celui du diamant.

14 Fibre optique

1. En appliquant la loi de Snell-Descartes pour la réfraction : $n_{air} \sin i = n \sin i_1$

$\sin i_1 = n_{air} \dfrac{\sin i}{n}$, soit $\sin i_1 = \dfrac{1{,}00}{1{,}52} \times \sin 20{,}0$

$\sin i_1 = 0{,}225$ soit $\boldsymbol{i_1 = 13{,}0°}$.

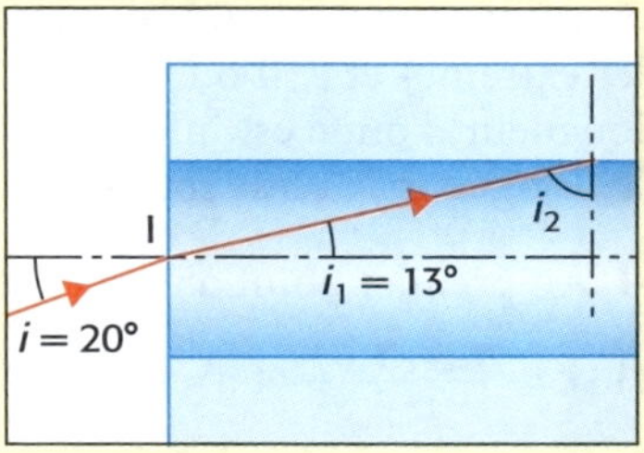

2. Dans le triangle : $i_1 + i_2 + 90 = 180$,

soit :

$i_2 = 180 - 90 - i_1 = 180 - 90 - 13 = 77{,}0°$.

3. L'angle limite se calcule en utilisant la relation :

$\sin i_{lim} = \dfrac{n'}{n}$, soit $\sin i_{lim} = \dfrac{1{,}46}{1{,}52} = 0{,}960$, soit $i_{lim} = 73{,}8°$.

4. Le rayon lumineux arrive à la limite entre les deux milieux en faisant un angle supérieur à l'angle limite.

La lumière est donc réfléchie.

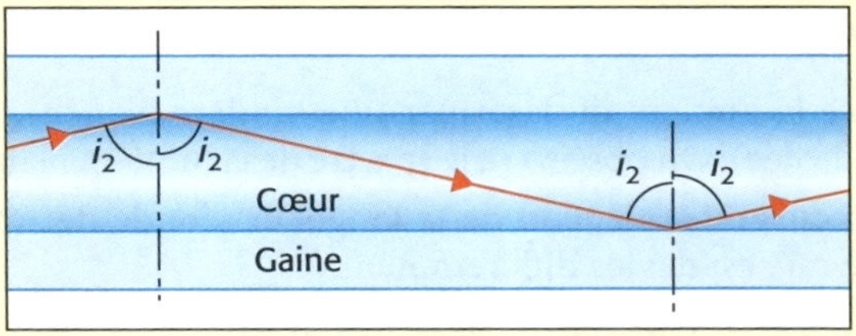

Elle arrive sur l'autre limite cœur/gaine en formant le même angle i_2. Elle subit donc toute une série de réflexions, ce qui permet la propagation de l'information.

15 Réfraction dans un prisme

1. La lumière émise par le laser est monochromatique ;
elle n'est constituée que d'une seule radiation de longueur d'onde λ.

2. Par définition, l'indice du milieu est $n = \frac{c}{v}$,

avec c la célérité de la lumière dans le vide et v la célérité de la lumière dans le milieu transparent.

On a donc $v = \frac{c}{n}$.

Soit $v = \frac{3{,}00 \times 10^8}{1{,}61} = \mathbf{1{,}86 \times 10^8\ m \cdot s^{-1}}$.

Rappel
La célérité de la lumière dans les milieux transparents est toujours inférieure à c.

3. Les longueurs d'onde dans le vide du spectre visible varient entre 400 nm (violet extrême) et 750 ou 800 nm (rouge). Les ultraviolets sont des ondes dont la longueur d'onde est inférieure à 400 nm et les infrarouges sont des ondes dont les longueurs d'onde sont supérieures à 800 nm.

4. Au premier point d'incidence, on écrit $n_{\text{air}} \sin i = n \sin r$, soit :

$\sin r = \frac{n_{\text{verre}} \sin i}{n_{\text{air}}}$ et $r = \sin^{-1}\left(\frac{n_{\text{verre}} \sin i}{n_{\text{air}}}\right)$.

5. Au deuxième point d'incidence, on écrit $n_{\text{verre}} \sin r' = n_{\text{air}} \sin i'$, soit :

$\sin i' = \frac{n_{\text{verre}} \sin r'}{n_{\text{air}}}$ et $i' = \sin^{-1}\left(\frac{n_{\text{verre}} \sin r'}{n_{\text{air}}}\right)$.

6. Lorsque $i = 25°$, on obtient :

$r = \sin^{-1}\left(\frac{1{,}61 \times \sin 25}{1{,}00}\right) = 43°$, donc $r' = A - r = 60 - 43 = 17°$.

$i' = \sin^{-1}\left(\frac{1{,}61 \times \sin 17}{1{,}00}\right) = \mathbf{28°}$.

7. Si on remplace la lumière du laser par une lumière blanche, la lumière sera décomposée (et déviée). On observera le spectre de la lumière blanche sur l'écran.

En effet, l'indice du milieu dépend de la longueur d'onde des radiations qui le traverse. Chaque raie est déviée différemment.

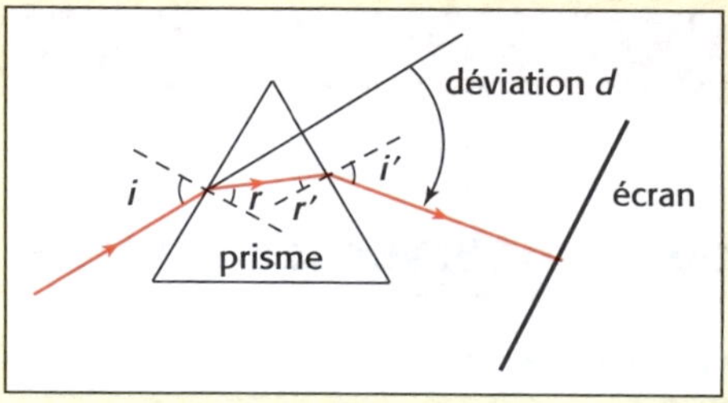

16 Vitesse de propagation de la lumière

1. La vitesse de la lumière dans le vide est $c = 3{,}0 \times 10^8\ \text{m} \cdot \text{s}^{-1}$.

2. La relation est $n = \dfrac{c}{v}$, avec c et v s'exprimant dans la même unité, c'est-à-dire le mètre par seconde. L'indice du milieu est un nombre sans unité.

3. La relation permet d'écrire $v = \dfrac{c}{n}$, soit :

$$v = \frac{3{,}0 \times 10^8}{1{,}46} = 2{,}1 \times 10^8\ \text{m} \cdot \text{s}^{-1}$$

et $v = \dfrac{3{,}0 \times 10^8}{1{,}53} = 2{,}0 \times 10^8\ \text{m} \cdot \text{s}^{-1}$.

Rappel

La lumière se propage moins vite dans un milieu transparent que dans l'air.

4. L'onde se propage à la vitesse v telle que $v = \dfrac{L}{\Delta t}$, soit une durée $\Delta t = \dfrac{L}{v}$, pour parcourir la longueur L.

$$\Delta t = \frac{1{,}0}{2{,}0 \times 10^8} = 5{,}1 \times 10^{-9}\ \text{s, soit } 5{,}1\ \text{ns.}$$

CHAPITRE 5 L'Univers et les étoiles

1 La lumière pour observer les étoiles

1 L'année-lumière : voir loin, c'est voir le passé

- La lumière se propage à travers l'Univers à la vitesse $c = 3{,}00 \times 10^8\ \text{m}\cdot\text{s}^{-1}$. La lumière des étoiles que l'on perçoit dans le ciel a été émise depuis plusieurs années, voire plusieurs milliers d'années.
- Les astrophysiciens utilisent l'année-lumière pour définir la distance qui nous sépare d'une étoile, d'une Galaxie. L'année-lumière (a.l.) correspond à la distance parcourue par la lumière dans le vide en une année terrestre.
- L'année-lumière (distance) vaut :

$$1\ \text{a.l.} = c\cdot\Delta t = 3{,}00 \times 10^8 \times (365{,}25 \times 24 \times 3\,600) = 9{,}47 \times 10^{15}\ \text{m}.$$

Par exemple, Proxima du Centaure se trouve à 4,3 années-lumière de la Terre. Cela signifie que la lumière a mis 4,3 années pour parcourir la distance entre cette étoile et la Terre. Le Soleil se trouve à 8 minutes-lumière de la Terre.

2 Les outils pour décrire l'Univers

➜ Les puissances de 10

Opérations sur les puissances de 10 :

$$10^n \times 10^p = 10^{n+p} \qquad \frac{10^n}{10^p} = 10^{n-p}$$

➜ L'utilisation de préfixes

Facteur	10^{12}	10^9	10^6	10^3	10^{-3}	10^{-6}	10^{-9}	10^{-12}	10^{-15}
Préfixe	téra (T)	giga (G)	méga (M)	kilo (k)	milli (m)	micro (µ)	nano (n)	pico (p)	femto (f)

➜ Écriture scientifique et ordre de grandeur

C'est l'écriture d'un nombre décimal sous la forme $a \times 10^p$ avec $1 \leqslant a < 10$ et $p \in \mathbb{Z}$.
L'ordre de grandeur d'un nombre très grand ou très petit est la puissance de 10 la plus proche de ce nombre.

EXERCICES RÉSOLUS

1 Déterminer des longueurs et des ordres de grandeur

ÉNONCÉ

Comparer les longueurs suivantes et évaluer leur ordre de grandeur :
– diamètre d'un cheveu : 40 µm ;
– diamètre d'un globule rouge : $1{,}2 \times 10^{-5}$ m.

CORRIGÉ

Pour comparer des longueurs, il faut les convertir dans la même unité :
$40\ \mu m = 40 \times 10^{-6}\ m = 4{,}0 \times 10^{-5}\ m$.
D'où $1{,}2 \times 10^{-5}\ m < 40\ \mu m$.
Ordre de grandeur : 40 µm : og : 10^{-5} m ; $1{,}2 \times 10^{-5}$ m : og : 10^{-5} m.

> **Méthode**
> Il est préférable de convertir les longueurs dans l'unité du Système International : le mètre.

2 Convertir une distance en année-lumière

ÉNONCÉ

L'étoile Sirius, dans la constellation du grand chien, est l'étoile la plus brillante de l'Univers vue de la Terre. Elle se trouve à 8,6 années-lumière. À quelle distance, exprimée en kilomètres, Sirius se trouve-t-elle de la Terre ?

CORRIGÉ

Pour convertir l'année-lumière en kilomètres, il faut utiliser la relation entre les deux grandeurs.
On sait que 1 a.l. $= 9{,}47 \times 10^{15}$ m,
soit $9{,}47 \times 10^{12}$ km.
On peut donc écrire $D = 8{,}6 \times 9{,}47 \times 10^{12} = 8{,}1 \times 10^{13}$ km.

> **Méthode**
> Pensez à convertir la distance en kilomètre avec 1 km = 10^3 m.

2 Les spectres

1 Dispersion de la lumière blanche par un prisme

➜ Expérience

Une source de lumière blanche éclaire un prisme. La lumière blanche est « étalée » et déviée. Ce phénomène est appelé **dispersion** de la lumière. On appelle **spectre** la figure colorée observée sur un écran.

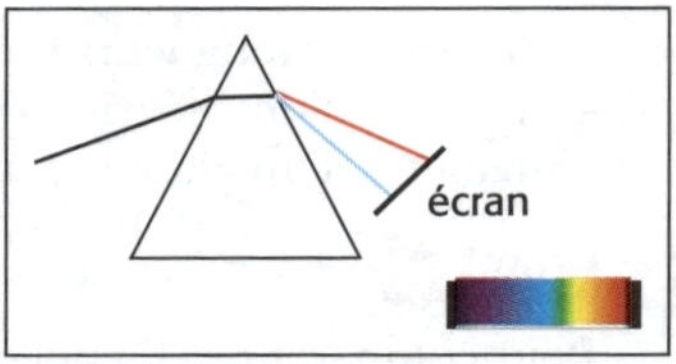

➜ Interprétation

La lumière blanche est **décomposée et réfractée** par le prisme.
La lumière est réfractée deux fois : à l'entrée et à la sortie du prisme.
L'indice *n* d'un milieu varie en fonction de la radiation qui le traverse.
On remarque que le rouge est moins dévié que le violet.

2 Spectres d'émission

Un **spectre d'émission** est un spectre produit par la lumière directement émise par une source. On l'obtient en utilisant un prisme ou un réseau (film transparent gravé de traits fins parallèles).

Remarque : Le spectroscope est un appareil qui permet d'obtenir des spectres, de les étudier et de les observer.

➜ Exemples de spectres lumineux

Selon la lumière utilisée, les spectres obtenus sont différents :

• **Lumière blanche :** on obtient un spectre continu avec toutes les radiations du visible. La lumière blanche est une lumière polychromatique. Les longueurs d'onde des radiations sont comprises entre 400 nm et 800 nm (environ).

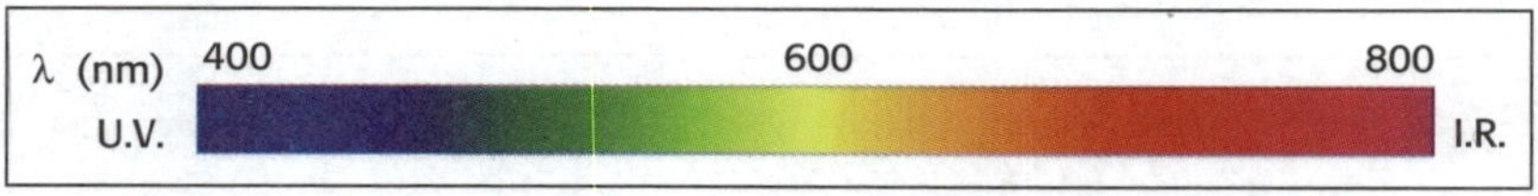

• **Lampe à vapeur de mercure (de sodium, d'hélium) :** on obtient un spectre discontinu constitué de quelques raies colorées sur un fond noir, appelé spectre de raies. C'est une lumière polychromatique.

→ Influence de la température

Le spectre de la lumière émise par un corps chauffé est continu, il porte le nom de spectre d'origine thermique.

Lorsque la température augmente, le spectre s'enrichit vers le violet, c'est-à-dire vers les radiations de courte longueur d'onde.

Un corps « froid » est rouge ; un corps plus chaud devient blanc (mélange de toutes les radiations du visible).

3 Spectres d'absorption

Le spectre d'une lumière blanche ayant traversé une substance est un **spectre d'absorption**.

Pour réaliser un spectre d'absorption, on place un filtre, une solution ou une vapeur de gaz devant la lumière blanche émise par une source.
On place ensuite le prisme pour décomposer la lumière.
Le spectre est la figure colorée que l'on obtient sur l'écran.

→ Propriétés

Le spectre d'absorption peut être un spectre de bandes ou de raies.
Des raies ou des bandes noires se superposent au spectre d'origine thermique.

Spectre de bande : absorption d'une bande de radiations par la solution de permanganate de potassium.

Les raies d'émission et d'absorption d'un élément déterminé sont complémentaires.

a. Spectre d'absorption du mercure.
b. Spectre d'émission du mercure.

3 Application à l'astrophysique

1 Spectre d'une étoile

L'analyse du spectre d'une étoile permet d'en déterminer la température et la composition de la chromosphère.

Remarque : La chromosphère est « l'atmosphère » d'une étoile. C'est une couronne sphérique de plusieurs milliers de kilomètres d'épaisseur.

→ Allure du spectre

Le spectre d'une étoile est constitué de la combinaison :

- d'un spectre d'origine thermique ;
- de raies d'absorption.

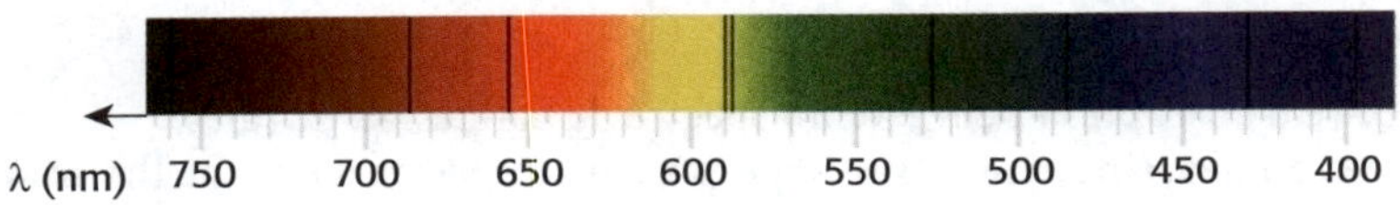

Spectre du Soleil

→ Température d'une étoile

En fonction de l'étendue du spectre de l'étoile, et de l'intensité lumineuse de certaines raies, on peut déterminer la température de la couche superficielle de l'étoile.

- Une étoile rouge est une étoile « froide » dont la température est de l'ordre de 2 500 K.
- Une étoile jaune (comme notre Soleil) est une étoile dont la température est de l'ordre de 5 000 K.
- Une étoile bleue est une étoile chaude dont la température avoisine les 50 000 K.

→ Composition d'une étoile

Les longueurs d'onde des raies absorbées permettent de déterminer les espèces chimiques contenues dans la chromosphère (couche superficielle de l'étoile).

Une étoile est généralement constituée d'hydrogène et d'hélium ; on peut aussi y trouver de l'oxygène, du carbone, de l'azote, du calcium, de l'aluminium et du fer.

2 Analyse d'un spectre

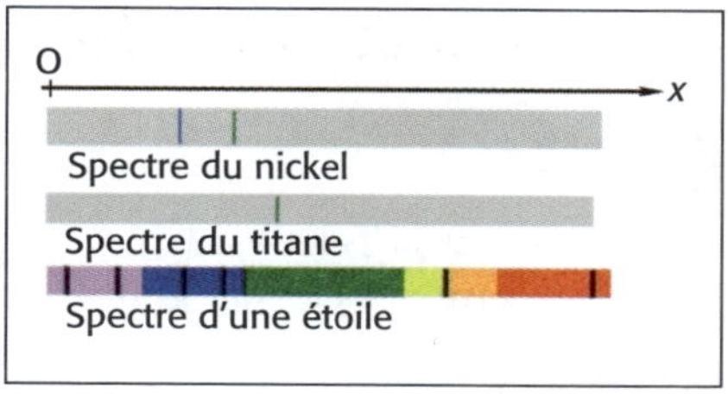

➜ Spectre de référence

On étudie le spectre d'une étoile en le comparant à des spectres de référence faits à partir du même spectroscope. Ces spectres sont représentés le long d'un axe (Ox).

Chaque raie est associée à une longueur d'onde λ et une abscisse x.

➜ Méthode de détermination

- **Méthode graphique**

On réalise une courbe d'étalonnage $\lambda = f(x)$, avec λ la longueur d'onde des différentes raies ; x la distance entre la raie de longueur d'onde λ et l'origine de l'axe.

- **Méthode analytique**

On détermine la relation entre λ et x, du type $\lambda = ax + b$ (équation d'une droite de coefficient directeur a et d'ordonnée à l'origine b) à l'aide de deux raies connues du spectre de référence.

On en déduit par calcul les longueurs d'onde des raies inconnues.

La connaissance des longueurs d'onde des raies permet de déterminer les espèces chimiques présentes dans l'étoile par comparaison à des valeurs connues.

EXERCICE RÉSOLU

Étudier le spectre d'une étoile

ÉNONCÉ

On étudie le spectre du Soleil ci-contre.

1. Décrire le spectre du Soleil. Quelles informations peut-on tirer de ce spectre ?

2. Peut-on donner la composition chimique du Soleil à partir de ce spectre ?

CORRIGÉ

1. Le spectre est la superposition d'un spectre d'origine thermique et de raies d'absorption. On peut déterminer la température et la composition chimique de la chromosphère de l'étoile.

2. Pour déterminer les éléments présents, il faut un spectre de référence.

Savoir comparer des longueurs

ÉNONCÉ

Le diamètre de la Terre est $1{,}28 \times 10^7$ m, celui de Saturne est $1{,}15 \times 10^5$ km.
Quel est l'astre qui a le plus grand diamètre ?

MÉTHODE

On doit convertir les longueurs dans la même unité (mètre, kilomètre, etc.).

CORRIGÉ

Diamètre de la Terre : $1{,}28 \times 10^7$ m.
Diamètre de Saturne : $1{,}15 \times 10^5$ km $= 1{,}15 \times 10^8$ m.
Le diamètre de Saturne est supérieur à celui de la Terre.

Piège à éviter

N'oubliez pas de convertir les deux longueurs dans la même unité.

Savoir évaluer l'ordre de grandeur d'un nombre

ÉNONCÉ

Donner l'ordre de grandeur des nombres suivants :

$$0{,}0345 \ ; \quad 6{,}682 \times 10^{-6} \ ; \quad 50 \times 10^4 = 5{,}0 \times 10^5.$$

MÉTHODE

Il faut écrire le nombre en écriture scientifique, c'est-à-dire sous la forme $a \times 10^n$ avec $1 \leqslant a < 10$ puis trouver la puissance de 10 la plus proche du nombre.

CORRIGÉ

$0{,}0345 = 3{,}45 \times 10^{-2}$: $3{,}45 < 5$ donc la puissance la plus proche est 10^{-2} : son ordre de grandeur est 10^{-2}.

$6{,}682 \times 10^{-6}$ est écrit en écriture scientifique.

$6{,}682 \geqslant 5$ donc la puissance de 10 la plus proche est $10 \times 10^{-6} = 10^{-5}$.

$50 \times 10^4 = 5{,}0 \times 10^5$: $5 \geqslant 5$ donc la puissance de 10 la plus proche est $10 \times 10^5 = 10^6$: l'ordre de grandeur est 10^6.

Réflexe à avoir

Utilisez le tableau des multiples et des sous-multiples et appliquez les opérations sur les puissances.

Savoir reconnaître une lumière monochromatique et une lumière polychromatique

ÉNONCÉ

On donne les spectres de lumières suivants. Dire quelles sont les lumières monochromatiques et celles qui sont polychromatiques.

a.

b.

c.

MÉTHODE

Il faut regarder si la lumière décomposée contient plusieurs couleurs ou une seule : si elle en contient plusieurs, elle est polychromatique ; si elle n'en contient qu'une seule, elle est monochromatique.

CORRIGÉ

a. La lumière est monochromatique : elle ne contient que de la lumière rouge.
b. La lumière est polychromatique : elle contient plusieurs lumières colorées.
c. La lumière est polychromatique : elle contient une infinité de lumières colorées.

Vérifiez vos connaissances

1 Q.C.M.

Cochez la (ou les) bonne(s) réponse(s).

1. L'année-lumière est une grandeur qui s'exprime en :

a. ☐ secondes **b.** ☐ mètres **c.** ☐ mètre par seconde

2. Le kilo est le multiple :

a. ☐ 10^2 **b.** ☐ 10^3 **c.** ☐ 10^{-3} **d.** ☐ 10^6

3. 10^9 correspond au multiple :

a. ☐ kilo **b.** ☐ méga **c.** ☐ giga

4. En écriture scientifique, le nombre 0,0012 s'écrit :

a. ☐ $1{,}2 \times 10^3$ **b.** ☐ $1{,}2 \times 10^{-3}$ **c.** ☐ 12×10^{-4} **d.** ☐ $0{,}12 \times 10^3$

5. Le spectre de la lumière blanche est :

a. ☐ Un spectre d'origine thermique **b.** ☐ Un spectre continu

c. ☐ Un spectre de raies.

2 La Lune

La Lune se trouve à environ 384 399 km de la Terre. Exprimer cette distance en année-lumière puis en seconde-lumière.

3 Spectre du sodium

Le spectre du sodium est représenté ci-contre.
Décrire ce spectre et indiquer s'il s'agit d'un spectre d'émission ou d'absorption.

Exercices d'entraînement

4 ★ Classer des longueurs

Classer les longueurs suivantes dans l'ordre croissant.

1. Rayon d'un noyau d'atome de plomb, rayon d'une bille de plomb, rayon d'un atome de plomb.

2. Longueur d'une molécule d'eau, diamètre d'une cellule de l'œil, rayon d'un atome d'oxygène, rayon du noyau d'un atome, rayon du globe oculaire.

3. Rayon de la Terre, rayon de la Galaxie, rayon de l'orbite terrestre.

5 ★ Diamètres dans l'Univers

Relier les objets à leur diamètre.

Diamètre de la Terre	•	•	50 pm
Diamètre d'un atome	•	•	12 742 km
Diamètre de l'orbite de la Terre autour du Soleil	•	•	100 000 années-lumière
Diamètre du noyau d'un atome	•	•	22 cm
Diamètre du Soleil	•	•	5 µm
Diamètre de la Galaxie	•	•	300 millions de km
Diamètre d'une cellule	•	•	10^{-15} m
Diamètre d'un ballon de football	•	•	1 391 000 km

6 ★ Ordres de grandeur

Évaluer l'ordre de grandeur des longueurs suivantes.

1. Rayon de l'atome de césium : 265 pm.

2. Longueur de la molécule d'eau : 0,4 nm.

3. Distance Paris-Marseille : 780 km.

4. Distance Terre-Soleil : 150 millions de kilomètres.

7 ★ Surface d'un CD

Le diamètre d'un compact disque est $D = 11{,}9$ cm.

1. Donner l'expression littérale de l'aire de ce disque en fonction de son diamètre.

2. Faire l'application numérique et donner le résultat en cm^2 et en m^2.

8 ★ Dévier et disperser la lumière blanche

Un faisceau de lumière blanche se propageant dans l'air arrive à la surface d'un prisme.

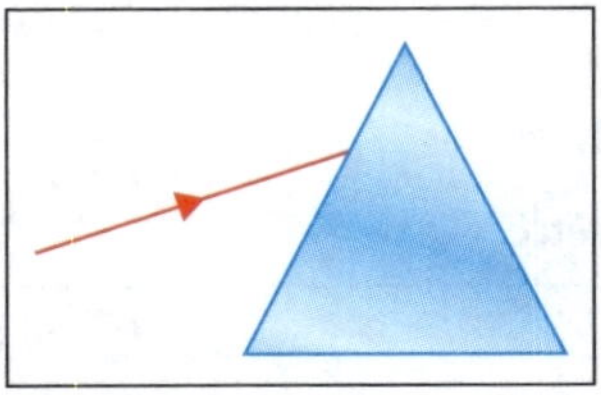

1. La lumière blanche est-elle une lumière monochromatique ou polychromatique ?

2. La lumière va-t-elle être déviée ? dispersée ?

9 ★ Influence de la température

Le spectre d'une source chaude est un spectre d'émission d'origine thermique.

L'étendue de ce spectre dépend de la température de la source chaude.

On étudie le spectre d'une lampe à filament.

Compléter les deux schémas ci-dessous :

Filament chaud → Lumière ....

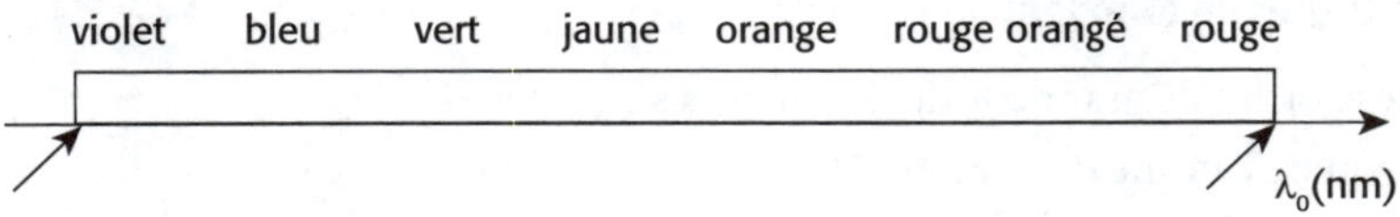

Filament peu chaud → Lumière ....

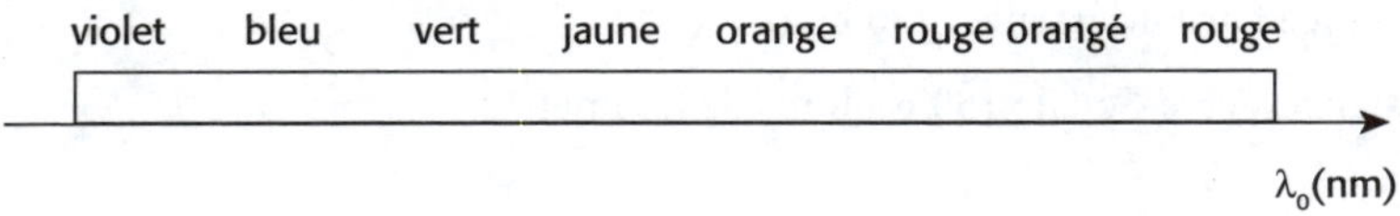

10 ★ Carte d'identité du lithium

Voici le spectre d'absorption du lithium :

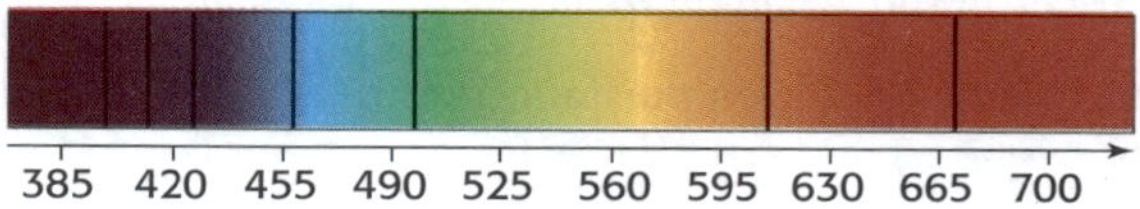

1. À quoi correspondent les raies noires de ce spectre ?

2. Représenter le spectre d'émission du lithium.

11 ★ Spectre du mercure

On étudie le spectre du mercure donné ci-dessous.

1. Décrire ce spectre.

2. De quel type de spectre s'agit-il ?

3. La lumière est-elle monochromatique ou polychromatique ?

4. Décrire l'expérience qui permet d'obtenir ce spectre.

5. Le spectre d'un mélange de gaz est donné ci-dessous. Ce gaz contient-il du mercure ? Justifier la réponse.

12 ★★ Axe gradué en puissances de 10

On souhaite représenter sur un même axe les longueurs suivantes :

– rayon de l'atome d'hydrogène : 53 pm ;

– distance Terre-Soleil : 150 millions de kilomètres ;

– distance Terre-Lune : 384 400 km ;

– taille d'un homme : 1,80 m ;

– distance du Soleil à Proxima du Centaure : 4×10^{16} m.

1. Convertir ces longueurs en mètre en écriture scientifique.

2. Classer ces longueurs de la plus petite à la plus grande.

3. Est-il possible de placer toutes ces longueurs sur un axe ?

4. Donner l'ordre de grandeur en mètre de chaque longueur.

5. Tracer un axe orienté gradué en puissances de 10 et y placer les ordres de grandeur précédents.

13 ★★ Spectre du lithium

Le lithium est un métal alcalin souvent utilisé dans les batteries de téléphone portable. Les documents ci-après présentent deux spectres A et B.

1. Donner la liste du matériel nécessaire à l'obtention d'un spectre d'émission.

2. Décrire l'aspect du spectre d'émission du lithium.

3. Décrire l'aspect du spectre d'absorption du lithium.

4. Identifier les spectres A et B.

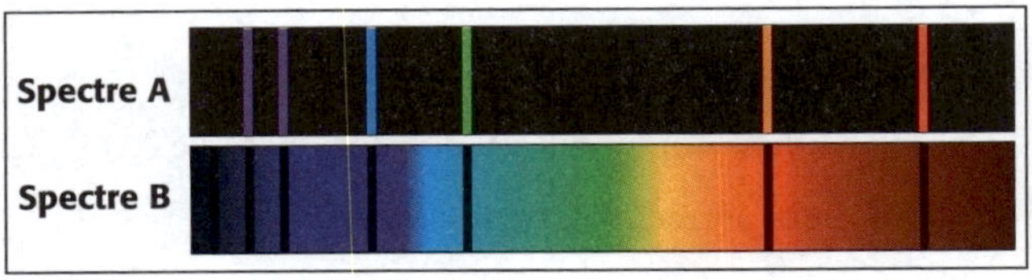

14 ★★ Proxima du Centaure

La lumière met 4,3 années pour nous parvenir de l'étoile « Proxima du Centaure ».

1. Exprimer la durée en seconde.

2. Sachant que la vitesse de la lumière dans le vide est $c = 3 \times 10^8\ \text{m} \cdot \text{s}^{-1}$, en déduire la distance entre Proxima du Centaure et la Terre.

On considère qu'une année dure 365,25 jours.

15 ★★ Antares

La lumière met 170 années pour nous parvenir de l'étoile « Antares ». Convertir cette durée en jour, puis en seconde.

On considère qu'une année dure 365,25 jours.

16 ★★★ Prisme et réfraction

Un rayon de lumière se propage dans l'air (indice $n_1 = 1{,}00$) et arrive à la surface d'un prisme en flint (indice $n_2 = 1{,}62$) avec un angle d'incidence de 30°.

L'angle au sommet du prisme est de 50°.

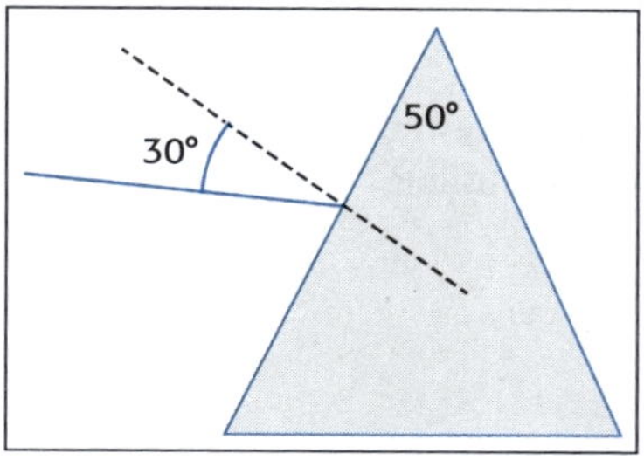

1. Tracer qualitativement le trajet suivi par le rayon de lumière dans le prisme.

2. Calculer la valeur de l'angle de réfraction après la première réfraction puis à la sortie du prisme.

3. L'indice du flint dépend de la longueur d'onde de la radiation.
L'indice vaut 1,612 pour une radiation rouge, 1,621 pour une radiation jaune et 1,671 pour une radiation bleue.
Calculer l'angle de la première réfraction pour les trois radiations rouge, jaune et bleue et expliquer pourquoi un prisme disperse la lumière.

17 ★★★ Spectre d'une étoile

On réalise, avec le même spectroscope, le spectre d'émission d'une lampe à vapeur de mercure et le spectre d'une étoile. Le tableau donne les longueurs d'onde des raies du mercure et leur distance à l'origine O.

Raie du mercure	1	2	3	4
longueur d'onde λ (nm)	405	546	577	615
distance x (mm)	0	148	180	220

Une des raies de l'étoile est repérée à 191 mm de l'origine.

1. Décrire l'allure du spectre d'émission d'une lampe à vapeur de mercure.

2. Décrire l'allure du spectre de l'étoile. Expliquer brièvement pourquoi l'étoile fournit un tel spectre.

3. La loi qui lie λ la longueur d'onde d'une radiation et x la distance à l'origine est $\lambda = ax + b$. Déterminer, grâce aux raies du mercure, les valeurs a et b.

4. Déterminer, à l'aide d'une calculatrice, la longueur d'onde de la raie du spectre de l'étoile.

5. Le spectre du sodium présente une raie intense de longueur d'onde 590 nm. Le sodium est-il présent dans l'étoile ?

Vérifiez vos connaissances

1 Q.C.M.

1. b. mètres : l'année-lumière est une unité de distance.

2. b. 10^3.

3. c. giga.

4. b. $1{,}2 \times 10^{-3}$.

5. a. et **b.** Le spectre de la lumière blanche est un spectre continu qui est d'origine thermique.

2 La Lune

La correspondance entre l'année-lumière et les mètres est :

$$1 \text{ a.l.} = 9{,}47 \times 10^{15} \text{ m} = 9{,}47 \times 10^{12} \text{ km}.$$

La Lune se trouve à environ 384 399 km de la Terre, soit

$$D = \frac{384\,399}{9{,}47 \times 10^{12}} = 4{,}63 \times 10^{-7} \text{ a.l.}$$

On peut convertir cette distance dans une unité plus appropriée :

$$D = 4{,}63 \times 10^{-7} \times 365{,}25 \times 24 \times 3\,600 = 1{,}28 \text{ s.l.}$$

La lumière parcourt la distance entre la Terre et la Lune en 1,28 secondes.

3 Spectre du sodium

Le spectre représenté est constitué de deux raies colorées (jaunes) très proches sur un fond noir. Il s'agit d'un spectre d'émission.

Exercices d'entraînement

4 Classer des longueurs

1. Rayon d'un noyau d'atome de plomb < rayon d'un atome de plomb < rayon d'une bille de plomb.

En effet le noyau de l'atome est contenu dans l'atome, la bille de plomb contient un très grand nombre d'atomes de plomb.

> **L'astuce du prof**
> Pour résoudre cet exercice, il faut réfléchir : qui est contenu dans quoi ?

2. Rayon du noyau d'un atome < rayon d'un atome d'oxygène < longueur d'une molécule d'eau < diamètre d'une cellule de l'œil < rayon du globe oculaire.

3. Rayon de la Terre < rayon de l'orbite terrestre < rayon de la Galaxie.

5 Diamètres dans l'Univers

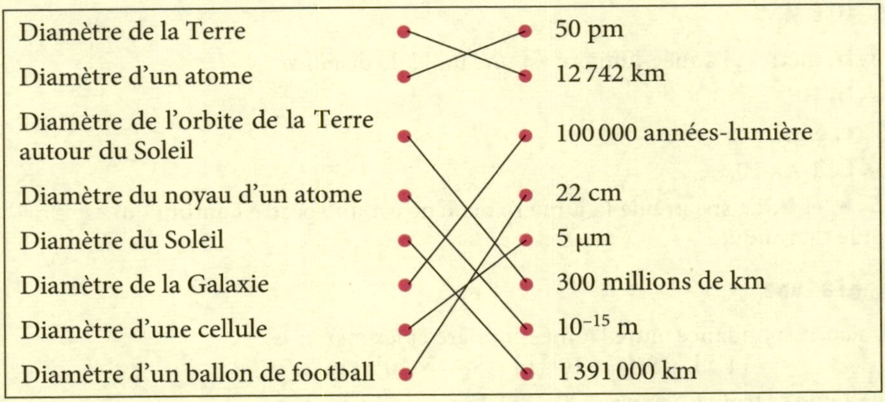

6 Ordres de grandeur

1. Rayon de l'atome de césium : $265\ \text{pm} = 2{,}65 \times 10^{2}\ \text{pm}$ et $1\ \text{pm} = 10^{-12}\ \text{m}$, d'où $265\ \text{pm} = 2{,}65 \times 10^{2} \times 10^{-12}\ \text{m} = 2{,}65 \times 10^{-10}\ \text{m}$.

Ordre de grandeur $\mathbf{10^{-10}\ m}$ car $2{,}65 < 5$.

2. Longueur de la molécule d'eau : $0{,}4\ \text{nm} = 4 \times 10^{-1}\ \text{nm}$ et $1\ \text{nm} = 10^{-9}\ \text{m}$, d'où $0{,}4\ \text{nm} = 4 \times 10^{-1} \times 10^{-9}\ \text{m} = 4 \times 10^{-10}\ \text{m}$.

Ordre de grandeur $\mathbf{10^{-10}\ m}$ car $4 < 5$.

3. Distance Paris-Marseille $780\ \text{km} = 7{,}80 \times 10^{2}\ \text{km}$ et $1\ \text{km} = 10^{3}\ \text{m}$, d'où $780\ \text{km} = 7{,}80 \times 10^{2} \times 10^{3}\ \text{m} = 7{,}80 \times 10^{5}\ \text{m}$.

Ordre de grandeur $\mathbf{10^{6}\ m}$ car $7{,}80 > 5$.

4. Distance Terre-Soleil : 150 millions de km = $1{,}50 \times 10^{2}$ millions de km ; 1 million = 10^{6} et $1\ \text{km} = 10^{3}\ \text{m}$, d'où 150 millions de km = $1{,}50 \times 10^{2} \times 10^{6} \times 10^{3}\ \text{m} = 1{,}50 \times 10^{11}\ \text{m}$.

Ordre de grandeur $\mathbf{10^{11}\ m}$ car $1{,}50 < 5$.

7 Surface d'un CD

1. L'aire d'un disque est en fonction de son rayon R : $\mathcal{A} = \pi \times R^2$ et comme $R = \dfrac{D}{2}$ en remplaçant dans la relation précédente, on obtient $\mathcal{A} = \pi \times \left(\dfrac{D}{2}\right)^2$.

$$\mathcal{A} = \pi \times \left(\frac{D^2}{4}\right)$$

2. A.N. : $\mathcal{A} = \pi \times \dfrac{11{,}9^2}{4} = \mathbf{111\ cm^2}$.

$1\ \text{cm}^2 = 10^{-4}\ \text{m}^2$.

D'où $\mathcal{A} = 111\ \text{cm}^2$

$= 111 \times 10^{-4}\ \text{m}^2$

$= 1{,}11 \times 10^{-2}\ \text{m}^2$.

Rappel

m^2		dm^2		cm^2	
	0,	0	0	0	1

$1\ \text{cm}^2 = 0{,}000\,1\ \text{m}^2$.

8 Dévier et disperser la lumière blanche

1. La lumière blanche est une lumière polychromatique constituée d'une infinité de radiations de longueurs d'ondes différentes.

Remarque

Un prisme dévie et disperse la lumière blanche.

2. La lumière est déviée deux fois par le prisme (une fois en entrant et une seconde fois en sortant) ; elle est aussi dispersée.

9 Influence de la température

Intensité élevée → Filament chaud → Lumière **blanche**

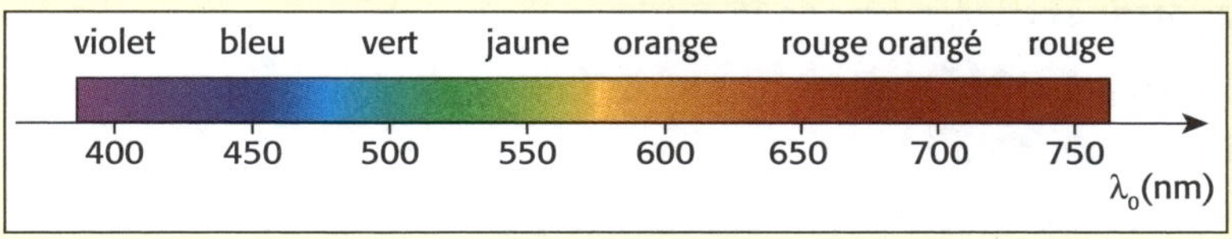

Intensité faible → Filament peu chaud → Lumière **rouge**

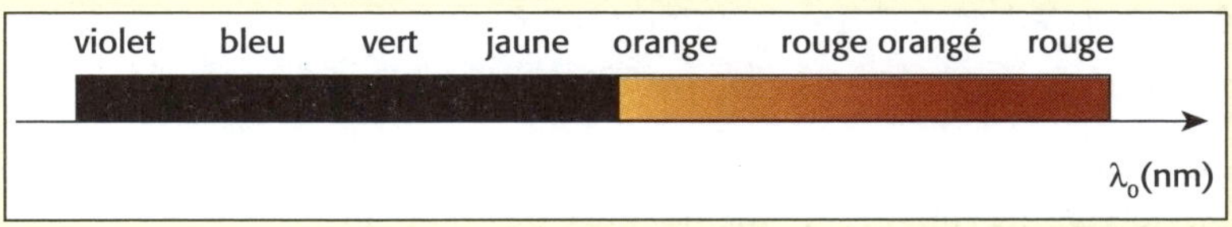

10 Carte d'identité du lithium

1. Les raies noires de ce spectre sont des raies d'absorption. Ce sont des radiations qui ont été absorbées par le lithium, qui sont caractérisées par leur longueur d'onde.

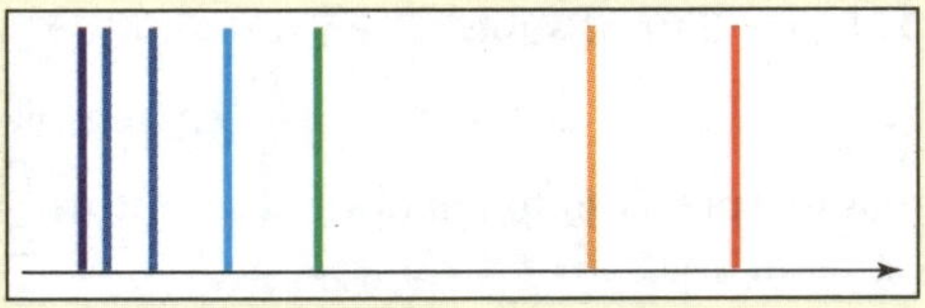

2. Le spectre d'émission du lithium est le complémentaire de ce spectre : il est constitué de raies colorées sur fond noir, qui sont exactement aux mêmes longueurs d'ondes que les raies d'absorption.

11 Spectre du mercure

1. Le spectre est constitué de raies colorées sur fond noir.

2. Il s'agit d'un spectre d'émission.

3. La lumière est polychromatique, car elle contient plusieurs raies, chacune caractéristique d'une radiation de longueur d'onde donnée.

4. Pour obtenir ce spectre, on décompose la lumière issue d'une lampe à vapeur de mercure en interposant devant cette lampe une fente, une lentille et un prisme (ou un réseau).

5. Le spectre du gaz contient les mêmes raies que le spectre du mercure ; il contient donc du mercure. En revanche, ce mélange contient d'autres gaz dont on ne peut pas donner la nature.

12 Axe gradué en puissances de 10

1. 53 pm $= 5,3 \times 10 \times 10^{-12}$ m $= 5,3 \times 10^{-11}$ m.

150 millions de kilomètres : $1,5 \times 10^{2} \times 10^{6} \times 10^{3}$ m $= 1,50 \times 10^{11}$ m.

384 400 km $= 3,844 \times 10^{5} \times 10^{3}$ m $= 3,844 \times 10^{8}$ m.

1,80 m est déjà en mètre et en écriture scientifique.

4×10^{16} m est déjà en écriture scientifique et en mètre.

2. $5,3 \times 10^{-11}$ m $< 1,80$ m $< 3,844 \times 10^{8}$ m $< 1,50 \times 10^{11}$ m $< 4 \times 10^{16}$ m.

3. Il est impossible de trouver une échelle pour placer ces longueurs sur un axe gradué, car elles ne sont pas du même ordre de grandeur.

4. $5{,}3 \times 10^{-11}$ m :
ordre de grandeur 10×10^{-11} m $= 10^{-10}$ m.
1,80 m : ordre de grandeur 10^{0} m.
$3{,}844 \times 10^{8}$ m : ordre de grandeur 10^{8} m.
$1{,}50 \times 10^{11}$ m : ordre de grandeur 10^{11} m.
4×10^{16} m : ordre de grandeur 10^{16} m.

Remarque

Un axe gradué en puissances de 10 n'est pas linéaire : il n'y a pas de proportionnalité entre les longueurs représentées et les longueurs sur l'axe.

5.

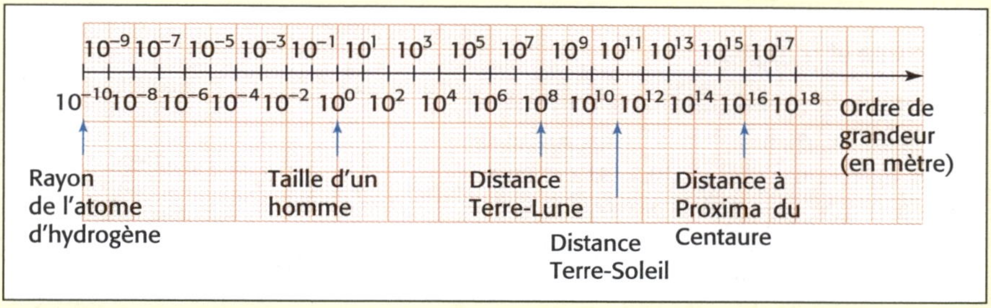

13 Spectre du lithium

1. Pour obtenir un spectre d'émission, il faut : une lampe (à incandescence, une lampe spectrale par exemple, c'est-à-dire une source de lumière), une fente, un système dispersif (prisme ou réseau) et un écran.

2. Le spectre d'émission du lithium est un spectre de raies, c'est-à-dire un spectre constitué de raies colorées sur fond noir.

3. Le spectre d'absorption du lithium est constitué d'un spectre d'absorption sur lequel se superposent des raies noires d'absorption.

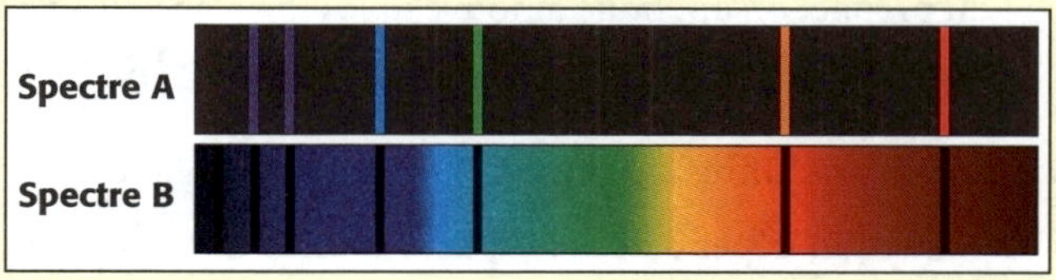

4. Le spectre A est un spectre d'émission (raies colorées sur fond noir), tandis que le spectre B est un spectre d'absorption (raies noires sur fond coloré).

14 Proxima du Centaure

1. La lumière parcourt la distance en une durée Δt = 4,3 années pour nous parvenir de cette étoile, soit $\boldsymbol{\Delta t} = 4{,}3 \times 365{,}25 \times 24 \times 3\,600 = \mathbf{1{,}36 \times 10^{8}}$ **s.**

2. Par définition, la vitesse est définie par la relation $c = \frac{d}{\Delta t}$, soit $d = c\Delta t$, soit : $d = 3 \times 10^8 \times 1{,}36 \times 10^8 = \mathbf{4{,}1 \times 10^{16}\ m}$.

15 Antares

170 ans = 170 × 365,25 = 62 092,5 jours.

170 ans = 170 × 365,25 × 24 × 3 600 = $5{,}36 \times 10^9$ s.

16 Prisme et réfraction

1. Lorsque le rayon lumineux entre dans le prisme, il est dévié et se rapproche de la normale (car l'indice du flint est supérieur à l'indice de l'air). Lorsqu'il arrive sur la deuxième face, il est dévié mais cette fois-ci, il s'éloigne de la normale.

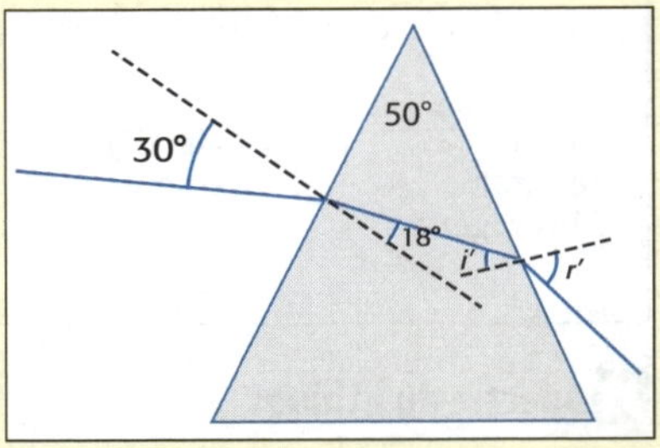

2. Pour déterminer la valeur de l'angle de la première réfraction, on applique les lois de Snell-Descartes :

$n_1 \sin(i_1) = n_2 \cdot \sin(i_2)$, soit $\sin(i_2) = \frac{n_1 \cdot \sin(i_1)}{n_2}$, soit $\sin(i_2) = \frac{1{,}00 \cdot \sin(30)}{1{,}62} = 0{,}309$.

Soit $i_2 = 18°$ (avec deux chiffres significatifs). Le rayon se rapproche de la normale.

Par des considérations géométriques, on peut montrer que dans le triangle dont le sommet est 50° (celui incluant le sommet du prisme), la somme des angles étant égale à 180°, on peut écrire : $50 + (90 - 18) + (90 - i') = 180$, soit $i' = 32°$.

Pour la sortie du prisme, on applique à nouveau les lois de Snell-Descartes :

$n_2 \sin(i') = n_1 \cdot \sin(r')$, soit $\sin(r') = n_2 \cdot \sin(i') n_1$, soit $\sin(r') = \frac{1{,}62 \cdot \sin(32)}{1{,}00} = 0{,}86$.

Soit $i_2 = 59°$ (avec deux chiffres significatifs). Le rayon s'éloigne de la normale.

3. L'indice de réfraction dépend de la longueur d'onde de la radiation.

On calcule la valeur de l'angle réfracté à l'entrée du prisme dans le cas de trois radiations de couleurs différentes.

Pour une radiation rouge : $n = 1{,}612$

$n_1 \sin(i_1) = n_2 \cdot \sin(i_2)$, soit $\sin(i_2) = \frac{n_1 \cdot \sin(i_1)}{n_2}$, soit $\sin(i_2) = \frac{1{,}00 \cdot \sin(30)}{1{,}612} = 0{,}310$.

Soit $i_2 = 18{,}1°$ (avec trois chiffres significatifs). Le rayon se rapproche de la normale.

Pour une radiation jaune : n = 1,621

$n_1 \sin(i_1) = n_2 \cdot \sin(i_2)$, soit $\sin(i_2) = \dfrac{n_1 \cdot \sin(i_1)}{n_2}$, soit $\sin(i_2) = \dfrac{1{,}00 \cdot \sin(30)}{1{,}621} = 0{,}308$.

Soit $i_2 = 18{,}0°$ (avec trois chiffres significatifs). Le rayon se rapproche de la normale.

Pour une radiation bleue : n = 1,671

$n_1 \sin(i_1) = n_2 \cdot \sin(i_2)$, soit $\sin(i_2) = \dfrac{n_1 \cdot \sin(i_1)}{n_2}$, soit $\sin(i_2) = \dfrac{1{,}00 \cdot \sin(30)}{1{,}671} = 0{,}300$.

Soit $i_2 = 17{,}4°$ (avec trois chiffres significatifs). Le rayon se rapproche de la normale.

Les trois radiations ne sont pas déviées du même angle (le bleu est plus dévié que le rouge, puisqu'il se rapproche davantage de la normale).

Les radiations sont donc dispersées à la traversée du prisme.

17 Spectre d'une étoile

1. Le spectre d'émission d'une lampe à vapeur de mercure est constitué de raies colorées sur fond noir. C'est une lumière polychromatique qui contient donc plusieurs radiations.

2. Le spectre d'une étoile est la superposition d'un spectre d'origine thermique et d'un spectre d'absorption. Des raies noires, correspondant aux radiations absorbées, se superposent au spectre de la lumière blanche.

3. Si la loi qui lie les deux grandeurs est de la forme $\lambda = ax + b$, on peut déterminer les valeurs de a et de b en résolvant un système de deux équations à deux inconnues. Pour cela, il suffit de choisir deux des raies du spectre du mercure.

On choisit par exemple λ = 405 nm pour $x = 0$ et λ = 615 nm pour x = 220 mm.

$405 = a \times 0 + b$, soit b = 405 nm.

$615 = a \times 220 + 405$, soit $a = \dfrac{615 - 405}{220} = 0{,}95$.

On a donc la relation λ (nm) = $0{,}95x$ (mm) + 405.

> **Gagnez des points !**
> Pensez à mettre cette valeur de a non exacte dans la mémoire de votre calculatrice pour utiliser la valeur exacte pour la suite des calculs.

4. En utilisant la relation trouvée en **3.**, on obtient, pour la raie du spectre de l'étoile :
λ (nm) = $0{,}95 \times 191 + 405$ = 587 nm.

5. Si les valeurs ont été données avec une bonne précision (et réalisées avec un spectroscope précis), on peut affirmer que l'élément sodium n'est pas présent dans l'étoile.

CHAPITRE 6

Structure de l'atome

1 Un modèle de l'atome

1 Définition et constitution d'un atome

● La matière est constituée d'atomes. On assimile un atome à une sphère dure dont le diamètre est de l'ordre de 10^{-10} m.

● L'atome est constitué de deux parties : le noyau et le nuage électronique. Le rayon d'un noyau est environ 10^5 fois plus petit que celui de l'atome, soit de l'ordre de 10^{-15} m.

Dans l'atome, on trouve trois particules dont les caractéristiques sont données dans le tableau ci-dessous :

Particule	Electron e^-	Proton p	Neutron n
Masse (en kg)	$9{,}109 \times 10^{-31}$	$1{,}673 \times 10^{-27}$	$1{,}675 \times 10^{-27}$
Charge (en C)	$-1{,}6 \times 10^{-19} = -e$	$1{,}6 \times 10^{-19} = +e$	0

e représente la charge élémentaire, exprimée en coulomb (C).

→ Le noyau

Le noyau d'un atome contient des neutrons (n) et des protons (p).

Les protons et les neutrons sont appelés nucléons (qui signifie noyau). Le noyau est donc chargé positivement.

→ Le nuage électronique

Le nuage électronique contient des électrons (e^-) ; il est chargé négativement.

2 Représentation symbolique d'un atome

→ Symbole de l'atome

Chaque atome est représenté par un symbole, constitué d'une ou deux lettres. On trouve ce symbole dans la classification périodique.

Exemples de symboles d'atomes : C (carbone) ; Cu (cuivre) ; Na (sodium).

➜ Représentation du noyau

On appelle **numéro atomique** ou nombre de charges, noté Z, le nombre de protons contenus dans le noyau. On note A le nombre de nucléons (protons + neutrons) contenus dans le noyau. On peut aussi appeler A « le nombre de masse ».

Le noyau d'un atome X contenant Z protons et A nucléons est représenté : ${}^{A}_{Z}X$.

Le noyau contient $N = A - Z$ neutrons.

3 Caractéristiques de l'atome

- Un atome est **électriquement neutre**. Il contient autant de protons que d'électrons.
- La masse m_p d'un proton est très proche de la masse m_n d'un neutron. En revanche, la masse m_e d'un électron est beaucoup plus faible (environ 1 800 fois). La masse d'un atome est donc concentrée dans son noyau.

On a $m_{atome} = Zm_p + (A - Z)m_n + Zm_e \approx Zm_p + (A - Z)m_n \approx Am_{nucléon} \approx m_{noyau}$.

EXERCICE RÉSOLU

Donner la composition d'un noyau de cuivre

ÉNONCÉ

On considère le noyau de cuivre 63 dont la représentation symbolique est ${}^{63}_{29}Cu$.

1. Quel est le numéro atomique du cuivre ?
2. Donner la composition de l'atome de cuivre.
3. Quelle est la masse d'un atome de cuivre 63 ?

Méthode

Attention ne confondez pas A, qui correspond au nombre de nucléons avec N le nombre de neutrons.

CORRIGÉ

1. Le numéro atomique est $Z = 29$.
2. Le nombre de nucléons est $A = 63$. Le noyau de l'atome de cuivre contient 29 protons et $N = A - Z = 63 - 29 = 34$ neutrons.
Le nuage électronique contient 29 électrons.
3. La masse de l'atome est :
$$M_{Cu} = 29 \times 1{,}673 \times 10^{-27} + 34 \times 1{,}675 \times 10^{-27}$$
$$= \mathbf{1{,}055 \times 10^{-25}\ kg.}$$

Rappel

Le nuage électronique contient autant d'électrons qu'il y a de protons dans le noyau.

Remarque

La masse d'un atome est assimilée à la masse de son noyau, car la masse des électrons est négligeable.

2 L'élément chimique

1 Qu'est-ce qui se conserve au cours d'une transformation chimique ?

→ Exemple du cuivre

Le cuivre est un métal rouge orangé, malléable, ductile, bon conducteur de la chaleur et de l'électricité. Sur Terre, on le trouve rarement à l'état natif (c'est-à-dire sous forme de métal « pur »), mais sous forme de la chalcopyrite ($CuFeS_2$), de la covelline (CuS), de la chalcosine (Cu_2S) ou de la cuprite (Cu_2O).
Le symbole « Cu » est commun à tous ces composés.

→ Transformations chimiques

On peut passer du cuivre métallique à l'oxyde de cuivre II CuO en le chauffant dans la flamme d'un bec bunsen. On peut passer des ions cuivre Cu^{2+} à l'hydroxyde de cuivre $Cu(OH)_2$ en ajoutant de la soude (solution aqueuse d'hydroxyde de sodium).
Au cours de ces transformations chimiques, l'élément cuivre est conservé.

→ Définition et exemples d'éléments

L'ensemble des atomes qui ont le même numéro atomique Z appartient au même élément. On connaît 118 éléments chimiques, dont 92 stables.
Le tableau donne le symbole et le numéro atomique Z de quelques éléments chimiques.

Nom	Hydrogène	Carbone	Azote	Oxygène	Sodium	Cuivre
Symbole	H	C	N	O	Na	Cu
Numéro atomique	1	6	7	8	11	29

2 Isotopes

Deux **isotopes** d'un même élément ont le même numéro atomique Z mais un nombre de nucléons A différent. Le numéro atomique caractérise l'élément.

Les isotopes ont les mêmes propriétés chimiques, mais des masses différentes. Chaque isotope de l'élément X a une masse qui dépend de A, le nombre de nucléons.

→ Exemple d'isotopes

Le « cuivre 63 » et le « cuivre 65 » sont des isotopes de l'élément cuivre. La représentation symbolique de leur noyau est respectivement $^{63}_{29}Cu$ et $^{65}_{29}Cu$.
Ces deux noyaux contiennent 29 protons, mais contiennent un nombre de nucléons différents (respectivement 63 et 65).

3 Les ions monoatomiques

L'atome peut gagner ou perdre un ou plusieurs électrons. Il devient alors un ion monoatomique (constitué d'un seul atome).

→ Formation d'un anion

Un atome qui gagne un ou plusieurs électrons devient un anion et porte une charge négative : $X + e^- \rightarrow X^-$.

→ Formation d'un cation

Un atome qui perd un ou plusieurs électrons devient un cation et porte une charge positive : $X \rightarrow X^+ + e^-$.

EXERCICE RÉSOLU

Identifier des isotopes du carbone

ÉNONCÉ

On considère l'atome de carbone représenté $^{12}_{6}C$.

1. Citer deux espèces qui contiennent du carbone.

2. Quelle est la composition du noyau de carbone 12 ?

3. Quelle est la représentation du noyau de carbone 14 ?

Remarque
Le symbole « C » doit apparaître dans les espèces chimiques citées.

CORRIGÉ

1. Le dioxyde de carbone CO_2 et le méthane CH_4 contiennent l'élément carbone.

2. Le nombre de nucléons est $A = 12$ et le numéro atomique est $Z = 6$. Le noyau contient donc 6 protons et 6 neutrons.

3. Le noyau de carbone 14, isotope du carbone, est représenté $^{14}_{6}C$. Son noyau contient 6 protons et 8 neutrons.

Méthode
Pensez à donner la signification des nombres Z et A.

3 Le cortège électronique

1 Modèle du nuage électronique

➜ Charge du nuage

L'atome est électriquement neutre. Son noyau contient Z protons, portant chacun la charge électrique $q_p = e$. Le noyau porte la charge électrique $Q = Ze$.
Le nuage électronique contient des électrons. Un électron est une particule élémentaire qui porte la charge électrique $q_e = -e$. Dans le nuage électronique, il y a donc Z électrons, qui portent la charge électrique totale $Q' = -Ze$.

➜ Masse des électrons

La masse d'un électron est très faible devant celle d'un nucléon (≈ 1 800 fois plus petite). Les électrons, très mobiles autour du noyau, peuvent s'en échapper.

➜ Organisation des électrons

Tous les électrons ne sont pas liés au noyau de la même façon. On explique cette propriété avec le modèle de la structure « en couches ».
Les électrons qui se trouvent sur la couche externe peuvent facilement être arrachés.
D'autres, qui se trouvent dans les couches internes, ne peuvent pas être arrachés et restent liés au noyau.
Cette structure explique les propriétés chimiques des éléments.

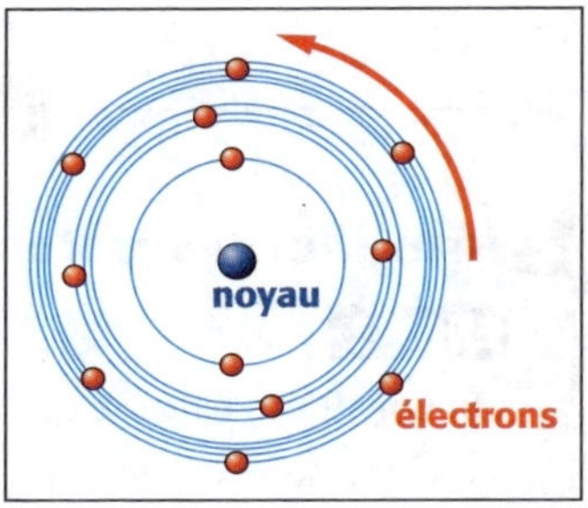

2 Répartition des électrons

➜ Les couches électroniques

Dans un modèle simplifié, et pour les éléments dont le numéro atomique ne dépasse pas $Z = 18$, il existe trois couches :

- la couche K (la plus « proche » du noyau). Les électrons qui se trouvent dans cette couche sont très liés au noyau. Elle peut contenir 2 électrons au maximum ;
- la couche L, qui peut contenir 8 électrons au maximum ;
- la couche M, qui peut contenir 18 électrons au maximum.

→ Répartition des électrons

Dans le nuage électronique, les électrons se répartissent d'abord dans les couches les plus « proches » du noyau. Une fois qu'une couche est pleine, le remplissage de la couche suivante commence.

Exemple : L'atome de sodium, dont le numéro atomique est $Z = 11$, a 11 électrons. La structure électronique de l'atome de sodium est $(K)^2\,(L)^8\,(M)^1$.

→ Ions monoatomiques

Dans les ions monoatomiques, le nombre d'électrons n'est pas égal au nombre de protons contenus dans le noyau. En revanche, les électrons se répartissent de la même façon dans les différentes couches électroniques.

Exemple : L'ion sodium Na^+ a 10 électrons dont la répartition est $(K)^2\,(L)^8$.

EXERCICE RÉSOLU

Déterminer un élément inconnu

ÉNONCÉ

On considère l'atome X dont le noyau contient 17 protons et 18 neutrons.
Données : *Z(chlore) = 17 ; Z(argon) = 18 ; Z(brome) = 35.*

1. Quel est le nom et le symbole de cet élément ?

2. Donner la représentation symbolique du noyau de cet atome.

3. Combien d'électrons le nuage électronique contient-il ?

4. Donner la structure électronique de l'atome.

5. Donner la composition de l'ion X^- de ce même élément.

Rappel
Le nombre d'électrons dans un atome est égal au nombre de protons dans son noyau.

CORRIGÉ

1. Le noyau de cet atome X contient 17 protons : il s'agit donc du chlore Cl, dont le numéro atomique est $Z = 17$.

2. La représentation symbolique du noyau de cet atome est $^{35}_{17}Cl$, car il contient 17 protons, 18 neutrons, soit $A = 17 + 18 = 35$ nucléons.

3. Le nuage électronique contient 17 électrons.

4. La structure électronique est $(K)^2(L)^8(M)^7$.

5. L'ion X^- a un électron de plus que l'atome X, soit 18 électrons. La structure électronique de cet ion est $(K)^2(L)^8(M)^8$.

Remarque
L'ion X^- est chargé négativement et porte la charge $-e$, il a donc un électron de plus que l'atome X.

Déterminer la composition d'un noyau à partir de la représentation symbolique ${}_{Z}^{A}X$

ÉNONCÉ

On considère le noyau de bore 11 dont la représentation est : ${}_{5}^{11}B$.
Déterminer la composition de son noyau.

MÉTHODE

Identifiez le numéro atomique Z et le nombre de nucléons A.
Ensuite, calculez le nombre de neutrons avec la relation $N = A - Z$.

CORRIGÉ

Le numéro atomique est $Z = 5$; le noyau contient donc 5 protons.
Le nombre de nucléons est $A = 11$. Le noyau contient donc 11 nucléons (protons + neutrons).
En appliquant la relation $N = A - Z$, soit $N = 11 - 5 = 6$, on détermine le nombre de neutrons, soit $N = 6$.

Piège à éviter

Ne confondez pas le nombre de nucléons A avec le nombre de neutrons N.

Déterminer le nombre d'électrons dans un ion

ÉNONCÉ

L'ion chlorure Cl^- appartient à l'élément chlore dont le numéro atomique est $Z = 17$.
L'ion sodium Na^+ appartient à l'élément sodium dont le numéro atomique est $Z = 11$.
Combien d'électrons ces ions ont-ils ?

MÉTHODE

Identifiez le numéro atomique Z et déduisez-en le nombre d'électrons dans l'atome.

• Lorsque l'ion est chargé négativement, il porte un excès d'électrons par rapport à l'atome dont il est issu. Il faut donc ajouter un ou plusieurs électrons au nombre d'électrons correspondant à l'atome.

• Lorsque l'ion est chargé positivement, il porte un défaut d'électrons par rapport à l'atome dont il est issu. Il faut donc soustraire un ou plusieurs électrons au nombre d'électrons correspondant à l'atome.

CORRIGÉ

L'atome de chlore contient 17 électrons.
L'ion chlorure, qui porte une charge négative, a donc gagné un électron par rapport à l'atome. Il a donc $17 + 1 = 18$ électrons.
L'atome de sodium contient 11 électrons.
L'ion sodium, qui porte une charge positive en excès, a donc perdu un électron par rapport à l'atome. Il a donc $11 - 1 = 10$ électrons.

Réflexe à avoir

Identifiez bien si l'ion porte un excès ou un défaut de charges négatives (électrons).

Savoir calculer la masse d'un atome

ÉNONCÉ

Calculer la masse de l'atome de cuivre ${}^{63}_{29}\mathrm{Cu}$.

MÉTHODE

Utilisez la relation $m_{\text{atome}} \approx A\, m_{\text{nucléon}}$ qui néglige la masse des électrons.

CORRIGÉ

La masse de l'atome de cuivre ${}^{63}_{29}\mathrm{Cu}$ est :
$m_{\text{atome}} \approx 63 \times 1{,}67 \times 10^{-27} = 1{,}05 \times 10^{-25}$ kg.

Piège à éviter

N'tilisez pas la relation tenant compte de la masse des électrons et différenciant celle des protons et des neutrons.

Vérifiez vos connaissances

1 Vrai-Faux

Indiquer pour chaque proposition, si elle est vraie (V) ou fausse (F).

On considère le noyau de fer dont la représentation symbolique est $^{56}_{26}Fe$.

1. Le noyau de fer contient 26 protons. ☐ V ☐ F

2. Le noyau de fer contient 56 neutrons. ☐ V ☐ F

3. Le nuage électronique contient 30 électrons. ☐ V ☐ F

4. Le noyau porte une charge q = 56 *e*. ☐ V ☐ F

5. Le nuage électronique porte une charge q = – 26 *e*. ☐ V ☐ F

2 Isotopes

Parmi les noyaux représentés ci-dessous, quels sont ceux qui sont des isotopes ?

$^{16}_{8}O$; $^{18}_{8}O$; $^{12}_{6}C$; $^{14}_{8}O$; $^{1}_{1}H$; $^{13}_{6}C$.

3 Masse d'un atome

Déterminer la masse de l'atome de cuivre 63.

Données : *Z(Cu) = 29 ;* $m_p = 1{,}673 \times 10^{-27}$ *kg ;* $m_n = 1{,}675 \times 10^{-27}$ *kg ;*
$m_e = 9{,}109 \times 10^{-31}$ *kg.*

4 Éléments

Donner le nom de l'élément des différents noyaux représentés, et regrouper ceux qui appartiennent au même élément.

$^{12}_{6}C$; $^{23}_{11}Na$; $^{63}_{29}Cu$; $^{14}_{7}N$; $^{13}_{6}C$; $^{64}_{29}Cu$; $^{24}_{11}Na$; $^{15}_{7}N$; $^{14}_{6}C$; $^{65}_{29}Cu$.

5 Ion sodium

On considère l'ion sodium dont la représentation symbolique est $^{23}_{11}Na^{+}$.

Recopier et compléter les phrases suivantes.

Le noyau de l'ion contient ……… protons et ……… neutrons.

Le nuage électronique de l'atome de sodium contient ……… électrons, donc, comme la charge totale de l'ion sodium est ………, son nuage contient ……… électrons.

La structure électronique de l'atome de sodium est .... ; il contient .... électrons externes.

La structure électronique de l'ion sodium est .... ; il contient .... électrons externes, ce qui explique sa grande stabilité.

6 Isotopes du chlore

Le chlore a deux isotopes : le chlore 35 et le chlore 37.

Le numéro atomique du chlore est $Z = 17$.

Donnée : *Masse d'un nucléon :* $m = 1{,}67 \times 10^{-27}$ *kg.*

1. Donner la représentation symbolique de ces deux noyaux.

2. Donner la composition de chacun des noyaux.

3. Exprimer, puis calculer la masse de ces deux atomes. Conclure.

4. Donner la structure électronique de ces deux atomes. Conclure.

7 Passage de l'atome à l'ion

Écrire les équations qui permettent de passer de l'atome à l'ion.

Atome	Ion	Équation
H	H^+	
Mg	Mg^{2+}	
Cl	Cl^-	
Na	Na^+	
O	O^{2-}	

8 Configurations électroniques

Parmi les configurations électroniques suivantes, dire celles qui ne correspondent pas à celle d'un atome stable.

$(K)^2(L)^9(M)^8$;

$(K)^1(L)^8(M)^2$;

$(K)^2(L)^8(M)^3$;

$(K)^2(L)^7(M)^8$;

$(K)^2(L)^8(M)^1$;

$(K)^2(L)^5$.

Exercices d'entraînement

9 ★ Composition d'atomes

Compléter le tableau ci-dessous.

Symbole de l'atome	Nom de l'élément	Nombre de protons	Nombre de nucléons	Nombre de neutrons	Nombre d'électrons
$^{64}_{30}Zn$					
$^{1}_{1}H$					
$^{32}_{16}S$					
$^{16}_{8}O$					
		8		10	
				2	1
			33		16

10 ★ Composition d'ions

Compléter le tableau ci-dessous.

Symbole de l'ion	Nom de l'élément	Nombre de protons	Nombre de nucléons	Nombre de neutrons	Nombre d'électrons
$^{39}_{19}K^{+}$					
$^{1}_{1}H^{+}$					
$^{32}_{16}S^{2-}$					
$^{127}_{53}I^{-}$					
$^{56}_{26}Fe^{2+}$					

11 ★ Structure électronique d'atomes

En utilisant l'extrait du tableau périodique donné ci-dessous, donner la structure électronique des atomes suivants :

carbone ; hélium ; oxygène ; sodium ; azote ; chlore.

Nom	Hélium	Carbone	Azote	Oxygène	Sodium	Chlore
Symbole	He	C	N	O	Na	Cl
Numéro atomique	2	6	7	8	11	17

12 ★ Électrons de valence

1. Donner le nom et la structure électronique de l'atome dont la représentation est $^{24}_{12}\text{Mg}$.

Combien d'électrons y a-t-il dans la couche externe ?

2. L'ion magnésium porte la charge totale $q = +2\,e$.

Déterminer sa structure électronique et en déduire le nombre d'électrons dans sa couche externe.

13 ★ Ion inconnu

L'ion X^{2-} a une structure électronique $(K)^2(L)^8$.

Déterminer son numéro atomique et retrouver son symbole, puis son nom en utilisant le tableau périodique.

14 ★★ Atome et ion

1. Un atome de fluor contient 19 nucléons. Déterminer la composition de cet atome en utilisant le tableau périodique.

2. Donner la représentation symbolique de son noyau.

3. Déterminer sa structure électronique. En déduire le nombre d'électrons externes.

4. L'atome peut gagner un électron et forme l'ion fluorure. Écrire l'équation de cette transformation.

5. Donner la composition de l'ion fluorure.

6. Déterminer la structure électronique de l'ion fluorure. Conclure.

15 ★★ Élément inconnu

Le noyau d'un atome de l'élément X inconnu a une masse $m = 1{,}84 \times 10^{-26}$ kg.

1. Combien de nucléons ce noyau compte-t-il ?

2. Sachant que la structure électronique de cet atome est $(K)^2(L)^3$, déterminer le numéro atomique de l'élément en utilisant le tableau périodique.

3. Donner la représentation symbolique du noyau de l'atome.

Donnée : *masse d'un nucléon* $m_{nucléon} = 1{,}67 \times 10^{-27}$ *kg.*

16 ★★ Structure électronique d'ions

En utilisant l'extrait du tableau périodique donné ci-dessous, donner la structure électronique des ions suivants :

ion oxyde O^{2-} ; ion fluorure F^- ; ion sodium Na^+ ; ion magnésium Mg^{2+}.

Nom	oxygène	fluor	sodium	magnésium
Symbole	O	F	Na	Mg
Numéro atomique	8	9	11	12

Quelle remarque peut-on faire ?

17 ★★ Charge électrique

Le noyau d'un atome porte la charge q = 11 *e* et sa masse est $m = 3{,}84 \times 10^{-26}$ kg.

1. Déterminer la composition de cet atome.

2. En vous aidant du tableau périodique, trouver à quel élément il appartient et donner sa représentation symbolique.

Donnée : *masse d'un nucléon* $m_{nucléon} = 1{,}67 \times 10^{-27}$ *kg.*

18 ★★ Élément inconnu

Un atome a une structure électronique $(K)^2(L)^8(M)^3$.

Déterminer son numéro atomique et retrouver son symbole, puis son nom en utilisant le tableau périodique.

19 ★★ Feuille de carbone

Une feuille de papier carbone est constituée d'atomes de carbone.

Sachant que le rayon d'un atome de carbone est d'environ 70 pm, déterminer le nombre d'atomes de carbone qu'il y a sur l'épaisseur d'une feuille de papier dont l'épaisseur est $e = 15$ µm.

On suppose que tous les atomes sont collés les uns aux autres et que leurs centres sont alignés.

20 ★★★ Clou en fer

Le fer contient majoritairement le fer 56 dont la représentation est $^{56}_{26}\text{Fe}$.

Donnée : *masse d'un nucléon* $m_{nucléon} = 1{,}67 \times 10^{-27}$ *kg.*

1. Donner la composition de l'atome de fer.

2. Déterminer la masse d'un atome de fer.

3. Exprimer, puis calculer le nombre d'atomes de fer qu'il y a dans un clou en fer de masse $m = 10{,}0$ g.

21 ★★★ Masse volumique de l'aluminium

L'aluminium est un métal blanc-argenté, mou et léger, largement utilisé dans l'industrie pour ses propriétés mécaniques, sa faible densité, notamment dans l'aéronautique, l'automobile et l'emballage.

L'aluminium naturel ne compte qu'un isotope, l'aluminium 27.

Données : *Masse volumique :* $\rho = 2\,698 \text{ kg} \cdot \text{m}^{-3}$. *Rayon atomique :* $r = 143$ *pm.*

Rayon du noyau : $r' = \sqrt[3]{A} \times r_0$ *avec* $r_0 = 1{,}25 \times 10^{-15}$ *m.*

Numéro atomique : Z(A1) = 13. *Volume d'une sphère de rayon* r : $V = \dfrac{4}{3}\pi r^3$.

1. Donner la représentation symbolique du noyau d'aluminium.

2. Donner la composition de l'atome d'aluminium.

3. Donner la structure électronique de l'atome d'aluminium. Combien compte-t-il d'électrons externes ?

4. Déterminer la masse d'un atome d'aluminium, notée m_{A1}.

5. En utilisant les données du texte, déterminer le nombre d'atomes d'aluminium qu'il y a dans un volume $v = 1{,}0 \text{ cm}^3$ d'aluminium.

6. Déterminer le volume V du noyau de l'atome d'aluminium.

7. Déterminer la masse volumique du noyau de l'atome, notée ρ(noyau).

8. Comparer ρ(noyau) et ρ, puis conclure.

Vérifiez vos connaissances

1 Vrai-Faux

1. Vrai. Le noyau de fer contient 26 protons.

2. Faux. Le noyau de fer contient 56 nucléons, soit 30 neutrons.

3. Faux. Le nuage électronique contient 26 électrons.

4. Faux. Le noyau porte une charge q = 26*e*.

5. Vrai. Le nuage électronique porte une charge q = – 26*e*.

2 Isotopes

Il y a trois isotopes de l'oxygène : $^{16}_{8}O$; $^{18}_{8}O$ et $^{14}_{8}O$, deux isotopes du carbone $^{12}_{6}C$ et $^{13}_{6}C$. L'hydrogène n'a pas d'isotope dans cette liste.

Rappel

Des isotopes ont le même symbole et le même numéro atomique *Z*.

3 Masse d'un atome

La masse d'un atome est calculée à partir de la relation : $m_{atome} = Zm_p + (A - Z)m_n + Zm_e$.

L'atome de cuivre contient 29 protons, 29 électrons et 63 nucléons, soit 63 – 29 = 34 neutrons.

La masse de l'atome est donc $m_{atome} = 29 \times 1{,}673 \times 10^{-27} + 34 \times 1{,}675 \times 10^{-27} + 29 \times 9{,}109 \times 10^{-31}$

$m_{atome} = 1{,}055 \times 10^{-25}$ kg.

L'astuce du prof

Le noyau de l'atome de cuivre 63 contient 63 nucléons.

Utilisez la relation : $m_{atome} \approx Am_{nucléon}$, donc $m_{atome} \approx 63 \times 1{,}67 \times 10^{-25}$ kg $\approx 1{,}05 \times 10^{-25}$ kg.

4 Éléments

Les résultats sont présentés sous forme de tableau.

Nom de l'élément	Carbone	Sodium	Cuivre	Azote
Isotopes	$^{12}_{6}C$, $^{13}_{6}C$, $^{14}_{6}C$	$^{23}_{11}Na$, $^{24}_{11}Na$	$^{63}_{29}Cu$, $^{64}_{29}Cu$, $^{65}_{29}Cu$	$^{14}_{7}N$, $^{15}_{7}N$

5 Ion sodium

Le noyau de l'ion contient **11** protons et **12** neutrons.

Le nuage électronique de l'atome de sodium contient **11** électrons, donc, comme la charge totale de l'ion sodium est **+ e**, son nuage contient **10** électrons.

La structure électronique de l'atome de sodium est $(K)^2(L)^8(M)^1$; il contient **1** électron externe.

Rappel

L'ion sodium porte une charge positive ; il a donc perdu un électron par rapport à l'atome.

La structure électronique de l'ion sodium est $(K)^2(L)^8$; il contient **8** électrons externes, ce qui explique sa grande stabilité.

6 Isotopes du chlore

1. La représentation symbolique des deux isotopes du chlore est de la forme ${}^{A}_{Z}X$, X étant le symbole de l'élément, Z étant le numéro atomique (nombre de protons) et A représentant le nombre de nucléons.

On a donc : ${}^{35}_{17}\text{Cl}$ et ${}^{37}_{17}\text{Cl}$.

Rappel

Ces deux noyaux contiennent le même nombre de protons car ce sont des isotopes du même élément.

2. Le noyau de l'atome de chlore 35 contient 17 protons et 35 nucléons, soit $N = 35 - 17 =$ **18 neutrons**.

Le noyau de l'atome de chlore 37 contient 17 protons et 37 nucléons, soit $N = 37 - 17 =$ **20 neutrons**.

3. On utilise la relation simplifiée donnant la masse d'un atome avec une bonne approximation :

$m_{\text{atome}} \approx Am_{\text{nucléon}}$.

$m({}^{35}_{17}\text{Cl}) = 35 \times 1{,}67 \times 10^{-27} = \mathbf{5{,}85 \times 10^{-26}\ kg}$.

$m({}^{37}_{17}\text{Cl}) = 37 \times 1{,}67 \times 10^{-27} = \mathbf{6{,}18 \times 10^{-26}\ kg}$.

Gagnez des points !

Le résultat est donné avec trois chiffres significatifs, comme la valeur de la masse m.

Ces deux atomes ont des masses différentes. Des isotopes ont des masses différentes.

4. Chaque atome a 17 électrons. En effet, l'atome étant électriquement neutre, il y a autant de protons que d'électrons.

Les deux isotopes ont donc la même structure électronique : $(K)^2(L)^8(M)^7$.

Des isotopes ont des structures électroniques identiques, ce qui leur confère des propriétés chimiques identiques.

7 Passage de l'atome à l'ion

Les équations complétées sont regroupées ci-après :

Atome	Ion	Équation
H	H^+	$H \rightarrow H^+ + e^-$
Mg	Mg^{2+}	$Mg \rightarrow Mg^{2+} + 2\,e^-$
Cl	Cl^-	$Cl + e^- \rightarrow Cl^-$
Na	Na^+	$Na \rightarrow Na^+ + e^-$
O	O^{2-}	$O + 2\,e^- \rightarrow O^{2-}$

8 Configurations électroniques

Les règles de remplissage des couches permettent de trouver les configurations d'atomes stables : $(K)^2(L)^8(M)^3$, $(K)^2(L)^8(M)^1$ et $(K)^2(L)^5$.

Les autres ne vérifient pas les règles : il faut qu'une couche soit pleine (2 électrons pour *K*, 8 pour *L* et 18 pour *M*) avant de commencer à remplir une autre couche.

Exercices d'entraînement

L'astuce du prof

On trouve le nom et le symbole d'un élément grâce à son numéro atomique *Z*.

9 Composition d'atomes

Le tableau est complété ci-dessous.

Symbole de l'atome	Nom de l'élément	Nombre de protons	Nombre de nucléons	Nombre de neutrons	Nombre d'électrons
$^{64}_{30}Zn$	zinc	30	64	34	30
$^{1}_{1}H$	hydrogène	1	1	0	1
$^{32}_{16}S$	soufre	16	32	16	16
$^{16}_{8}O$	oxygène	8	16	8	8
$^{18}_{8}O$	oxygène	8	18	10	8
$^{3}_{1}H$	hydrogène	1	3	2	1
$^{33}_{16}S$	soufre	16	33	17	16

10 Composition d'ions

Le tableau est complété ci-dessous.

Symbole de l'ion	Nom de l'élément	Nombre de protons	Nombre de nucléons	Nombre de neutrons	Nombre d'électrons
$^{39}_{19}K^+$	potassium	19	39	20	18
$^{1}_{1}H^+$	hydrogène	1	1	0	0
$^{32}_{16}S^{2-}$	soufre	16	32	16	18
$^{127}_{53}I^-$	iode	53	127	74	54
$^{56}_{26}Fe^{2+}$	fer	26	56	30	24

11 Structure électronique d'atomes

La structure électronique des atomes ou des ions dépend du nombre d'électrons qu'il y a dans le nuage électronique. Pour un atome, le nombre d'électrons est égal au nombre de protons qu'il y a dans le noyau. Les structures électroniques (ou configurations électroniques) sont données ci-dessous :
- carbone (6 électrons) : $(K)^2(L)^4$;
- hélium (2 électrons) : $(K)^2$;
- oxygène (8 électrons) : $(K)^2(L)^6$;
- sodium (11 électrons) : $(K)^2(L)^8(M)^1$;
- azote (7 électrons) : $(K)^2(L)^5$;
- chlore (17 électrons) : $(K)^2(L)^8(M)^7$.

12 Électrons de valence

1. Il s'agit d'un atome de magnésium, dont le noyau contient 12 protons et 12 neutrons (car il contient 24 nucléons). Il y a donc 12 électrons dans son nuage électronique, organisés en couches selon $(K)^2(L)^8(M)^2$. Il y a donc 2 électrons sur la couche externe (couche de valence).

L'astuce du prof

La couche externe est aussi appelée « couche de valence ». Elle contient les électrons qui sont le moins liés à l'atome et qui peuvent facilement être arrachés à l'atome.

2. L'ion magnésium porte deux charges positives, il a donc perdu 2 électrons par rapport à l'atome de magnésium. Les 10 électrons sont donc organisés en couches selon $(K)^2(L)^8$. La couche externe contient 8 électrons (elle est saturée).

13 Ion inconnu

Le nuage électronique de l'ion contient 10 électrons au total. L'ion porte deux charges négatives. Le noyau contient donc 8 protons. Il s'agit de l'ion oxyde O^{2-}, qui appartient à l'élément **oxygène**.

14 Atome et ion

1. On trouve dans le tableau périodique que le numéro atomique du fluor F est $Z = 9$.
Le noyau de l'atome contient donc **9 protons**. Comme le nombre de nucléons est $A = 19$, le noyau contient aussi **10 neutrons**. L'atome étant électriquement neutre, son nuage électronique contient **9 électrons**.

2. La représentation symbolique de son noyau est ${}^{19}_{9}F$.

3. Les électrons s'organisent en couches selon $(K)^2(L)^7$. La couche externe contient 7 électrons.

4. L'équation de cette transformation s'écrit :

$$F + e^- \rightarrow F^- .$$

5. Le noyau de l'ion fluorure compte 9 protons et 10 neutrons (comme dans l'atome de fluor) mais le nuage électronique compte un électron supplémentaire, soit 10 électrons.

6. Les électrons s'organisent en couches selon $(K)^2(L)^8$. Avec cette structure, la couche externe est pleine (on dit qu'elle est saturée). L'ion fluorure est stable.

15 Élément inconnu

1. La masse d'un atome se calcule en utilisant la relation : $m_{atome} \approx A m_{nucléon}$, on peut donc en déduire la valeur du nombre A par la relation :

$$A = \frac{m_{atome}}{m_{nucléon}}, \text{ soit } \mathbf{A} = \frac{1{,}84 \times 10^{-26}}{1{,}67 \times 10^{-27}} = \mathbf{11}.$$

Le noyau compte donc 11 nucléons.

2. Le nuage électronique contient 5 électrons au total. Comme l'atome est électriquement neutre, on en déduit que le noyau contient 5 protons. Il s'agit du **bore**, dont le symbole est B et dont le numéro atomique est $Z = 5$.

3. La représentation symbolique du noyau de cet atome est ${}^{11}_{5}B$.

> **L'astuce du prof**
> Le nombre *A* est forcément un nombre entier, car il représente le nombre de nucléons. Les masses sont données avec trois chiffres significatifs, ce qui explique le résultat « non exact ».

16 Structure électronique d'ions

Pour déterminer la structure électronique des ions, il faut d'abord déterminer le nombre d'électrons contenus dans les différents nuages électroniques. Les résultats sont regroupés dans le tableau ci-dessous :

Ion	Ion oxyde O^{2-}	Ion fluorure F^-	Ion sodium Na^+	Ion magnésium Mg^{2+}
Élément	oxygène	fluor	sodium	magnésium
Numéro atomique	8	9	11	12
Charge totale	$-2e$	$-e$	$+e$	$+2e$
Nombre d'électrons	10	10	10	10
Structure électronique	$(K)^2(L)^8$	$(K)^2(L)^8$	$(K)^2(L)^8$	$(K)^2(L)^8$

Tous ces ions ont la même structure électronique, soit 8 électrons de valence.

17 Charge électrique

1. Comme le noyau porte 11 charges positives, on en déduit le numéro atomique $Z = 11$.

En utilisant la relation qui permet de calculer la masse d'un atome, on en déduit le nombre de nucléons :

$$A = \frac{m_{\text{atome}}}{m_{\text{nucléon}}}$$

Gagnez des points !
Écrivez la relation littérale avant de faire l'application numérique.

soit $A = \dfrac{3{,}84 \times 10^{-26}}{1{,}67 \times 10^{-27}} = 23$.

Cet atome contient donc 23 nucléons, soit $N = 23 - 11 = 12$ neutrons.

Le nuage électronique contient le même nombre d'électrons qu'il y a de protons, soit **11 électrons**.

2. L'atome appartient à l'élément sodium, et la représentation symbolique du noyau est ${}^{23}_{11}\text{Na}$.

18 Élément inconnu

Le nuage électronique de cet atome contient 13 électrons. Comme l'atome est électriquement neutre, on en déduit que le noyau contient 13 protons.

Il s'agit de l'**aluminium**, dont le symbole est Al.

19 Feuille de carbone

Dans la feuille, les atomes sont tous collés les uns aux autres, comme l'indique le schéma.

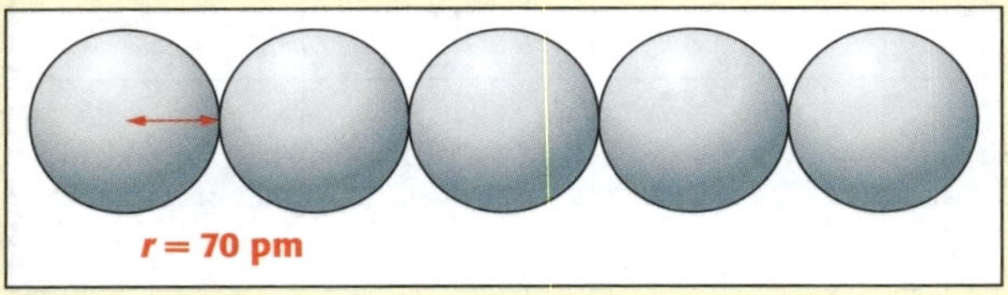

Gagnez des points !

Pensez à faire un schéma pour vous aider à trouver la relation littérale.

Sur l'épaisseur e de la feuille, on aligne N atomes de carbones, dont le diamètre fait $D = 2r$.

On a donc $N \times 2r = e$ et donc $N = \dfrac{e}{2r}$; soit $N = \dfrac{15 \times 10^{-6}}{2 \times 70 \times 10^{-12}} = 107\,143$, soit environ $\mathbf{1{,}1 \times 10^{5}}$ **atomes**.

20 Clou en fer

1. Le noyau de l'atome de fer contient 26 protons (car le numéro atomique est $Z = 26$) et 30 neutrons. En effet, le nombre de nucléons A est égal à 56. Le nombre de neutrons est donc $N = A - Z = 56 - 26 = \mathbf{30}$.

Le nuage électronique contient 26 électrons car l'atome est électriquement neutre.

2. On calcule la masse d'un atome de fer en utilisant la relation :

$$m_{\text{atome}} \approx A m_{\text{nucléon}}$$

On a donc $m_{\text{atome}} \approx 56 \times 1{,}67 \times 10^{-27} = \mathbf{9{,}35 \times 10^{-25}}$ **kg**.

L'astuce du prof

Dans cette relation, les deux masses doivent être exprimées dans la même unité (g ou kg).

3. Dans un clou en fer de masse $m = 10$ g, il y a N atomes de fer 56 ; on peut écrire $N m_{\text{atome}} = m$, soit :

$N = \dfrac{m}{m_{\text{atome}}}$.

On obtient : $N = \dfrac{10 \times 10^{-3}}{9{,}35 \times 10^{-25}} = 1{,}1 \times 10^{22}$ atomes de fer .

21 Masse volumique de l'aluminium

1. La représentation symbolique du noyau d'aluminium est $^{27}_{13}\mathrm{Al}$. En effet, le numéro atomique de l'aluminium est $Z = 13$ et le nombre de nucléons est $A = 27$.

2. Le noyau de l'atome contient 13 protons et $N = 27 - 13 = 14$ neutrons. Comme l'atome est électriquement neutre, le nuage électronique contient **13 électrons**.

3. Les électrons s'organisent en couches selon $\boldsymbol{(K)^2(L)^8(M)^3}$. La couche externe compte 3 électrons.

4. On calcule la masse d'un atome d'aluminium en utilisant la relation

$m_{\text{atome}} \approx A m_{\text{nucléon}}$. On a donc $m_{\text{Al}} \approx 27 \times 1{,}67 \times 10^{-27} = 4{,}51 \times 10^{-26}\ \text{kg}$.

5. Dans un volume $v = 1{,}0\ \text{cm}^3$ d'aluminium pur, il y a N atomes.

On peut écrire $N m_{\text{Al}} = m = \rho v$ car, par définition, la masse volumique d'un corps est $\rho = \dfrac{m}{v}$.

On a donc $N = \dfrac{\rho v}{m_{\text{Al}}}$,

soit $N = \dfrac{2\,698 \times 1{,}0 \times 10^{-6}}{4{,}51 \times 10^{-26}} = 6{,}0 \times 10^{22}$ atomes.

> **Gagnez des points !**
> Utilisez des unités cohérentes. Si on exprime la masse volumique en kilogramme par mètre cube, le volume s'exprime en mètre cube et la masse en kilogramme.

6. Le volume du noyau de l'atome d'aluminium est :

$V = \dfrac{4}{3}\pi(r')^3 = \dfrac{4}{3}\pi(\sqrt[3]{27} \times 1{,}25 \times 10^{-15})^3 = \mathbf{2{,}21 \times 10^{-43}\ m^3}$.

7. La masse volumique du noyau est $\rho(\text{noyau}) = \dfrac{m_{\text{Al}}}{V}$,

soit $\rho(\text{noyau}) = \dfrac{4{,}51 \times 10^{-26}}{2{,}21 \times 10^{-43}} = \mathbf{2{,}04 \times 10^{17}\ kg \cdot m^{-3}}$.

8. La masse volumique du noyau est beaucoup plus grande (environ 8×10^{13} fois) que la masse volumique de l'aluminium. Cette différence explique la structure lacunaire de la matière. Un atome est essentiellement constitué de vide. Si ce vide n'existait pas, la matière serait très dense.

> **Rappel**
> Conversion :
> $1\ \text{cm}^3 = 10^{-6}\ \text{m}^3$.

CHAPITRE 7

De l'atome aux édifices chimiques

1 Les règles du duet et de l'octet

1 Stabilité des gaz nobles

L'hélium (He), le néon (Ne), l'argon (Ar), le krypton (Kr), le xénon (Xe) et le radon (Rn) sont des éléments qui font partie d'une même famille : ce sont des **gaz nobles.**

En effet, ils existent dans la nature à l'état d'atome, et ne s'associent ni entre eux ni avec d'autres éléments pour former des édifices (molécules, cristaux…). Ils présentent donc une grande inertie chimique.

Pour comprendre cette grande stabilité, on peut examiner la structure électronique de leurs atomes.

Hélium	$Z = 2$	$(K)^2$	2 électrons externes
Néon	$Z = 10$	$(K)^2(L)^8$	8 électrons externes
Argon	$Z = 18$	$(K)^2(L)^8(M)^8$	8 électrons externes
Krypton	$Z = 36$	$(K)^2(L)^8(M)^{18}(N)^8$	8 électrons externes

La stabilité de ces atomes est liée à leur structure : tous ces atomes ont 8 électrons externes, sauf l'hélium qui en a 2.

2 Énoncé des règles du duet et de l'octet

Les atomes des autres éléments n'ont pas cette structure stable en duet (2 électrons externes sur la couche K) ou en octet (8 électrons externes).

Ils vont former des molécules ou des ions pour obtenir cette structure stable.

→ La règle du duet

Au cours de transformations chimiques, les atomes dont le numéro atomique Z est inférieur ou égal à 4 ont tendance à acquérir la structure électronique stable en duet.

→ La règle de l'octet

Au cours de transformations chimiques, les atomes dont le numéro atomique est supérieur à 4 ont tendance à acquérir la structure stable en octet.

3 Application aux ions monoatomiques stables

Structure électronique de quelques ions monoatomiques stables :

Formule de l'ion	Numéro atomique Z	Nombre d'électrons de l'atome	Nombre d'électrons de l'ion	Structure électronique de l'ion
Li^+	3	3	2	$(K)^2$
Na^+	11	11	10	$(K)^2(L)^8$
Al^{3+}	13	13	10	$(K)^2(L)^8$
Cl^-	17	17	18	$(K)^2(L)^8(M)^8$

Les ions monoatomiques stables qui existent dans la nature ont une structure électronique en duet ou en octet.

EXERCICE RÉSOLU

Trouver la charge électrique portée par un ion monoatomique

ÉNONCÉ

Le chlorure de sodium, contenu dans le sel de cuisine, est un solide ionique de formule NaCl.

1. Quelle est la formule des ions chlorure et des ions sodium sachant que pour le chlore $Z = 17$ et pour le sodium $Z = 11$?

2. En déduire la charge de chacun de ces ions.

CORRIGÉ

1. L'atome de chlore a 17 électrons. Sa structure électronique est donc $(K)^2(L)^8(M)^7$. Pour obtenir une structure stable en octet, il forme donc l'ion Cl^- en gagnant 1 électron. L'ion Cl^- a 18 électrons et sa structure électronique est donc $(K)^2(L)^8(M)^8$. Il a bien une structure stable en octet.

L'atome de sodium a 11 électrons. Sa structure électronique est donc $(K)^2(L)^8(M)^1$. Pour obtenir une structure stable en octet, il perd un électron pour former l'ion sodium Na^+. Celui-ci a 10 électrons et sa structure électronique est $(K)^2(L)^8$. Il a bien une structure stable en octet.

> **Rappel**
> Le chlorure de sodium NaCl est électriquement neutre.

2. L'ion Na^+ a une charge élémentaire positive, l'ion Cl^- a une charge élémentaire négative.

2 Formules et modèles moléculaires

1 Formule développée, formule semi-développée, modèles moléculaires

- Une **molécule** est un édifice chimique constitué de plusieurs atomes liés entre eux par des liaisons résultant de la mise en commun d'électrons. Une molécule est électriquement neutre.
- La **formule développée** d'une molécule est obtenue en représentant toutes les liaisons entre les atomes par des tirets.
- La **formule semi-développée** est obtenue à partir de la formule développée en ne notant pas les liaisons avec les atomes d'hydrogène.
- La **formule brute** ne fait apparaître que les symboles des atomes qui la constituent et leur nombre en indice.
- Le **modèle moléculaire** d'une molécule permet de représenter la molécule dans l'espace afin de voir sa géométrie. Il existe le modèle éclaté où les liaisons sont représentées par des bâtonnets, et le modèle compact où les liaisons entre atomes ne sont pas représentées et qui est plus proche de la géométrie réelle de la molécule.

Molécule	Modèle éclaté	Modèle compact	Formule développée
Méthane CH_4	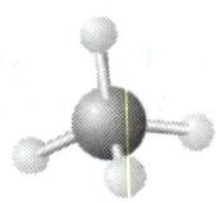	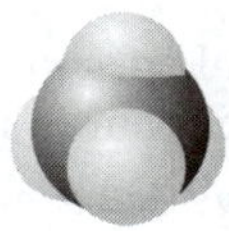	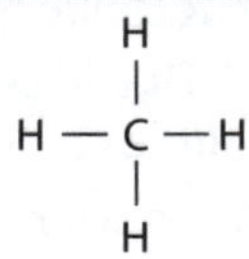
Eau H_2O			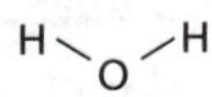

2 Groupes caractéristiques

Des groupes caractéristiques donnent des propriétés particulières aux molécules.

Famille chimique	alcène	amine	composés halogénés	alcool
Groupe caractéristique	C=C	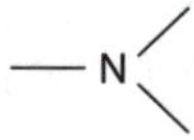	—X : F, Cl, Br, I	—OH

Famille chimique	aldéhyde	cétone	acide carboxylique
Groupe caractéristique	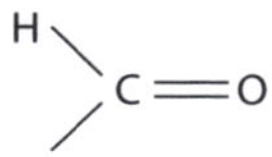	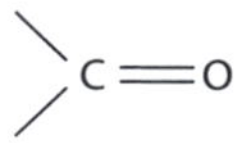	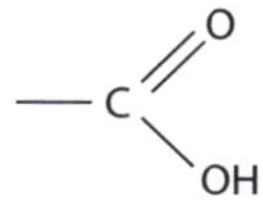

3 Isométrie

Deux molécules sont isomères si elles ont même formule brute mais des enchaînements d'atomes différents. Des isomères sont des molécules différentes et ont des propriétés physiques et chimiques différentes.

Exemple : butane

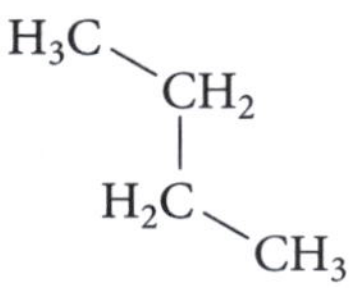

2-méthylpropane

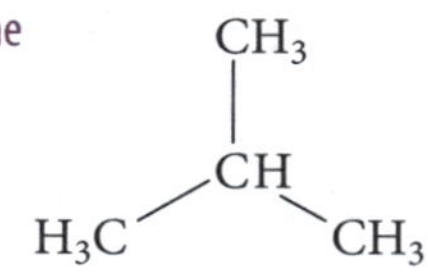

Ces deux molécules ont la même formule brute C_4H_{10}.

EXERCICE RÉSOLU

Donner les formules d'une molécule

ÉNONCÉ

On donne la formule développée de la molécule d'éthanol.

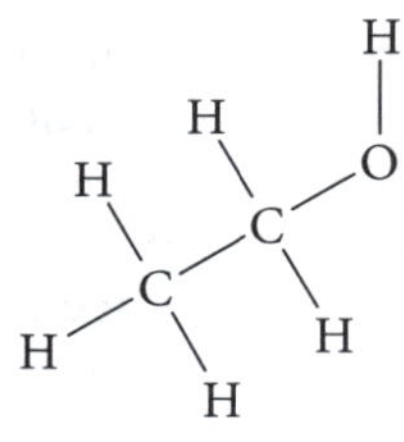

1. Donner sa formule brute et sa formule semi-développée.

2. Encadrer dans sa formule développée le groupe caractéristique de cette molécule et nommer sa fonction.

CORRIGÉ

1. La formule brute est C_2H_6O.
La formule semi-développée est obtenue en ne représentant pas les liaisons avec les atomes d'hydrogène CH_3-CH_2-OH.

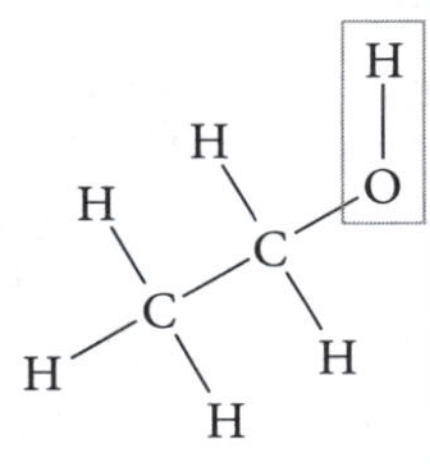

2. Cette molécule possède le groupe caractéristique $-OH$: c'est un alcool.

3 La classification périodique des éléments

Voir Tableau périodique des éléments p. 265.

1 La démarche de Mendeleïev

Dmitri Mendeleïev (1834-1907) était un chimiste russe qui entreprit de créer la première classification des éléments chimiques. À son époque, les hommes connaissaient une centaine d'éléments dont l'uranium, le strontium, le chrome, le titane, le potassium, le calcium, l'aluminium…

Actuellement, on connaît 118 éléments chimiques, dont 92 stables.

➜ Analogie des propriétés chimiques

Remarquant que plusieurs éléments chimiques avaient des propriétés chimiques similaires, Mendeleïev les groupa en familles.
Ce classement s'explique par une valence identique des éléments, c'est-à-dire un nombre identique d'électrons sur la dernière couche électronique (couche externe).

➜ Périodicité des propriétés chimiques

En classant les éléments par masse atomique croissante, Mendeleïv observa une certaine périodicité dans les propriétés chimiques. Il proposa alors une classification sous forme d'un tableau contenant cinq lignes de dix-huit éléments.

➜ Éléments inconnus

Bien que la classification qu'il proposa soit incomplète, il anticipa la découverte de certains éléments en donnant leur masse atomique et leur valence, c'est-à-dire leur nombre de liaisons covalentes possibles. Au cours des années suivantes, les cases vides ont été complétées en accord avec ses prévisions.

2 Les critères actuels de la classification périodique

- Le tableau périodique est constitué de sept périodes (lignes) et dix-huit colonnes (familles). On utilise souvent le tableau simplifié (avec huit colonnes).
- Sur chaque ligne, les éléments sont classés par numéro atomique Z croissant, ce qui correspond au remplissage de la couche électronique externe (K pour la première période, L pour la deuxième, etc.).
- Dans chaque colonne, on trouve les éléments qui ont la même valence. Ils appartiennent à la même famille et ont des propriétés chimiques similaires.

3 Utilisation de la classification périodique : charge des ions monoatomiques

La position d'un élément dans le tableau périodique permet de connaître l'ion qu'il peut former pour acquérir la configuration stable d'un gaz noble. Par exemple, un élément placé dans la première colonne a un électron externe et peut perdre cet électron pour former un cation portant une charge positive.

Exemple : Le sodium Na, élément de la première colonne, perd facilement un électron externe pour former l'ion sodium Na^+.

Un élément placé dans la 17ᵉ colonne a 7 électrons externes : il peut facilement gagner un électron pour former un anion portant une charge négative.

Exemple : Le fluor F forme l'ion fluorure F^- en gagnant un électron sur sa couche externe.

EXERCICE RÉSOLU

Utiliser la classification périodique

ÉNONCÉ

L'élément magnésium Mg est caractérisé par $Z = 12$.

1. Donner la répartition électronique de l'atome de magnésium.

2. À quelle colonne de la classification appartient-il ?

3. À quelle ligne appartient-il ?

4. Quel ion peut-il former ?

CORRIGÉ

1. L'atome de magnésium étant électriquement neutre, il possède 12 électrons répartis sur des couches K, L, M…
Sa répartition électronique est $(K)^2(L)^8(M)^2$.

2. L'atome de magnésium possède 2 électrons externes : il appartient à la 2ᵉ colonne de la classification périodique.

3. Il possède 3 couches électroniques et appartient donc à la 3ᵉ ligne (ou période).

Conseil
Chaque période du tableau correspond au remplissage d'une couche.

4. Il peut former l'ion magnésium Mg^{2+} en perdant deux électrons. Il obtient alors la répartition électronique du néon, qui est le gaz noble le plus proche dans la classification périodique.

Savoir si un atome a une structure électronique stable

ÉNONCÉ

L'élément béryllium est caractérisé par $Z = 4$. L'atome de béryllium a-t-il une structure électronique stable ?

MÉTHODE

- Écrivez la structure électronique de l'atome.
- Regardez s'il a une structure électronique en duet ou en octet.

CORRIGÉ

$Z = 4$, l'atome de béryllium a 4 électrons.
Sa structure électronique est $(K)^2(L)^2$: il n'a pas la structure stable en duet ou en octet car la couche externe n'est pas la couche K.

Piège à éviter
Une structure avec 2 électrons externes n'est pas toujours une structure stable en duet.

Trouver la formule d'un ion stable

ÉNONCÉ

L'atome d'oxygène est caractérisé par $Z = 8$. Quel ion stable peut-il former ?

MÉTHODE

1. Écrivez la structure électronique de l'atome.
2. Trouvez le nombre d'électrons à ajouter ou à enlever pour obtenir une structure électronique stable en duet ou en octet. Écrivez la formule de l'ion.

CORRIGÉ

1. L'atome d'oxygène a 8 électrons. Sa structure électronique est donc $(K)^2(L)^6$.
2. Pour obtenir une structure électronique stable en octet, il doit gagner 2 électrons sur sa couche externe, d'où la structure électronique de l'ion oxyde $(K)^2(L)^8$. L'ion oxyde est un atome d'oxygène qui a gagné 2 électrons (2 charges négatives) : sa formule est donc O^{2-}.

Trouver la formule d'un composé ionique

ÉNONCÉ

L'élément magnésium et l'élément chlore s'associent pour former un composé ionique. Trouver sa formule.

MÉTHODE

1. Écrivez la formule des ions qui constituent ce composé ionique.

2. Écrivez la formule de ce composé sachant qu'un composé ionique est électriquement neutre : le nombre de charges positives apportées par les cations doit être égal au nombre de charges négatives apportées par les anions.

CORRIGÉ

1. L'ion magnésium a pour formule Mg^{2+}. L'ion chlorure a pour formule Cl^-.

2. L'ion Mg^{2+} apporte 2 charges positives. Ces charges sont compensées par les 2 charges négatives des ions chlorure. La formule de ce composé est $MgCl_2$.

Réflexe à avoir

N'écrivez pas 1 en indice.

Reconnaître des isomères

ÉNONCÉ

Ces 2 molécules sont-elles isomères ?

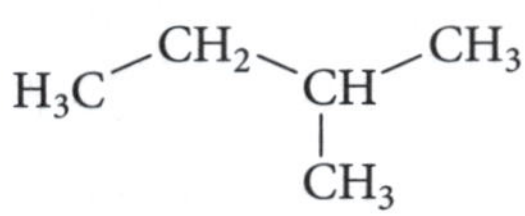

MÉTHODE

Vérifiez qu'elles ont la même formule brute et que les enchaînements d'atomes sont différents.

CORRIGÉ

Ces 2 molécules ont même formule brute C_5H_{12}. Les enchaînements d'atomes sont les mêmes : ces molécules ne sont pas des isomères mais sont identiques.

Vérifiez vos connaissances

1 Les gaz nobles

Indiquer pour chaque proposition si elle est vraie (V) ou fausse (F).

1. Les gaz nobles peuvent former des ions stables. ☐ V ☐ F

2. Des atomes de gaz nobles peuvent s'associer avec d'autres atomes pour former des molécules. ☐ V ☐ F

3. Les gaz nobles existent sous forme atomique. ☐ V ☐ F

4. Les éléments de gaz nobles sont stables sous forme atomique car leurs couches électroniques internes sont saturées. ☐ V ☐ F

5. Les autres éléments existent rarement sous forme d'atomes isolés car ils n'ont pas la structure électronique d'un gaz noble. ☐ V ☐ F

6. Un atome a une structure électronique stable en duet s'il a 2 électrons sur sa couche externe. ☐ V ☐ F

2 Q.C.M.

Pour chaque proposition, préciser quelles sont les réponses exactes.

1. Le numéro atomique du magnésium est $Z = 12$.

a. La structure électronique de l'atome de magnésium est $(K)^2(L)^8(M)^2$.

b. Cet atome a une structure électronique stable car il a 2 électrons sur sa couche externe, comme l'hélium.

c. Il forme un cation Mg^{2+}.

2. Le numéro atomique de l'hydrogène est $Z = 1$.

a. L'atome d'hydrogène est stable.

b. Il peut former un ion H^{3+} pour obtenir une structure électronique stable.

3 Le butan-1-ol

Compléter les phrases suivantes.

La formule .... de la molécule de butan-1-o1 est $C_4H_{10}O$. Sa formule développée est la suivante.

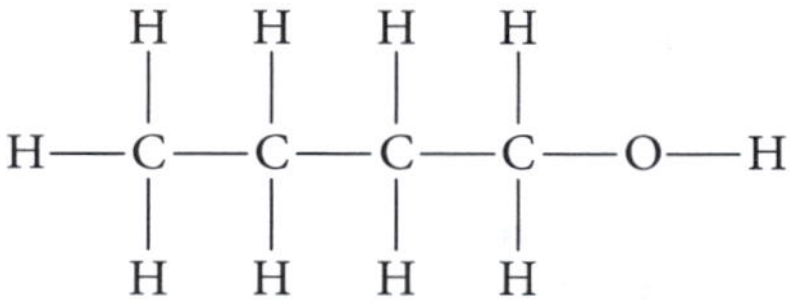

La formule semi-développée du butan-1-ol est .... Il existe d'autres molécules ayant même formule brute mais une formule semi-développée différente, par exemple .... On dit que ce sont des molécules .... Cette molécule possède le groupe caractéristique .... : le butan-1-ol appartient à la famille des ....

4 Représentations d'une molécule

Compléter le tableau.

Formule brute	Formule semi-développée	Formule développée
H_2O		
		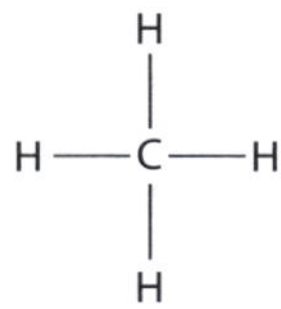
		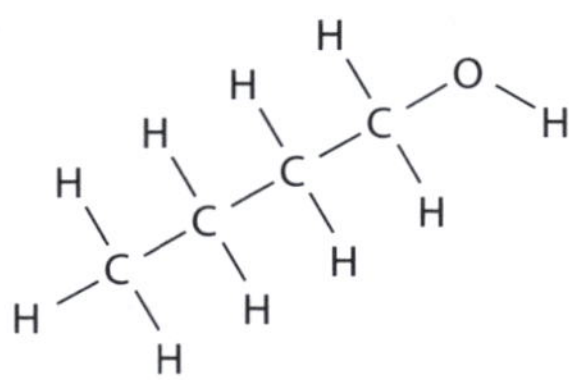

5 Constitution du tableau périodique

Indiquer pour chaque proposition si elle est vraie (V) ou fausse (F).

1. Le tableau périodique contient huit colonnes. ☐ V ☐ F

2. La deuxième période correspond au remplissage de la couche *L*. ☐ V ☐ F

3. Les gaz rares ont tous huit électrons sur leur couche de valence. ☐ V ☐ F

6 Position dans le tableau périodique

Compléter le tableau.

Symbole	Nom de l'élément	Numéro atomique	Structure électronique	Période du tableau	Colonne du tableau
O					
	hydrogène				
				2^e	XIII
			$(K)^2(L)^8(M)^2$		
	carbone				
Cl					
				3^e	I

Exercices d'entraînement

7 ★ Formation d'ions

Compléter le tableau.

Symbole de l'élément	Numéro atomique	Structure électronique	Ion stable formé
Li	3		
O	8		
Be	4		
Na	11		
F	9		

8 ★ Groupes fonctionnels

Dans les molécules suivantes, entourer le groupe fonctionnel et indiquer à quelle famille elle appartient.

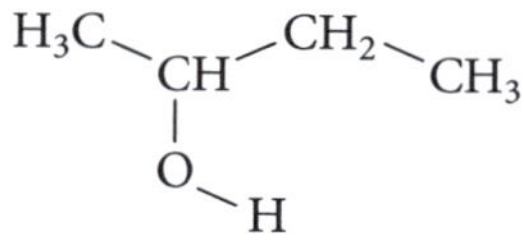

a.

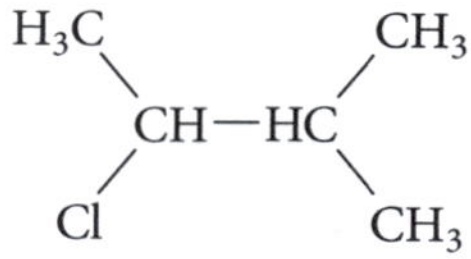

b.

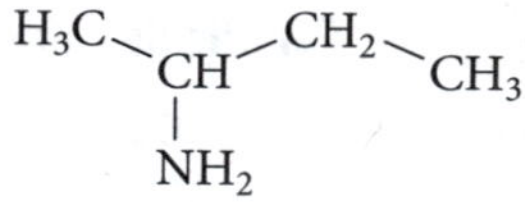

c.

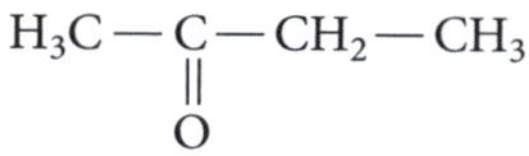

d.

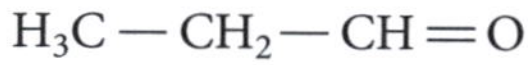

e.

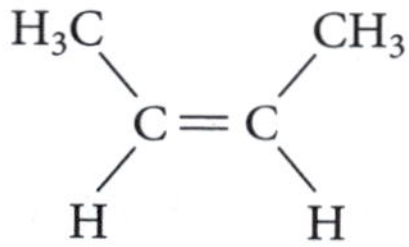

f.

9 ★★ L'alumine

L'alumine est un composé ionique contenant l'élément aluminium et l'élément oxygène.

1. Donner la structure électronique de l'atome d'aluminium et de l'atome d'oxygène.

2. Quels ions forment-ils ?

3. En déduire la formule de l'alumine.

Données : *Al : Z = 13 ; O : Z = 8.*

10 ★★ Structure électronique et ion formé

On étudie cinq atomes dont les numéros atomiques sont consécutifs.

1. Compléter le tableau.

Nom	oxygène	fluor	néon	sodium	magnésium
Symbole					
Numéro atomique	8	9	10	11	12
Structure électronique					

2. Ces atomes appartiennent-ils à la même période du tableau périodique ?

3. Quels sont les ions stables que peuvent former ces atomes ?

4. Quelle est la particularité de tous ces ions stables ?

11 ★★ Famille des alcalins

Le lithium, le sodium et le potassium appartiennent à la famille des métaux alcalins.

1. Chercher dans le tableau périodique le symbole et le numéro atomique de ces trois éléments.

2. Donner leur structure électronique.

3. Quels ions stables ces atomes forment-ils ? Écrire les équations de formation de ces ions.

12 ★★★ L'âge du fer

Le fer a été découvert par les Égyptiens il y a près de 6 000 ans. Ils l'utilisaient pour fabriquer des pointes de dagues, des lames, des ornements…

Dans la nature, on trouve le fer sous forme d'oxydes, notamment l'hématite Fe_2O_3, la magnétite Fe_3O_4 et la limonite $HFeO_2$.

Il existe deux ions stables du fer : l'ion fer II et l'ion fer III.

Données : *Masse d'un nucléon :* $m_n = 1{,}67 \times 10^{-27}$ *kg.*

Rayon atomique de l'atome de fer : $r = 126$ *pm.*

Numéro atomique du fer : $Z(Fe) = 26$*.*

1. À quelle période du tableau périodique le fer appartient-il ?

2. Dans quelle colonne du tableau le fer se trouve-t-il ?

3. Donner les formules chimiques des deux ions stables du fer.

4. Le fer est un métal argenté gris dont la masse volumique est $\rho(Fe) = 7{,}9\ kg \cdot dm^{-3}$.

a. Déterminer le nombre d'atomes de fer qui se trouvent dans un échantillon de masse $m = 1{,}0$ g de fer.

On considèrera que le fer ne contient que des atomes de fer 56.

b. Calculer la masse volumique atomique du fer et comparer avec la masse volumique du fer.

Commenter le résultat.

5. À l'époque des Égyptiens, on faisait chauffer fortement le minerai avec du charbon ; on obtenait alors un mélange de fer et d'acier et du monoxyde de carbone CO. On considère que le minerai contient uniquement de l'hématite Fe_2O_3.

a. Donner la structure électronique de l'atome d'oxygène. Quelle est la valence de l'atome d'oxygène ?

b. Quel est l'ion fer qui est combiné avec l'ion oxygène dans l'hématite ?

c. Écrire l'équation de la transformation qui se produit au cours de la fabrication du fer. On ne considère pas l'acier formé.

6. Actuellement, on fabrique le fer dans les hauts-fourneaux, en faisant chauffer le minerai avec du monoxyde de carbone. La transformation se fait en trois étapes.

Dans un premier temps, l'oxyde ferrique (Fe_2O_3) se transforme en oxyde magnétique (Fe_3O_4) ; en continuant à chauffer, on obtient de l'oxyde ferreux (FeO), et ensuite, on obtient le fer. Au cours de chaque étape, il se forme du dioxyde de carbone.

Écrire les équations des réactions qui traduisent les trois transformations.

13 ★★★ Magnésie

Les athlètes utilisent la magnésie lorsqu'ils sont aux agrès. Elle est formée au cours de la combustion du magnésium dans le dioxygène.

1. Quels sont les éléments contenus dans les réactifs ?

2. Quels sont les éléments contenus dans la magnésie ?

3. Le magnésium se présente sous la forme de ruban contenant des atomes de magnésium Mg.

a. Dans une classification périodique des éléments, rechercher le numéro atomique du magnésium.

b. En déduire la structure électronique de l'atome de magnésium.

c. Quels sont les ions stables formés ?

4. L'élément oxygène est caractérisé par $Z = 8$.

a. Quelle est sa structure électronique ?

b. Quel ion peut-il former ?

5. Sachant que la magnésie est électriquement neutre, en déduire sa formule.

14 ★★★ L'éthanal

L'éthanal a pour formule brute C_2H_4O.

1. Déterminer la structure électronique des atomes qui la constituent. En déduire le nombre d'électrons externe n_e de chaque atome.

2. Sachant qu'un atome de carbone donne 4 liaisons, un atome d'hydrogène une liaison et un atome d'oxygène 2 liaisons, établir la formule développée de la molécule d'éthanal.

3. Quel est le groupe caractéristique de cette molécule ?

4. Donner sa formule semi-développée.

5. Donner les formules semi-développées de ses isomères.

Données : *C : Z = 6 ; H : Z = 1 ; O : Z = 8.*

15 ★★★ Méthanamine

1. Déterminer la structure électronique de l'atome d'azote, de l'atome de carbone et de l'atome d'hydrogène.

2. La méthanamine a pour formule brute CH_5N. Sachant qu'un atome de carbone donne 4 liaisons et un atome d'azote 3 liaisons, donner la formule développée de la méthanamine.

3. Entourer le groupe fonctionnel de cette molécule.

4. Donner sa formule semi-développée.

Données : *C : Z = 6 ; H : Z = 1 ; N : Z = 7.*

16 ★★★ Pentane

Le pentane est un liquide incolore à température ambiante de formule C_5H_{12}.

On représente ci-dessous sa chaîne carbonée :

C—C—C—C—C

1. Établir la formule développée du pentane sachant qu'un atome de carbone donne 4 liaisons et qu'un atome d'hydrogène en donne une seule.

2. Donner la formule semi-développée de la molécule de pentane.

3. Donner les formules semi-développées des isomères du pentane.

17 ★★★ Acide éthanoïque

L'acide éthanoïque est une molécule qui donne l'odeur caractéristique du vinaigre. Elle a pour formule semi-développée :

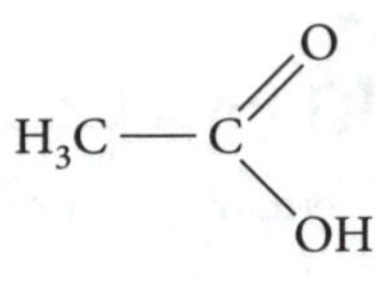

1. Donner sa formule développée.

2. Entourer le groupe fonctionnel de cette molécule. En déduire la famille de cette molécule.

3. Donner la structure électronique de chaque atome qui la constitue.

4. Donner la formule semi-développée d'un isomère de l'acide éthanoïque.

Appartient-il à la même famille que l'acide éthanoïque ?

Vérifiez vos connaissances

1 Les gaz nobles

1. Faux, les gaz nobles existent sous forme d'atome et ces atomes ont une structure électronique stable.

2. Faux, les atomes de gaz nobles ont une structure électronique stable : ils ne forment pas de molécules.

Remarque
Les gaz nobles sont inertes chimiquement : ils existent sous forme d'atomes.

3. Vrai, les atomes de gaz nobles ont une structure électronique stable.

4. Faux, ils sont stables car leur couche externe comporte soit 2 électrons sur la couche externe *K* (configuration en duet), soit 8 électrons.

5. Vrai, ces atomes n'ont pas une structure électronique stable en duet ou en octet : ils forment facilement des ions ou des molécules par réactions chimiques.

6. Faux, la structure stable en duet est une structure à 2 électrons externes, **sur la couche *K***. Une configuration à 2 électrons externes sur une couche *L* ou *M* n'est pas stable.

2 Q.C.M.

1. a. Exact, l'atome de magnésium a autant d'électrons que de protons, soit 12 qui sont répartis sur les couches selon les règles de remplissage des couches électroniques.

b. Faux, il n'a pas une structure électronique stable car une structure à 2 électrons sur la couche externe *M* n'est pas stable : ce n'est ni une structure électronique en duet, ni une structure électronique en octet.

c. Exact, il a deux électrons sur la couche *M*, d'après la règle de l'octet, il obtient une stabilité en perdant ces 2 électrons et devient alors l'ion Mg^{2+}.

2. a. Faux, l'atome d'hydrogène n'est pas stable : sa structure électronique est $(K)^1$: il n'a pas la structure stable en duet de l'atome d'hélium : 2 électrons sur la couche externe *K*.

b. Faux, il ne peut pas perdre 3 électrons car il n'en a qu'un seul.

3 Le butan-1-ol

La formule **brute** de la molécule de butan-1-ol est $C_4H_{10}O$.

La formule semi-développée du butan-1-ol est **$CH_3-CH_2-CH_2-CH_2-OH$**. Il existe d'autres molécules ayant même formule brute mais une formule semi-développée différente, par exemple

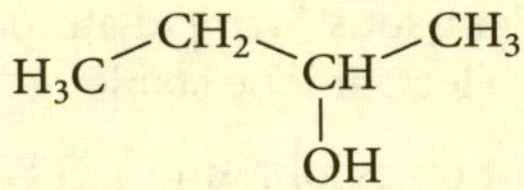

On dit que ce sont des molécules **isomères**.

Cette molécule possède le groupe caractéristique **hydroxyle — OH** : le butan-1-ol appartient à la famille des **alcools**.

4 Représentations d'une molécule

Formule brute	Formule semi-développée	Formule développée
H_2O	H_2O	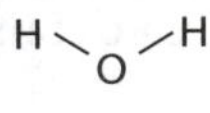
CH_4	CH_4	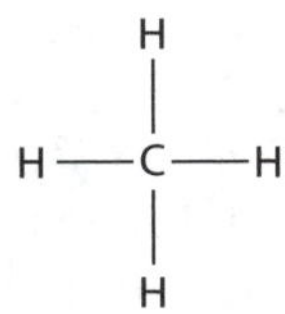
$C_4H_{10}O$	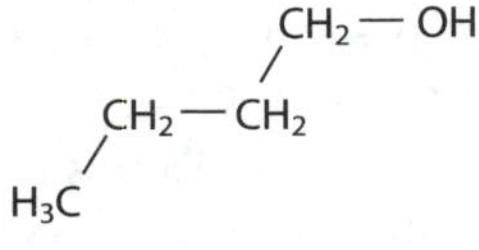	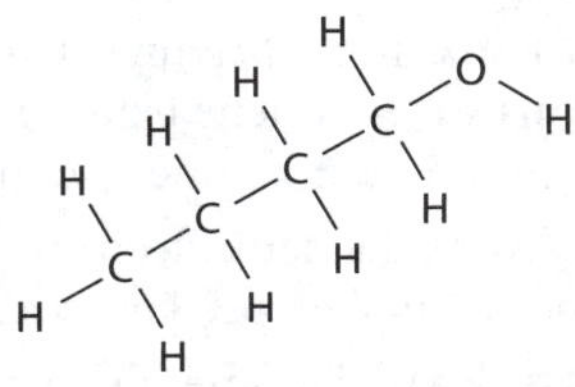

5 Constitution du tableau périodique

1. **Faux**, le tableau périodique contient dix-huit colonnes.

2. **Vrai**, la deuxième période correspond au remplissage de la couche *L*.

3. **Faux**, l'hélium est un gaz rare et il a 2 électrons externes.

6 Position dans le tableau périodique

Symbole	Nom de l'élément	Numéro atomique	Structure électronique	Période du tableau	Colonne du tableau
O	oxygène	8	$(K)^2(L)^6$	2e	XVI
H	hydrogène	1	$(K)^1$	1re	I
B	bore	5	$(K)^2(L)^3$	2e	XIII
Mg	magnésium	12	$(K)^2(L)^8(M)^2$	3e	II
C	carbone	6	$(K)^2(L)^4$	2e	XIV
Cl	chlore	17	$(K)^2(L)^8(M)^7$	3e	XVII
Na	sodium	11	$(K)^2(L)^8(M)^1$	3e	I

Exercices d'entraînement

7 Formation d'ions

Symbole de l'élément	Numéro atomique	Structure électronique	Ion stable formé
Li	3	$(K)^2(L)^1$	Li^+
O	8	$(K)^2(L)^6$	O^{2-}
Be	4	$(K)^2(L)^2$	Be^{2+}
Na	11	$(K)^2(L)^8(M)^1$	Na^+
F	9	$(K)^2(L)^7$	F^-

8 Groupes fonctionnels

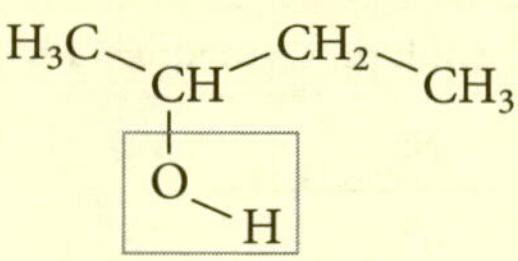

a.

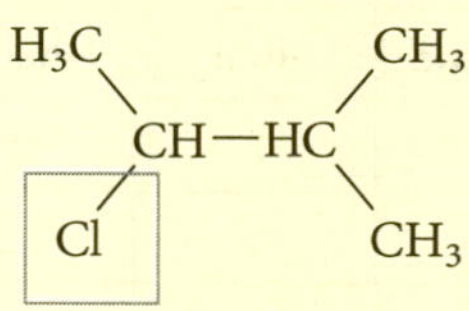

b.

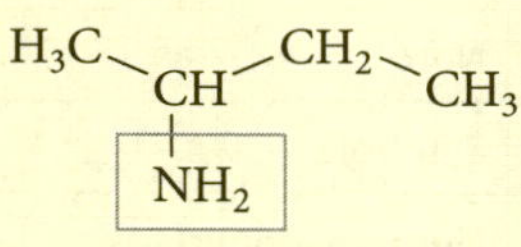

c.

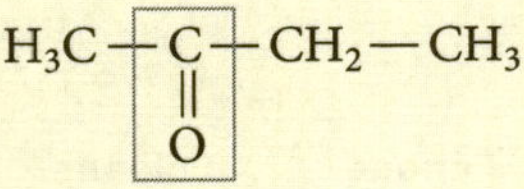

d.

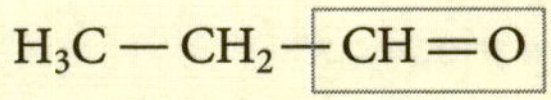

e.

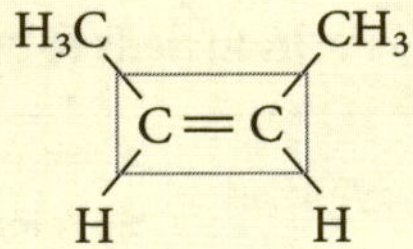

f.

a. Cette molécule est un alcool.

b. Cette molécule est un dérivé halogéné.

c. Cette molécule est une amine.

d. Cette molécule est une cétone.

e. Cette molécule est un aldéhyde.

f. Cette molécule est un alcène.

> **Gagnez des points !**
>
> Attention ne confondez pas un aldéhyde et une cétone : dans un aldéhyde, le carbone fonctionnel est relié à un atome d'hydrogène ; dans une cétone, il est relié à 2 atomes de carbone.

9 L'alumine

1. Al : $Z = 13$. L'atome d'aluminium a 13 électrons : sa structure électronique est $(K)^2(L)^8(M)^3$.

O : $Z = 8$. L'atome d'oxygène a 8 électrons : sa structure électronique est $(K)^2(L)^6$.

2. L'atome d'aluminium perd les 3 électrons de sa couche externe pour avoir la structure électronique stable en octet du néon $(K)^2(L)^8$: il forme donc l'ion Al^{3+}.

L'atome d'oxygène gagne 2 électrons pour obtenir la structure électronique stable en octet du néon $(K)^2(L)^8$: il forme donc l'ion O^{2-}.

3. L'alumine est un composé électriquement neutre : les charges positives apportées par les ions Al^{3+} sont compensées par les charges négatives apportées par les ions O^{2-} : sa formule est Al_2O_3.

10 Structure électronique et ion formé

1. Le tableau est complété ci-dessous.

Nom	oxygène	fluor	néon	sodium	magnésium
Symbole	O	F	Ne	Na	Mg
Numéro atomique	8	9	10	11	12
Structure électronique	$(K)^2(L)^6$	$(K)^2(L)^7$	$(K)^2(L)^8$	$(K)^2(L)^8(M)^1$	$(K)^2(L)^8(M)^2$

2. Ces atomes n'appartiennent pas à la même période (ligne) du tableau périodique. En effet, ils n'ont pas tous la même couche externe. L'oxygène, le fluor et le néon appartiennent à la deuxième période, puisque la couche en cours de remplissage est la couche L ; le sodium et le magnésium appartiennent à la troisième période, puisque la couche en cours de remplissage est la couche M.

3. On trouve les ions stables qu'ils forment en fonction du nombre d'électrons qu'ils ont sur leur couche externe.

L'oxygène, à qui il manque deux électrons, va donner l'ion oxyde O^{2-}.

Le fluor, à qui il manque un électron, va donner l'ion fluorure F^-.

Le néon a sa couche externe saturée ; il ne donne pas d'ion.

Le sodium a un électron de valence ; il le perd pour former l'ion sodium Na^+.

Le magnésium a deux électrons de valence ; il les perd pour former l'ion magnésium Mg^{2+}.

> **Remarque**
> Attention, ces ions ont la même couche de valence, mais conservent leur noyau (et leur numéro atomique).

4. Tous ces ions ont la même structure électronique $(K)^2(L)^8$, celle du néon.

11 Famille des alcalins

1. Le numéro atomique du lithium Li est $Z = 3$.

Le numéro atomique du sodium Na est $Z = 11$.

Le numéro atomique du potassium K est $Z = 19$.

2. Leurs structures électroniques sont :

Li : $(K)^2(L)^1$ Na : $(K)^2(L)^8(M)^1$ K : $(K)^2(L)^8(M)^8(N)^1$

> **Remarque**
> Le potassium se trouve dans la quatrième période. C'est donc la couche N qui est en cours de remplissage, même si M n'est pas complète.

3. Ces trois éléments forment des cations (portant une charge positive) en perdant leur unique électron de valence. Les équations s'écrivent :

$$Li \rightarrow Li^+ + e^- \qquad Na \rightarrow Na^+ + e^- \qquad K \rightarrow K^+ + e^-$$

12 L'âge du fer

1. Le fer se trouve dans la quatrième période du tableau périodique.

2. Le fer se trouve dans la colonne VIII.

3. Les deux ions stables du fer sont les ions fer II de formule Fe^{2+} et fer III de formule Fe^{3+}.

4. a. La masse d'un atome de fer 56 est, avec une bonne approximation :

$$m_{atome} \approx Am_{nucléon} .$$

On a donc $m_{atome} = 56 \times 1{,}67 \times 10^{-27} = \mathbf{9{,}35 \times 10^{-26}\ kg.}$

Dans une masse $m = 1{,}0$ g de fer, il y a N atomes de fer 56 ; on peut écrire :

$Nm_{atome} = m$, soit $N = \dfrac{m}{m_{atome}}$.

On obtient $N = \dfrac{1{,}0 \times 10^{-3}}{9{,}35 \times 10^{-26}} = \mathbf{1{,}1 \times 10^{22}}$

$= \mathbf{1{,}1 \times 10^{22}}$ atomes de fer.

b. Par définition, la masse volumique d'un corps est le rapport entre la masse d'un échantillon et le volume qu'il occupe, soit $\rho = \dfrac{m}{V}$.

De la même façon, la masse volumique atomique est le rapport entre la masse de l'atome et son volume, soit $\rho_{atome} = \dfrac{m_{atome}}{V_{atome}}$ avec $V_{atome} = \dfrac{4}{3}\pi r^3$.

A.N. : $\rho_{atome} = \dfrac{9{,}35 \times 10^{-26} \times 3}{4\pi(126 \times 10^{-12})^3} = \mathbf{1{,}12 \times 10^4\ kg \cdot m^{-3}}$.

Cette masse volumique est bien plus grande (14 fois) que la masse volumique du fer. En effet, dans le fer, les atomes sont organisés dans l'espace en laissant du vide (lié à la forme sphérique des atomes).

5. a. La structure électronique de l'oxygène est $(K)^2(L)^6$. La valence de l'oxygène est de deux car il lui manque deux électrons pour satisfaire la règle de l'octet.

b. Dans l'hématite, de formule Fe_2O_3, c'est l'ion Fer III qui est combiné avec l'oxygène.

En effet, on écrit :

$$2\ Fe^{3+} + 3\ O^{2-} \rightarrow Fe_2O_3$$

L'équation est équilibrée en charge et en atomes.

Remarque
L'hématite n'est pas une molécule mais un cristal ionique.

c. L'équation s'écrit $Fe_2O_3 + 3\ C \rightarrow 3\ CO + 2\ Fe$.

6. Les équations des réactions traduisant les transformations s'écrivent :

- première étape : $3\ Fe_2O_3 + CO \rightarrow CO_2 + 2\ Fe_3O_4$;
- deuxième étape : $Fe_3O_4 + CO \rightarrow CO_2 + 3\ FeO$;
- troisième étape : $FeO + CO \rightarrow CO_2 + Fe$.

13 Magnésie

1. Les éléments contenus dans les réactifs sont l'élément magnésium Mg et l'élément oxygène O.

2. Au cours de la transformation chimique, il y a conservation des éléments : la magnésie contient donc les mêmes éléments que les réactifs, soit l'élément magnésium Mg et l'élément oxygène O.

> **L'astuce du prof**
> C'est la loi de conservation des éléments, valable quelle que soit la transformation chimique.

3. a. Dans la classification périodique, on lit pour l'élément magnésium : $Z = 12$.

b. L'atome de magnésium a 12 électrons : $(K)^2(L)^8(M)^2$.

c. Il forme l'ion Mg^{2+} en perdant ses 2 électrons externes, ce qui lui permet d'obtenir une structure stable en octet $(K)^2(L)^8$.

4. a. L'atome d'oxygène a 8 électrons : sa structure électronique est $(K)^2(L)^6$.

b. Il peut former l'ion O^{2-} en gagnant 2 électrons pour avoir une structure stable en octet.

5. La magnésie étant électriquement neutre, les charges positives apportées par les ions Mg^{2+} sont compensées par les charges négatives apportées par les ions O^{2-}. Chaque ion Mg^{2+} apporte 2 charges élémentaires positives et chaque ion O^{2-} apporte 2 charges élémentaires négatives. Pour un ion magnésium Mg^{2+}, il y a donc un ion O^{2-}. La formule de la magnésie est donc MgO.

14 L'éthanal

1. La stucture électronique des atomes est :

C : $Z = 6$: $(K)^2(L)^4$; H : $Z = 1$: $(K)^1$; O : $Z = 8$: $(K)^2(L)^6$.

Le nombre d'électrons externes de l'atome de carbone est 4.

Le nombre d'électrons externes de l'atome d'hydrogène est 1.

Le nombre d'électrons externes de l'atome d'oxygène est 6.

2. La formule développée de la molécule d'éthanal est :

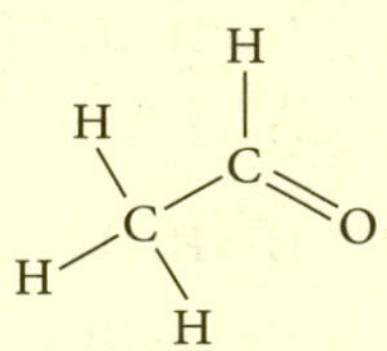

3. C'est un aldéhyde.

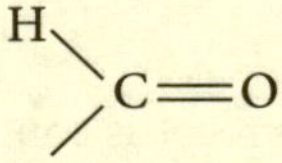

4. La formule semi-développée est :

$$CH_3-CH=O$$

5. Cette molécule possède 2 isomères :

Remarque

On dit que la molécule

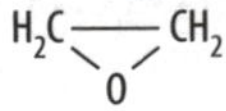

est une molécule cyclique.

15 Méthanamine

1. La stucture électronique des atomes est :
C : $Z = 6 : (K)^2(L)^4$; H : $Z = 1 : (K)^1$; N : $Z = 7 : (K)^2(L)^5$.

2.

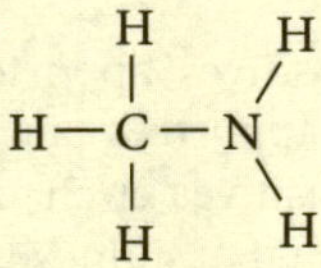

3.

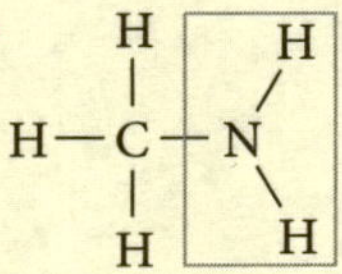

Cette molécule appartient à la famille des amines.

4. Sa formule semi-développée est donc CH_3-NH_2.

16 Pentane

1. La formule développée du pentane est la suivante :

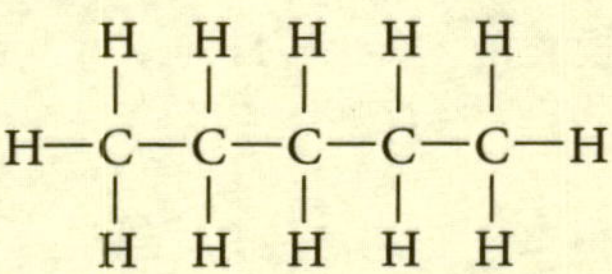

2. La formule semi-développée est $CH_3-CH_2-CH_2-CH_2-CH_3$.

3. Il existe plusieurs isomères du pentane :

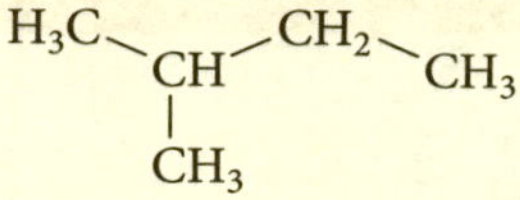

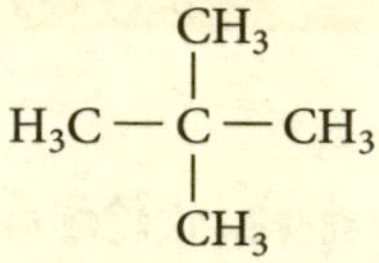

Gagnez des points !
Ces isomères n'ont pas la même chaîne carbonée que le pentane.

17 Acide éthanoïque

1. Pour écrire sa formule développée, on représente toutes les liaisons par des tirets.

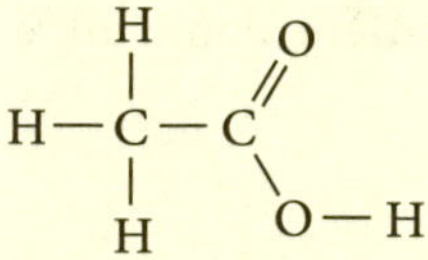

2.

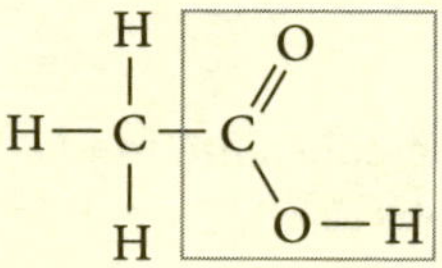

Cette molécule appartient à la famille des acides carboxyliques.

3. La stucture électronique des atomes est :
C : $Z = 6 : (K)^2(L)^4$; H : $Z = 1 : (K)^1$; O : $Z = 8 : (K)^2(L)^6$.

4. Il existe plusieurs isomères :

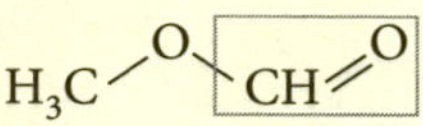

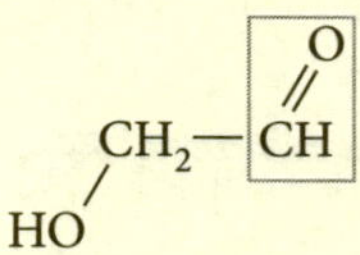

Ces deux molécules sont des aldéhydes ; elles n'appartiennent pas à la famille des acides carboxyliques.

CHAPITRE

8 Espèces chimiques en solution

1 La mole : unité de quantité de matière

1 Nécessité d'un changement d'échelle

Les masses d'un atome, d'une molécule ou d'un ion sont très petites par rapport aux masses des objets qui sont à notre échelle. Pour exprimer de très grandes quantités d'entités chimiques (atomes, ions, molécules), les chimistes ont introduit une nouvelle grandeur physique : **la quantité de matière**, dont l'unité est **la mole**.

2 Définition de la mole et constante d'Avogadro

La **mole** est la quantité de matière d'un système contenant autant d'entités élémentaires qu'il y a d'atomes dans 12,00 g de carbone 12.

La constante indiquant le nombre d'entités par mole est une constante fondamentale qui a été nommée **constante d'Avogadro**. Elle est notée $\mathcal{N}_A$.

$$\mathcal{N}_A = 6{,}02 \times 10^{23}\ \text{mol}^{-1}.$$

3 Quantité de matière d'un échantillon

La quantité de matière n d'un échantillon contenant N entités chimiques est

$N = \mathcal{N}_A n$; N est sans unité, $\mathcal{N}_A$ en mol^{-1} et n en mol.

4 Masse d'une mole d'entités ou masse molaire

- On appelle **masse molaire atomique** d'un élément chimique la masse d'une mole d'atomes de cet élément. On la note M avec en indice le symbole de l'élément ; elle s'exprime en gramme par mole ($\text{g} \cdot \text{mol}^{-1}$).

La plupart des éléments possèdent plusieurs isotopes. La masse molaire atomique indiquée dans une case de la classification périodique correspond à celle de l'élément naturel, qui est un mélange de plusieurs isotopes.

● On appelle **masse molaire moléculaire** la masse d'une mole de molécules de l'espèce considérée. On la note M avec en indice la formule chimique de la molécule.
Elle s'obtient en faisant la somme des masses molaires atomiques de chacun des atomes qui composent la molécule et s'exprime en gramme par mole ($g \cdot mol^{-1}$).

5 Masse molaire et quantité de matière

La quantité de matière n d'une masse m d'un échantillon de masse molaire M est donnée par la relation : $n = \frac{m}{M}$ ou $m = nM$ avec n la quantité de matière en mol, m la masse de l'échantillon en g et M la masse molaire en $g \cdot mol^{-1}$.

EXERCICE RÉSOLU

Calculer une masse

ÉNONCÉ

Calculer la masse m d'un échantillon de $n = 5{,}56$ mol d'eau.
Données : $M_O = 16{,}0\ g \cdot mol^{-1}$ et $M_H = 1{,}0\ g \cdot mol^{-1}$.

Méthode

Pour calculer la masse molaire moléculaire, faites la somme des masses molaires atomiques en tenant compte des coefficients dans la molécule.

CORRIGÉ

On calcule la masse molaire de l'eau :

$$M_{H_2O} = 2 \times M_H + M_O = 2 \times 1{,}0 + 16{,}0 = 18{,}0\ g \cdot mol^{-1}.$$

On en déduit la masse $m = n \times M_{H_2O}$, d'où :
$\boldsymbol{m} = 5{,}56 \times 18{,}0 = \mathbf{100\ g}$.

2 Les solutions aqueuses

1 Analyses médicales et médicaments

- Les analyses médicales sont pratiquées sur le sang pour permettre le diagnostic ou le suivi de certaines maladies.

Le sang est une solution aqueuse constituée d'un liquide, le plasma, dans lequel sont dissoutes des cellules (globules rouges, blancs et plaquettes) et des substances chimiques (protéines, hormones, vitamines, sels minéraux, etc.).

- Certains médicaments se présentent sous forme liquide (sirops, ampoules, liquides injectables, etc.).

Ce sont des solutions aqueuses constituées d'eau et d'espèces chimiques actives (molécules exerçant un effet sur le corps).

2 Définitions

Une **solution** est obtenue par dissolution d'un soluté dans un solvant.

- Le **solvant** est le constituant majoritaire de la solution. Si le solvant est de l'eau, la solution est dite aqueuse.

Le solvant est un liquide dans lequel l'espèce chimique se dissout plus ou moins facilement.

- Le **soluté** est l'espèce chimique dissoute dans le solvant. Le soluté est en très petite quantité par rapport au solvant. Il peut être un solide, un liquide, un gaz.

Une solution dans laquelle, après agitation, tout le soluté introduit n'est pas dissous est une **solution saturée**.

3 Que contient une solution aqueuse ?

➜ **Si le soluté est ionique**, par exemple le chlorure de sodium NaCl.

La solution aqueuse de chlorure de sodium contient des ions sodium Na^+ et des ions chlorures Cl^- dispersés parmi les molécules d'eau.

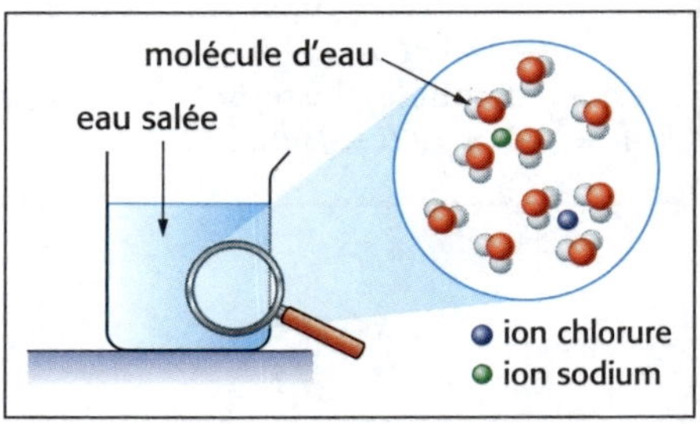

➜ **Si le soluté est moléculaire**, par exemple le sucre $C_{12}H_{22}O_{11}$.
Le solvant est l'eau, le soluté est le sucre, composé moléculaire.
La solution aqueuse de saccharose contient des molécules de saccharose dispersées parmi les molécules d'eau.

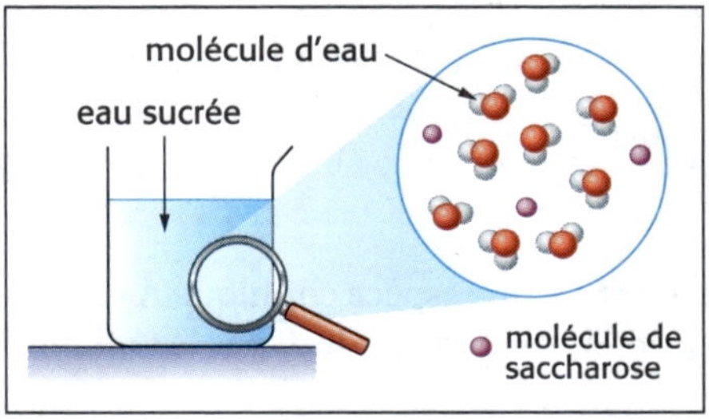

EXERCICE RÉSOLU

Définir une solution aqueuse

ÉNONCÉ

Une infirmière prépare une solution injectable en introduisant un antibiotique sous forme liquide dans de l'eau.
L'antibiotique contient une molécule active notée A.

1. Quel est le solvant ?

2. Quel est le soluté ?

3. Que contient la solution ?

CORRIGÉ

1. Le solvant utilisé est de l'eau. La solution est aqueuse.

2. Le soluté est l'antibiotique liquide.

3. La solution contient des molécules d'eau et des molécules de A (en petite quantité par rapport à l'eau).

3 Concentration d'une espèce en solution

1 Concentration massique et concentration molaire

- La **concentration massique** d'une espèce chimique A dans une solution est égale au quotient de la masse m_A de A par le volume V de la solution.

$$C_m(A) = \frac{m_A}{V} \text{ avec } m_A \text{ en g, } V \text{ en L et } C_m(A) \text{ en g} \cdot \text{L}^{-1}.$$

- La **concentration molaire** d'une espèce chimique A dans une solution est égale au quotient de la quantité de matière n_A de A par le volume V de la solution.

$$C(A) = [A] = \frac{n_A}{V} \text{ avec } n_A \text{ en mol, } V \text{ en L et } [A] \text{ en mol} \cdot \text{L}^{-1}.$$

2 Préparation d'une solution de concentration molaire *c*

➜ Par dissolution d'une espèce chimique

On introduit dans une fiole jaugée de volume V une quantité n ou une masse m d'une espèce chimique de masse molaire M. On ajoute de l'eau distillée jusqu'aux 2/3 environ, on agite. On complète alors avec de l'eau distillée jusqu'au trait de jauge, puis on homogénéise la solution.

La concentration molaire c de la solution est alors $c = \frac{n}{V}$.

La quantité de matière n se calcule en utilisant la définition $n = cV$.
La masse m se calcule en utilisant la définition $m = cVM$.

➜ Par dilution d'une solution de concentration connue

Diluer une solution, c'est préparer une nouvelle solution moins concentrée que la solution initiale en ajoutant du solvant.
On prélève V_0 de solution mère de concentration c_0.
On veut obtenir une nouvelle solution appelée solution fille, de volume V_1 et de concentration c_1. La quantité de matière contenue dans le prélèvement V_0 de la solution mère est conservée lors de la dilution. $n_0 = n_1$, donc $c_0 V_0 = c_1 V_1$.
Le facteur de dilution F est égal au quotient de la concentration c_0 de la solution mère par le concentration c_1 de la solution fille :

$$F = \frac{c_0}{c_1} = \frac{V_1}{V_0}.$$ *F* est un nombre, sans unité, supérieur à 1.

3 Réalisation et utilisation d'une échelle de teintes

L'intensité de la couleur dépend de la concentration de la solution : plus une solution est concentrée en espèce colorée, plus sa couleur est intense. Pour réaliser une échelle des teintes, on prépare des solutions de concentrations c_i à partir d'une solution mère de concentration c_0. On peut ainsi faire un encadrement de la concentration d'une solution de cette même substance par comparaison des teintes.

EXERCICE RÉSOLU

Préparer une solution

ÉNONCÉ

On souhaite préparer $V = 1{,}0$ L de solution de chlorure de sodium de concentration $c = 0{,}10 \text{ mol}\cdot\text{L}^{-1}$.

1. Calculer la masse de chlorure de sodium à prélever.

2. Décrire le mode opératoire précisant le matériel utilisé.

Données : *$M_{Na} = 23{,}0 \text{ g}\cdot\text{mol}^{-1}$ et $M_{Cl} = 35{,}5 \text{ g}\cdot\text{mol}^{-1}$.*

CORRIGÉ

1. La masse à prélever se calcule à partir de la relation :

$m_{NaCl} = n_{NaCl} M_{NaCl}$, d'où $m_{NaCl} = cVM_{NaCl}$

$M_{NaCl} = M_{Na} + M_{Cl} = 23{,}0 + 35{,}5 = 58{,}5 \text{ g}\cdot\text{mol}^{-1}$.

$\boldsymbol{m_{NaCl}} = 0{,}10 \times 1{,}0 \times 58{,}5 = \mathbf{5{,}85 \text{ g}}$.

2. À l'aide d'une spatule, on place dans une coupelle de pesée posée sur une balance 5,9 g de chlorure de sodium NaCl. À l'aide d'un entonnoir, on verse ce solide dans une fiole jaugée de 1,0 L, on rince l'entonnoir avec de l'eau distillée que l'on récupère dans la fiole jaugée. On remplit la fiole jaugée aux 2/3 avec de l'eau distillée. On agite jusqu'à dissolution complète du soluté. On complète la fiole jaugée avec de l'eau distillée jusqu'au trait de jauge. On agite pour homogénéiser la solution.

Méthode

Il est important de recueillir tout le soluté, sinon, la concentration de la solution préparée est inférieure à la concentration souhaitée.

Savoir calculer une masse molaire moléculaire

ÉNONCÉ

Calculer la masse molaire moléculaire de la caféine dont la formule brute est $C_4H_{10}O_2N_4$.

> **Réflexe à avoir**
> Identifiez le nombre d'atomes de chaque élément dans la molécule.

MÉTHODE

Il faut faire la somme de toutes les masses molaires atomiques des atomes contenus dans la molécule en tenant compte des coefficients de chaque atome.

CORRIGÉ

> **Piège à éviter**
> N'oubliez pas les coefficients.

$M = 4 \times M_C + 10 \times M_H + 2 \times M_O + 4 \times M_N$.
Avec $M_C = 12{,}0\ \text{g} \cdot \text{mol}^{-1}$; $M_H = 1{,}0\ \text{g} \cdot \text{mol}^{-1}$;
$M_O = 16{,}0\ \text{g} \cdot \text{mol}^{-1}$; $M_N = 14{,}0\ \text{g} \cdot \text{mol}^{-1}$
(valeurs trouvées dans le tableau périodique).
D'où $M = 4 \times 12{,}0 + 10 \times 1{,}0 + 2 \times 16{,}0 + 4 \times 14{,}0 = 146{,}0\ \text{g} \cdot \text{mol}^{-1}$.

Savoir calculer le volume de solution mère à prélever pour fabriquer une solution fille

ÉNONCÉ

On dispose d'une solution de diiode de concentration $c_{\text{mère}} = 1{,}0 \times 10^{-1}\ \text{mol} \cdot \text{L}^{-1}$ que l'on souhaite diluer 10 fois.

> **Réflexe à avoir**
> Choisissez le volume de la solution fille s'il n'est pas indiqué dans l'énoncé.

MÉTHODE

On peut utiliser le facteur de dilution $F = \frac{c_{\text{mère}}}{c_{\text{fille}}} = \frac{V_{\text{fille}}}{V_{\text{mère}}}$ pour déterminer le volume de solution mère à prélever.

CORRIGÉ

La solution fille a une concentration $c_{\text{fille}} = 1{,}0 \times 10^{-2}\ \text{mol} \cdot \text{L}^{-1}$ car elle est dix fois moins concentrée que la solution mère.

Le volume de solution mère à prélever pour préparer 1,0 L (par exemple) de solution fille est $V_{\text{mère}} = \frac{c_{\text{fille}}}{c_{\text{mère}}} V_{\text{fille}}$ soit :

$V_{\text{mère}} = \frac{1{,}0 \times 10^{-2}}{1{,}0 \times 10^{-1}} = 1{,}0 = 0{,}10$ L, soit 100 mL.

Savoir calculer la masse de soluté à prélever pour fabriquer une solution par dissolution

ÉNONCÉ

On souhaite fabriquer 100 mL d'une solution aqueuse d'hydroxyde de sodium ($Na^+ + OH^-$) de concentration $C = 1{,}0 \times 10^{-1}$ mol·L^{-1} à partir d'hydroxyde de sodium NaOH solide.
Calculer la masse m de solide nécessaire.
***Donnée :** M(NaOH) = 40,0 g·mol^{-1}.*

Réflexe à avoir
Exprimez m en fonction des données de l'énoncé.

MÉTHODE

Appliquez la définition de la concentration molaire $C = \frac{n}{V}$ et la relation entre la quantité de matière et la masse $m = nM$.
La concentration molaire de la solution est donc $C = \frac{m}{MV}$.
On obtient $m = CVM$.

CORRIGÉ

La masse m de soluté à prélever est $m = 1{,}0 \times 10^{-1} \times 0{,}100 \times 40{,}0 = 0{,}40$ g.

Vérifiez vos connaissances

1 Q.C.M.

Entourer la ou les bonnes réponses.

1. Le nombre d'Avogadro $\mathcal{N}_A$:

a. indique le nombre d'entités (atomes, molécules) par mole ;

b. dépend de l'espèce considérée ;

c. est un nombre sans unité.

2. La quantité de matière n :

a. est une grandeur physique ;

b. a pour unité la mole (mol) dans le Système International ;

c. pour un échantillon contenant N entités est donnée par $n = N\mathcal{N}_A$.

3. La masse molaire M :

a. est la masse d'une mole d'atomes ;

b. s'exprime en g ;

c. est reliée à sa quantité de matière par $m = nM$, où M est la masse molaire de l'échantillon.

2 Vrai-Faux

Indiquer pour chaque propositions si elle est vraie (V) ou fausse (F).

1. Le solvant est l'espèce qui est introduite en plus grande quantité. ☐ V ☐ F

2. Dans une solution, le solvant est toujours de l'eau. ☐ V ☐ F

3. La quantité de matière n_A d'une espèce A dans un échantillon est donnée par $n_A = [A]V$, où $[A]$ est la concentration de l'espèce A et V le volume de la solution. ☐ V ☐ F

4. Il est possible de préparer une solution fille plus concentrée que la solution mère par dilution. ☐ V ☐ F

Exercices d'entraînement

3 ★ Masse molaire du méthane

1. Trouver dans la classification périodique les masses molaires du carbone et de l'hydrogène.

2. Calculer la masse molaire du méthane de formule CH_4.

4 ★ Constante d'Avogadro

1. Calculer le nombre d'atomes d'aluminium dans 2,0 moles d'aluminium.

2. Calculer la masse d'un atome d'aluminium.

Données : $M_{Al} = 27{,}0\ g \cdot mol^{-1}$; $\mathcal{N}_A = 6{,}02 \times 10^{23}\ mol^{-1}$.

5 ★ Masses molaires

Calculer la masse molaire des espèces suivantes :
eau H_2O, dioxyde de carbone CO_2, butane C_4H_{10}, ion cuivre (II) Cu^{2+}, ion sulfate SO_4^{2-}, chlorure de sodium NaCl.

Données : $M_H = 1{,}0\ g \cdot mol^{-1}$; $M_O = 16{,}0\ g \cdot mol^{-1}$; $M_C = 12{,}0\ g \cdot mol^{-1}$; $M_{Cu} = 63{,}5\ g \cdot mol^{-1}$; $M_S = 32{,}1\ g \cdot mol^{-1}$; $M_{Cl} = 35{,}5\ g \cdot mol^{-1}$; $M_{Na} = 23{,}0\ g \cdot mol^{-1}$.

6 ★ Masse et quantité de matière

1. Quelle masse faut-il peser pour préparer un échantillon de 0,50 mol de fer ? de 0,50 mol d'eau ? de 0,50 mol de carbone ?

2. Calculer la quantité de matière contenue dans 3,0 g de fer, dans 3,0 g d'eau, dans 3,0 g de carbone.

Données : $M_{Fe} = 55{,}8\ g \cdot mol^{-1}$; $M_H = 1{,}0\ g \cdot mol^{-1}$; $M_O = 16{,}0\ g \cdot mol^{-1}$; $M_C = 12{,}0\ g \cdot mol^{-1}$.

7 ★ Calculs de quantités de matières

De nombreux médicaments anti-douleurs se présentent sous forme de cachets.

Ils contiennent une molécule active et un excipient.

Calculer la quantité de matière des espèces actives contenues dans :

1. Un cachet contenant 500 mg de paracétamol ($C_8H_9NO_2$).

2. Un cachet contenant 1,0 g d'ibuprofène ($C_{13}H_{18}O_2$).

8 ★ Concentration en saccharose

Calculer la concentration molaire de sucre ($C_{12}H_{22}O_{11}$) obtenue lorsqu'on dissout 1 sucre de masse $m = 5{,}0$ g dans une tasse d'eau de volume $V = 0{,}25$ L.

Données : $M_H = 1{,}0\ g \cdot mol^{-1}$; $M_C = 12{,}0\ g \cdot mol^{-1}$; $M_O = 16{,}0\ g \cdot mol^{-1}$.

9 ★ Analyse médicale

La fiche d'une analyse médicale indique que le taux de cholestérol d'une personne en bonne santé doit être inférieur à $2{,}0\ g \cdot L^{-1}$, c'est-à-dire inférieur à $5{,}1\ mmol \cdot L^{-1}$.

Quelle est la masse molaire de la molécule « cholestérol » ?

10 ★ Solution de diiode

On dispose d'un flacon de 100 mL de solution aqueuse de diiode de concentration $c = 0{,}10\ mol \cdot L^{-1}$.

1. Calculer la quantité de diiode contenue dans ce flacon.

2. Calculer le volume à prélever pour avoir $1{,}0 \times 10^{-3}$ mol de diiode. Quel instrument doit-on utiliser pour faire ce prélèvement ?

11 ★ Eau oxygénée

L'eau oxygénée, de formule H_2O_2, est utilisée pour désinfecter les plaies.

1. Calculer la masse molaire moléculaire de l'eau oxygénée.

2. Calculer la concentration molaire d'une eau oxygénée contenant 20 g d'eau oxygénée pour 100 mL de solution.

12 ★ Taux d'alcoolémie

Au volant, le taux d'alcoolémie ne doit pas dépasser $0{,}5\ g \cdot L^{-1}$ de sang.

1. À quelle concentration molaire ce taux correspond-il ?

2. À quelle masse d'éthanol dans le sang cela correspond-il ?

Données : *Volume de sang moyen dans le corps humain : 5 L.*

Formule de l'éthanol : C_2H_6O.

13 ★★ Aspirine

L'aspirine ou acide acétylsalicylique est un composé moléculaire de formule $C_9H_8O_4$.

1. Calculer la masse molaire de l'aspirine.

2. Calculer la quantité de matière contenue dans 1 comprimé de masse $m = 500$ mg.

3. Calculer le nombre de molécules d'aspirine contenues dans un comprimé.

Données : $M_H = 1{,}0\ g \cdot mol^{-1}$; $M_C = 12{,}0\ g \cdot mol^{-1}$; $M_O = 16{,}0\ g \cdot mol^{-1}$; $n_A = 6{,}02 \times 10^{23}\ mol^{-1}$.

14 ★★ Sulfate de cuivre pentahydraté

Le sulftate de cuivre est une poudre bleue. Sa formule est $CuSO_4$, 5 H_2O.

1. Calculer la masse molaire du sulfate de cuivre.

2. Calculer la quantité de sulfate de cuivre contenue dans 1,0 kg de sulfate de cuivre.

3. Calculer la masse à prélever pour avoir 3,0 mol de sulfate de cuivre.

Données : $M_O = 16{,}0\ g \cdot mol^{-1}$; $M_H = 1{,}0\ g \cdot mol^{-1}$; $M_{Cu} = 63{,}5\ g \cdot mol^{-1}$; $M_S = 32{,}1\ g \cdot mol^{-1}$.

15 ★★ Sérum physiologique

Une infirmière doit réaliser une injection en utilisant un sérum physiologique de concentration massique $C_m = 0{,}90\ \text{g} \cdot \text{L}^{-1}$. Elle doit utiliser au minimum 200 mL de solution.

Elle ne dispose que d'une solution de sérum physiologique de concentration $C_{m0} = 9{,}0\ \text{g} \cdot \text{L}^{-1}$.

Décrire le protocole expérimental qu'elle doit suivre pour réaliser cette solution.

Matériel disponible : Éprouvette graduée de 200 mL ; tubes à essai ; capsule de pesée et balance ; pipettes jaugées de 5,0 mL, 10,0 mL, 20,0 mL et 50,0 mL ; pipette graduée de 10 mL ; fioles jaugées de 10 mL, 50 mL, 100 mL, 250 mL et 500 mL ; béchers de 250 mL et 500 mL.

16 ★★ Boisson à la caféine

La caféine est un stimulant présent dans des boissons énergisantes que les sportifs absorbent quelques minutes avant un effort.

C'est une molécule de formule brute $C_8H_{10}N_4O_2$.

1. Exprimer et calculer la concentration d'une solution aqueuse de caféine réalisée en dissolvant $m = 0{,}200$ g de caféine dans un volume $V = 1{,}0$ L d'eau.

2. Décrire le protocole expérimental.

17 ★★ Préparation d'une solution de sulfate de cuivre

On souhaite préparer une solution S de sulfate de cuivre de concentration $C = 1{,}0 \times 10^{-2}$ mol·L^{-1}.

Pour cela, on prépare une première solution par dissolution de cristaux de sulfate de cuivre dans de l'eau, puis on dilue la solution obtenue.

1. Calculer la masse molaire du sulfate de cuivre pentahydraté $CuSO_4, 5\ H_2O$.

2. Calculer la masse de cristaux de sulfate de cuivre qu'il faut peser pour préparer 100 mL de solution de concentration $C_1 = 1{,}0$ mol·L^{-1}. La solution obtenue est appelée S_1.

3. Décrire le mode opératoire.

4. Calculer le volume de solution S_1 à prélever pour préparer 1,0 L de solution S.

5. Décrire le mode opératoire pour cette dilution.

6. Que peut-on dire des couleurs de S et de S_1 ?

Données : *$M_O = 16{,}0$ g·mol^{-1} ; $M_H = 1{,}0$ g·mol^{-1} ; $M_{Cu} = 63{,}5$ g·mol^{-1} ; $M_S = 32{,}1$ g·mol^{-1}.*

18 ★★ Boisson sucrée

Le saccharose est le sucre de consommation courante, extrait de la betterave sucrière ou de la canne à sucre. Sa formule brute est $C_{12}H_{22}O_{11}$.

L'aspartame est un édulcorant artificiel. Sa formule brute est $C_{14}H_{18}N_2O_5$.

À masse égale, l'aspartame a un pouvoir sucrant 200 fois supérieur à celui du saccharose.

1. Chercher la définition du mot édulcorant.

2. Les boissons sucrées contiennent environ 100 g de sucre par litre. En déduire la masse de sucre présente dans un verre de 250 mL.

3. Par quelle masse d'aspartame doit-on remplacer le sucre dans un litre de boisson ?

19 ★★★ Masse molaire du chlore

Le chlore naturel est composé de deux isotopes $^{35}_{17}Cl$ et $^{37}_{17}Cl$.

1. Rappeler la définition d'isotopes.

2. La masse molaire du chlore est $M_{Cl} = 35{,}5\ g \cdot mol^{-1}$. Calculer les proportions de chaque isotope connaissant leur masse molaire.

Données : *$^{35}_{17}Cl$: $M = 34{,}97\ g \cdot mol^{-1}$; $^{37}_{17}Cl$: $M = 36{,}97\ g \cdot mol^{-1}$.*

20 ★★★ Briquet

Un briquet contient du butane liquide de formule brute C_4H_{10}. Le volume de butane liquide contenu dans le réservoir est $V = 10{,}0\ cm^3$. La masse volumique du butane dans ces conditions est $\rho = 580\ kg \cdot m^{-3}$.

1. Calculer la quantité de butane contenu dans le briquet.

2. Calculer la masse de butane contenu dans le briquet.

Données : *$M_C = 12{,}0\ g \cdot mol^{-1}$; $M_H = 1{,}0\ g \cdot mol^{-1}$.*

21 ★★★ Désinfectant

L'alcool vendu en pharmacie est utilisé pour désinfecter les plaies et éliminer les bactéries. C'est une solution aqueuse à 70°, ce qui signifie qu'elle contient 70 g d'éthanol, de formule C_2H_6O pour 100 g de solution.

Données : *Masse volumique de l'eau : $\rho(eau) = 1{,}0\ g \cdot cm^{-3}$.*

Masse volumique de l'éthanol : $\rho(éthanol) = 0{,}79\ g \cdot cm^{-3}$.

1. Quelle est la nature de la solution alcoolique ?

2. Quelle est la composition, en masse, d'un flacon contenant 100 g de solution ?

3. Quel volume occupe l'eau contenue dans ce flacon ?

4. Quel volume occupe l'éthanol contenu dans ce flacon ?

5. Quel est le volume total de la solution ?

En déduire la concentration massique de la solution en éthanol.

22 ★★★ Préparation d'un mélange

On souhaite préparer l'arôme de lavande, l'acétate de linalyle, en faisant réagir de l'acide éthanoïque $C_2H_4O_2$ et du linalol $C_{10}H_{18}O$.

1. Calculer les masses molaires de l'acide éthanoïque et du linalol.

2. Calculer le volume d'acide éthanoïque à prélever pour introduire 0,50 mol d'acide.

3. On souhaite introduire la même quantité de linalol dans le mélange réactionnel. Calculer le volume de linalol.

Données :

Nom	Formule	État à température ambiante	Densité
linalol	$C_{10}H_{18}O$	liquide	0,87
acide acétique	$C_2H_4O_2$	liquide	1,18
acétate de linalyle	$C_{12}H_{20}O_2$	liquide	0,89

23 ★★★ Échelle de teintes

Les solutions aqueuses de permanganate de potassium contiennent des ions permanganate MnO_4^- qui leur donnent une couleur violette. On souhaite évaluer la concentration en ions permanganate d'une solution de Dakin (antiseptique du commerce). Pour cela, on dispose de la solution « mère » S_0 de permanganate de potassium de concentration $C_0 = 1{,}0 \times 10^{-3}\ \text{mol} \cdot \text{L}^{-1}$.

1. Préparation d'une échelle de teintes

a. On souhaite préparer, à partir de S_0, 50 mL de solution S_1 de concentration $C_1 = 4{,}0 \times 10^{-4}\ \text{mol} \cdot \text{L}^{-1}$.

Calculer le volume V_0 de solution mère à prélever et le facteur de dilution F_0.

On verse environ 5 mL de cette solution dans un tube à essai et on repère ce tube en écrivant « 1 » au feutre.

b. À partir de la solution mère, on prépare trois autres solutions filles S_2, S_3 et S_4 de concentrations C_2, C_3 et C_4, puis on verse environ 5 mL dans des tubes à essai repérés par « 2 », « 3 », « 4 ».

Compléter le tableau ci-dessous :

N° tube	Concentrations de solutions filles (mol·L⁻¹)	Volumes de solution filles	Volumes de solution mère	Facteur de dilution
S_1	$4{,}0 \times 10^{-4}$	50 mL		
S_2	$2{,}0 \times 10^{-4}$	50 mL		
S_3	$1{,}0 \times 10^{-4}$	100 mL		
S_4	$5{,}0 \times 10^{-5}$	100 mL		

2. Utilisation de l'échelle de teintes pour la détermination d'une concentration inconnue

Pour évaluer rapidement la concentration molaire de la solution de Dakin, on la compare à une échelle de teintes de solutions dont les concentrations molaires sont connues. On verse dans un tube à essai environ 5 mL de solution de Dakin et on compare sa couleur à celles des solutions S_1, S_2, S_3 et S_4. Sa teinte se situe entre les teintes des solutions S_3 et S_4.

Déterminer un encadrement de la valeur de la concentration de la solution de Dakin en permanganate de potassium.

Vérifiez vos connaissances

1 Q.C.M.

1. a. ; **2. a.** et **b.**

3. a. et **c.** Cette expression peut être retrouvée grâce aux unités des différentes grandeurs.

2 Vrai-Faux

1. Vrai, le solvant est l'espèce majoritaire dans la solution.

2. Faux, il existe d'autres solvants, par exemple des solvants organiques comme le cyclohexane.

3. Vrai.

4. Faux, il est impossible de préparer une solution plus concentrée par dilution.

Exercices d'entraînement

3 Masse molaire du méthane

1. Dans la classification périodique des éléments, on lit :

$M_C = 12{,}0\ g \cdot mol^{-1}$; $M_H = 1{,}0\ g \cdot mol^{-1}$.

2. On calcule la masse molaire moléculaire en faisant la somme des masses molaires atomiques des atomes qui constituent la molécule :

$$M_{CH_4} = M_C + 4 \times M_H = 12{,}0 + 4 \times 1{,}0 = \mathbf{16{,}0\ g \cdot mol^{-1}}.$$

4 Constante d'Avogadro

1. $N = n\mathcal{N}_A$. **A.N. :** $N = 2{,}0 \times 6{,}02 \times 10^{23} = \mathbf{12 \times 10^{23}}$.

2. La masse m d'un atome d'aluminium est donnée par $m = \dfrac{M_{Al}}{\mathcal{N}_A}$.

A.N. : $m = \dfrac{27{,}0}{6{,}02 \times 10^{23}} = 4{,}49 \times 10^{-23}\ g = \mathbf{4{,}49 \times 10^{-26}\ kg}$.

5 Masses molaires

$M_{H_2O} = 2 \times M_H + M_O = 2 \times 1{,}0 + 16{,}0 = 18{,}0 \text{ g·mol}^{-1}$.

$M_{CO_2} = M_C + 2 \times M_O = 12{,}0 + 2 \times 16{,}0 = 44{,}0 \text{ g·mol}^{-1}$.

$M_{C_4H_{10}} = 4 \times M_C + 10 \times M_H = 4 \times 12{,}0 + 10 \times 1{,}0 = 58{,}0 \text{ g·mol}^{-1}$.

$M_{Cu^{2+}} = M_{Cu} = 63{,}5 \text{ g·mol}^{-1}$.

$M_{SO_4^{2-}} = M_S + 4 \times M_O = 32{,}1 + 4 \times 16{,}0 = 96{,}1 \text{ g·mol}^{-1}$.

$M_{NaCl} = M_{Na} + M_{Cl} = 23{,}0 + 35{,}3 = 58{,}5 \text{ g·mol}^{-1}$.

Remarque

La masse d'un ion Cu^{2+} est quasiment égale à celle de l'atome de Cu, les masses molaires de l'atome et de l'ion sont égales.

6 Masse et quantité de matière

1. $m = nM$.

Cette relation est vraie pour chaque espèce considérée.

A.N. : Pour le fer : $m_{Fe} = 0{,}50 \times 55{,}8 =$ **27,9 g.**

Pour l'eau, il faut tout d'abord calculer sa masse molaire moléculaire :

$\boldsymbol{M_{H_2O}} = 2 \times M_H + M_O = 2 \times 1{,}0 + 16{,}0 = \mathbf{18{,}0 \text{ g·mol}^{-1}}$

$\boldsymbol{m_{H_2O}} = 0{,}50 \times 18{,}0 = 9{,}0$ g.

Pour le carbone : $\boldsymbol{m_C} = 0{,}50 \times 12{,}0 =$ **6,0 g.**

2. $n = \dfrac{m}{M}$.

Cette relation est vraie pour chaque espèce considérée.

A.N. : Pour le fer : $\boldsymbol{n_{Fe}} = \dfrac{3{,}0}{55{,}8} = \mathbf{5{,}4 \times 10^{-2}}$ **mol.**

Pour l'eau : $\boldsymbol{n_{H_2O}} = \dfrac{3{,}0}{18{,}0} =$ **0,17 mol.**

Pour le carbone : $\boldsymbol{n_C} = \dfrac{3{,}0}{12{,}0} =$ **0,25 mol.**

L'astuce du prof

Les quantités de matières sont identiques et les masses sont différentes.

7 Calculs de quantités de matières

La quantité de matière d'une espèce chimique de masse molaire M et contenue dans un échantillon de masse m est définie par la relation : $n = \dfrac{m}{M}$.

Gagnez des points !

Pensez à exprimer puis à calculer les masses molaires moléculaires.

1. La masse molaire du paracétamol est :

$$M_{C_8H_9NO_2} = 8 \times M_C + 9 \times M_H + M_N + 2 \times M_O$$
$$= 8 \times 12{,}0 + 9 \times 1{,}0 + 14{,}0 + 2 \times 16{,}0$$
$$= 151{,}0 \text{ g} \cdot \text{mol}^{-1}.$$

La quantité de paracétamol contenue dans le cachet est donc :

A.N. : $\boldsymbol{n} = \dfrac{0{,}500}{151{,}0} = \mathbf{3{,}31 \times 10^{-3}}$ **mol.**

2. La masse molaire de l'ibuprofène est :

$$M_{C_{13}H_{18}O_2} = 13 \times M_C + 18 \times M_H + 2 \times M_O$$
$$= 13 \times 12{,}0 + 18 \times 1{,}0 + 2 \times 16{,}0$$
$$= 206{,}0 \text{ g} \cdot \text{mol}^{-1}.$$

La quantité d'ibuprofène contenue dans le cachet est donc :

A.N. : $\boldsymbol{n} = \dfrac{1{,}0}{206{,}0} = \mathbf{4{,}9 \times 10^{-3}}$ **mol.**

8 Concentration en saccharose

Il faut tout d'abord calculer la masse molaire du saccharose en faisant la somme des masses molaires atomiques :

$$M = 12 \times M_C + 22 \times M_H + 11 \times M_O = 12 \times 12{,}0 + 22 \times 1{,}0 + 11 \times 16{,}0$$
$$= \mathbf{342{,}0 \text{ g} \cdot \text{mol}^{-1}}.$$

$c = \dfrac{n}{V}$, d'où $c = \dfrac{m}{MV}$ car $n = \dfrac{m}{M}$.

A.N. : $\boldsymbol{c} = \dfrac{5{,}0}{342{,}0 \times 0{,}25} = \mathbf{5{,}8 \times 10^{-2}}$ **mol · L⁻¹.**

9 Analyse médicale

La concentration molaire C et la concentration massique C_m sont liées par la relation $C_m = CM$.

La masse molaire de la molécule est donc $M = \dfrac{C_m}{C}$, soit :

$\boldsymbol{M} = \dfrac{2{,}0}{5{,}1 \times 10^{-3}} = \mathbf{392{,}1 \text{ g} \cdot \text{mol}^{-1}}.$

10 Solution de diiode

1. La quantité de diiode se calcule en utilisant la relation $n_{I_2} = cV$.

A.N. : $\boldsymbol{n_{I_2}} = 0{,}10 \times 0{,}100 = \mathbf{1{,}0 \times 10^{-2}\ mol.}$

Gagnez des points !
Pensez à convertir le volume de la solution en litre.

2. $n' = cV'$ où V' est le volume à prélever et n' la quantité de diiode dans ce prélèvement.

$$V' = \frac{n'}{c} = \frac{1{,}0 \times 10^{-3}}{0{,}10} = 0{,}010\ \text{L} = 10\ \text{mL}.$$

Pour prélever ce volume, il faut utiliser une pipette jaugée de 10 mL.

11 Eau oxygénée

1. La masse molaire de l'eau oxygénée est :

$$M_{H_2O_2} = 2 \times M_H + 2 \times M_O = 2 \times 1{,}0 + 2 \times 16{,}0 = 34{,}0\ \text{g} \cdot \text{mol}^{-1}.$$

2. La concentration molaire en eau oxygénée est :

$$c = \frac{n}{M} = \frac{m}{MV}.$$

A.N. : $\boldsymbol{c} = \frac{20}{34{,}0 \times 0{,}100} = \mathbf{5{,}9\ mol \cdot L^{-1}.}$

12 Taux d'alcoolémie

1. La masse molaire de l'éthanol est :

$$M_{C_2H_6O} = 2 \times M_C + 6 \times M_H + M_O = 2 \times 12{,}0 + 6 \times 1{,}0 + 16{,}0 = 46{,}0\ \text{g} \cdot \text{mol}^{-1}.$$

La concentration molaire C et la concentration massique C_m sont liées par la relation $C_m = CM$.

La concentration molaire maximale est donc $C = \frac{C_m}{M}$ soit :

$\boldsymbol{C} = \frac{0{,}5}{46{,}0} = \mathbf{0{,}01\ mol \cdot L^{-1}.}$

2. Sachant que le volume total de sang dans le corps humain est de cinq litres, la masse totale d'éthanol est $m = C_m V$, soit $\boldsymbol{m} = 0{,}5 \times 5 = \mathbf{2{,}5\ g.}$

13 Aspirine

1. Pour calculer la masse molaire moléculaire, on fait la somme des masses molaires atomiques :
$M = 9 \times M_C + 8 \times M_H + 4 \times M_O = 9 \times 12{,}0 + 8 \times 1{,}0 + 4 \times 16{,}0 = 180{,}0\ g \cdot mol^{-1}$.

2. La quantité de matière n et la masse m sont reliées par $n = \dfrac{m}{M}$.

A.N. : $\boldsymbol{n} = \dfrac{0{,}500}{180{,}0} = \mathbf{2{,}78 \times 10^{-3}\ mol.}$

3. $N = n\mathcal{N}_A$, d'où $\boldsymbol{N} = 2{,}78 \times 10^{-3} \times 6{,}02 \times 10^{23} = \mathbf{1{,}67 \times 10^{21}}$.

14 Sulfate de cuivre pentahydraté

1. La masse molaire se calcule en faisant la somme des masses molaires atomiques :

$$\begin{aligned} \boldsymbol{M} &= M_{Cu} + M_S + 4 \times M_O + 10 \times M_H + 5 \times M_O \\ &= 63{,}5 + 32{,}1 + 4 \times 16{,}0 + 10 \times 1{,}0 + 5 \times 16{,}0 \\ &= \mathbf{249{,}6\ g \cdot mol^{-1}}. \end{aligned}$$

> **L'astuce du prof**
> Le chiffre 5 devant H_2O indique qu'une mole de sulfate de cuivre contient 5 moles d'eau.

2. La quantité de sulfate de cuivre se calcule par la relation $n = \dfrac{m}{M}$.

A.N. : $\boldsymbol{n} = \dfrac{1{,}0 \times 10^3}{249{,}6} = \mathbf{4{,}0\ mol.}$

3. La masse à prélever m' est donnée par $m' = n' \times M$.

A.N. : $\boldsymbol{m'} = 3{,}0 \times 249{,}6 = \mathbf{7{,}5 \times 10^2\ g.}$

15 Sérum physiologique

L'infirmière doit diluer cette solution 10 fois car la concentration de la solution fille est 10 fois plus petite que la concentration de la solution mère.

En effet, en utilisant la définition du facteur de dilution :

$$F = \frac{C_{m_{\text{mère}}}}{C_{m_{\text{fille}}}} = \frac{9{,}0}{0{,}90} = 10.$$

L'infirmière va prélever un volume V de solution mère qu'elle va introduire dans une fiole jaugée de volume $10V$.

On choisit parmi le matériel disponible, celui qui permet de fabriquer au moins 200 mL de solution. L'infirmière utilisera donc une fiole jaugée de 500 mL et une pipette jaugée de 50,0 mL.

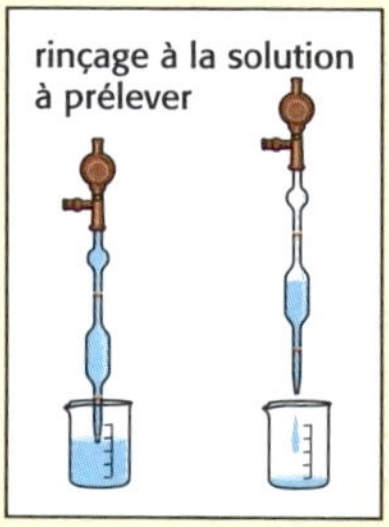

1. On place la solution commerciale dans un bécher de réserve.

On rince la pipette jaugée une fois avec la solution à prélever.

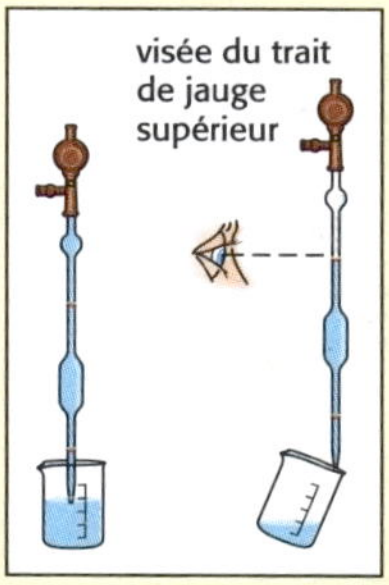

2. On prélève le volume V_0 de solution commerciale avec une pipette jaugée munie d'une poire aspirante (propipette).

La pipette jaugée est plus précise que la pipette graduée.

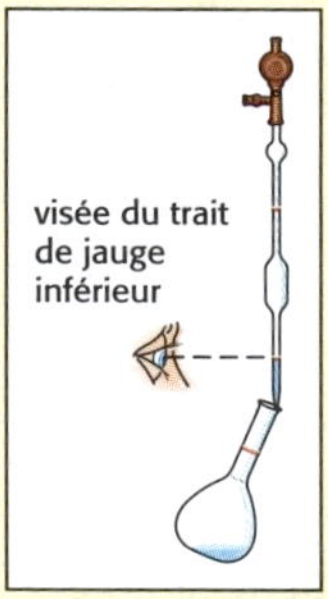

3. On introduit le volume V_0 dans une fiole jaugée de volume V_1.

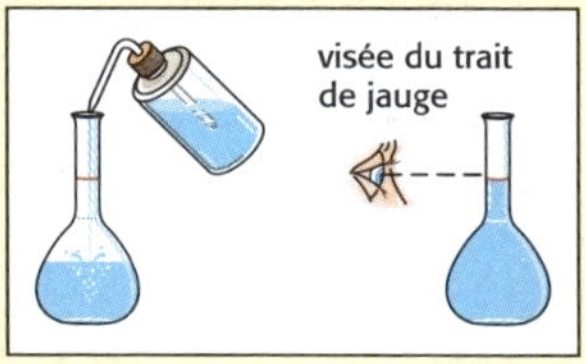

4. On complète la solution contenue dans la fiole jaugée avec de l'eau distillée jusqu'au trait de jauge.

5. On bouche et on agite.

On a donc obtenu une solution aqueuse de concentration molaire C_1 en soluté.

16 Boisson à la caféine

1. Par définition, la concentration de la solution est :

$$C = \frac{n}{M} = \frac{m}{MV}.$$

La masse molaire de la caféine est :

$$M_{C_8H_{10}N_4O_2} = 8 \times M_C + 10 \times M_H + 4 \times M_N + 2 \times M_O$$
$$= 8 \times 12{,}0 + 10 \times 1{,}0 + 4 \times 14{,}0 + 2 \times 16{,}0 = 194{,}0 \text{ g} \cdot \text{mol}^{-1}.$$

A.N. : $C = \frac{0{,}200}{194{,}0 \times 1{,}0} = \mathbf{1{,}0 \times 10^{-3}\ mol \cdot L^{-1}}$.

2. Protocole expérimental

a. On place une coupelle (capsule de pesée) sur une balance de précision et on fait la tare (mise à zéro).

b. On introduit la masse m de soluté dans une fiole jaugée en utilisant un entonnoir à solide.

c. On ajoute un peu d'eau distillée pour bien rincer la coupelle et entraîner tout le soluté.

d. On ajoute un peu d'eau distillée jusqu'à environ la moitié du volume total.

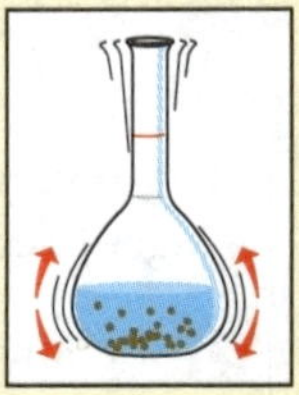

e. On bouche la fiole jaugée et on agite la solution jusqu'à la complète dissolution du soluté.

f. On complète la solution contenue dans la fiole jaugée avec de l'eau distillée jusqu'au trait de jauge. On bouche et on agite.

On a obtenu une solution aqueuse de concentration molaire C en soluté.

17 Préparation d'une solution de sulfate de cuivre

1. $M = M_{Cu} + M_S + 4 \times M_O + 10M_H + 5M_O$

$= 63{,}5 + 32{,}1 + 4 \times 16{,}0 + 10 \times 1{,}0 + 5 \times 16{,}0 = \mathbf{249{,}6\ g \cdot mol^{-1}}$.

2. $m_1 = n_1 M$ et $n_1 = c_1 V_1$.

D'où $m_1 = c_1 V_1 M$.

A.N. : $\boldsymbol{m_1} = 1{,}0 \times 0{,}100 \times 249{,}6 = \mathbf{25\ g}$.

3. Pour préparer cette solution, on pèse 25 g de sulfate de cuivre dans une coupelle.

À l'aide d'un entonnoir, on verse les cristaux de sulfate de cuivre dans une fiole jaugée de 100 mL, en prenant soin de rincer l'entonnoir et la coupelle avec de l'eau distillée et de recueillir l'eau de rinçage. On ajoute de l'eau distillée jusqu'aux $\frac{2}{3}$ environ, on agite pour dissoudre les cristaux de sulfate de cuivre. Puis on ajoute de l'eau distillée jusqu'au trait de jauge, on agite pour homogénéiser la solution.

Gagnez des points !
Il faut savoir décrire un mode opératoire et connaître la verrerie utilisée.

4. Pour la solution S (solution fille) : $C = 1{,}0 \times 10^{-2}\ mol \cdot L^{-1}$ et $V = 1{,}0$ L.

La quantité de sulfate de cuivre contenue dans cette solution est $n = cV$.

Il faut donc prélever cette quantité n dans la solution mère S_1, en prélevant un volume V_1' tel que $n = C_1 V_1'$. D'où $n = CV = C_1 V_1'$.

$$V_1' = \frac{cV}{c_1}.$$

A.N. : $\boldsymbol{V_1'} = \frac{1{,}0 \times 10^{-2} \times 1{,}0}{1{,}0} = 1{,}0 \times 10^{-2}\ L = \mathbf{10\ mL}$.

5. Pour préparer cette solution par dilution, on verse un peu de solution S_1 dans un bécher propre et sec.

On remplit une pipette jaugée de 10 mL de solution S_1, que l'on verse dans un récipient « poubelle ». Cela permet de rincer la pipette. On prélève 10 mL de solution S_1 avec la pipette et on verse la solution prélevée dans une fiole jaugée propre de volume 1,0 L. On ajoute de l'eau distillée jusqu'au trait de jauge et on homogénéise.

6. La solution fille S est moins colorée que la solution mère S_1, car elle est moins concentrée.

18 Boisson sucrée

1. Édulcorant : espèce chimique peu calorique qui a un pouvoir sucrant très élevé.

2. En utilisant la définition de la concentration massique, on en déduit l'expression de la masse m de sucre contenue dans un volume V, soit :

$m = C_m V$ car $C_m = \frac{m}{V}$.

A.N. : $m = 100 \times 0{,}250 =$ **25,0 g.**

3. L'aspartame ayant un pouvoir sucrant 200 fois supérieur à masse égale, il faut en utiliser une masse 200 fois plus petite, soit une masse $m' = \frac{m}{200} = \frac{25}{200} = 0{,}125$ g.

Gagnez des points !
Pensez à utiliser la définition de la concentration massique.

19 Masse molaire du chlore

1. Deux isotopes d'un même élément ont le même numéro atomique Z mais un nombre de nucléons différent.

Le numéro atomique caractérise l'élément.

2. Sur 100 moles d'atomes de chlore, il y a x moles d'atome $^{35}_{17}Cl$ et $(100 - x)$ moles de $^{37}_{17}Cl$. La masse de 100 moles d'atomes de chlore est donc égale à :

$$x \times 34{,}97 + (100 - x) \times 36{,}97 = 100 \times 35{,}5.$$

En développant l'expression :

$$x \times (34{,}97 - 36{,}97) + 100 \times 36{,}97 = 100 \times 35{,}5.$$

D'où $x \times (34{,}97 - 36{,}97) = 100 \times (35{,}5 - 36{,}97)$

$$x = \frac{100 \times (35{,}5 - 36{,}97)}{34{,}97 - 36{,}97}$$

$$x = 73{,}5.$$

Les proportions de chaque isotope sont donc :

73,5 % de l'isotope $^{35}_{17}\mathrm{Cl}$ et 26,5 % de l'isotope $^{37}_{17}\mathrm{Cl}$.

20 Briquet

1. À l'aide de la masse volumique du butane liquide et du volume, on peut exprimer la masse de butane :

$$m = \rho V.$$

On calcule la masse molaire du butane :

$$M = 4 \times M_C + 10 \times M_H = 4 \times 12{,}0 + 10 \times 1{,}0 = 58{,}0\ \mathrm{g \cdot mol^{-1}}.$$

En utilisant la relation entre la masse et la quantité de matière, on peut exprimer la quantité de butane dans le briquet :

$$n = \frac{m}{M},\ \text{d'où}\ \boxed{n = \frac{\rho V}{M}}.$$

A.N. : $\rho = 580\ \mathrm{kg \cdot m^{-3}} = \mathbf{0{,}580\ g \cdot cm^{-3}}$; $\boldsymbol{n} = \frac{0{,}580 \times 10{,}0}{58{,}0} = \mathbf{0{,}100\ mol.}$

2. La masse de butane est reliée à la quantité de matière par $\boxed{m = nM}$.

A.N. : $\boldsymbol{m} = 0{,}100 \times 58{,}0 = \mathbf{5{,}80\ g.}$

21 Désinfectant

1. La solution alcoolique est une solution aqueuse moléculaire. En effet, le solvant est l'eau et le soluté est moléculaire.

2. Dans un flacon de 100 g, il y a 70 g d'éthanol et 30 g d'eau.

3. Dans ce flacon, l'eau occupe un volume V_{eau} tel que :

$$V(\text{eau}) = \frac{m(\text{eau})}{\rho(\text{eau})}\ \text{soit}\ V(\text{eau}) = \frac{30}{1{,}0} = 30\ \mathrm{cm^3}.$$

En effet, d'après la définition de la masse volumique :

$$\boxed{\rho = \frac{m}{V}}.$$

Remarque

Dans cette solution, l'éthanol est en grande quantité par rapport à l'eau, mais on parle toujours de solution aqueuse.

4. Dans ce flacon, l'éthanol occupe un volume $V_{\text{éthanol}}$ tel que :

$$V_{(\text{éthanol})} = \frac{m(\text{éthanol})}{\rho(\text{éthanol})} \quad \text{soit } V_{(\text{éthanol})} = \frac{70}{0{,}79} = 89 \text{ cm}^3.$$

5. Le volume total de la solution est :

$V_{tot} = V_{eau} + V_{\text{éthanol}}$, soit $V_{tot} = 119 \text{ cm}^3$.

La concentration massique de la solution en éthanol est :

$$C_{m(\text{éthanol})} = \frac{70}{119} = 0{,}59 \text{ g} \cdot \text{mL}^{-1}, \text{ soit } 590 \text{ g} \cdot \text{L}^{-1}.$$

22 Préparation d'un mélange

1. Calcul de la masse molaire de l'acide éthanoïque :

$$M_{ac} = 2 \times M_C + 4 \times M_H + 2 \times M_O = 2 \times 12{,}0 + 4 \times 1{,}0 + 2 \times 16{,}0 = \mathbf{60{,}0 \text{ g} \cdot mol^{-1}}.$$

Calcul de la masse molaire du linalol :

$$M_l = 10 \times M_C + 18 \times M_H + 1 \times M_O = 10 \times 12{,}0 + 18 \times 1{,}0 + 1 \times 16{,}0 = \mathbf{154{,}0 \text{ g} \cdot mol^{-1}}.$$

2. On exprime la masse m_{ac} d'acide en fonction de la quantité de matière n_{ac} :

$m_{ac} = n_{ac} M_{ac}$ et $m_{ac} = \rho_{ac} V_{ac}$, d'où $\rho_{ac} V_{ac} = n_{ac} M_{ac}$.

Le volume d'acide à prélever :

$$V_{ac} = \frac{n_{ac} M_{ac}}{\rho_{ac}}.$$

Rappel

La densité d'un liquide d est donnée par : $d = \frac{\rho}{\rho_{eau}}$ avec $\rho_{eau} = 1{,}0 \text{ g} \cdot \text{mL}^{-1}$.

A.N. : $V_{ac} = \frac{0{,}50 \times 58{,}0}{1{,}18} = \mathbf{25 \text{ mL}}$.

On doit prélever 25 mL d'acide éthanoïque.

3. La quantité de linalol n_l à introduire est $n_l = 0{,}50$ mol.

On obtient de même l'expression littérale suivante :

$$V_l = \frac{n_l M_l}{\rho_l}.$$

A.N. : $V_l = \frac{0{,}50 \times 154{,}0}{0{,}87} = \mathbf{89 \text{ mL}}$.

23 Échelle de teintes

1. a. L'opération réalisée est une dilution : la quantité de matière contenue dans le prélèvement de solution mère est égale à la quantité de matière contenue dans la solution fille.

D'où $C_0V_0 = C_1V_1$

$$V_0 = \frac{C_1V_1}{C_0}.$$

A.N. : $\boldsymbol{V_0} = \frac{4{,}0 \times 10^{-4} \times 0{,}050}{1{,}0 \times 10^{-3}} = 0{,}020\ \text{L} = \mathbf{20\ mL.}$

$$F_0 = \frac{C_0}{C_1}.$$

A.N. : $\boldsymbol{F_0} = \frac{1{,}0 \times 10^{-3}}{4{,}0 \times 10^{-4}} = \mathbf{2{,}5.}$

Remarque

Le facteur de dilution est bien un nombre supérieur à 1 et sans unité.

b. Pour chacune des solutions S_i, on applique les relations établies dans la question précédente.

$$V_0 = \frac{C_iV_i}{C_0} \quad \text{et} \quad F_0 = \frac{C_0}{C_i}.$$

N° tube	Concentrations de solutions filles (mol · L⁻¹)	Volumes de solution filles	Volumes de solution mère	Facteur de dilution
S_1	$4{,}0 \times 10^{-4}$	50 mL	20 mL	2,5
S_2	$2{,}0 \times 10^{-4}$	50 mL	10 mL	5,0
S_3	$1{,}0 \times 10^{-4}$	100 mL	10 mL	10
S_4	$5{,}0 \times 10^{-5}$	100 mL	5,0 mL	20

2. La teinte de la solution de Dakin se situe entre celle de S_3 et S_4, sa concentration se situe donc entre C_3 et C_4, d'où :

$$5{,}0 \times 10^{-5}\ \text{mol} \cdot \text{L}^{-1} < C_d < 1{,}0 \times 10^{-4}\ \text{mol} \cdot \text{L}^{-1}.$$

CHAPITRE 9

Espèces chimiques naturelles ou de synthèse

1 Espèces chimiques naturelles ou synthétiques

1 L'analyse d'un médicament

- Sur la **notice** d'un médicament, on trouve plusieurs informations :

– le nom du médicament (souvent une marque déposée) ;
– le nom de la (ou des) molécule(s) active(s) (principe actif) ;
– le dosage (masse par comprimé, gélule, ampoule ou sachet, etc.) ;
– la voie d'administration (orale, intraveineuse, pulvérisation, etc.) ;
– les instructions (posologie, instructions spéciales, conservation, mises en garde…) ;
– la liste des excipients.

- Un médicament est présenté sous une forme adaptée. Chaque médicament a une **formulation** différente.

Par exemple, l'aspirine peut être administrée en sachets, en comprimés, en sirops.

- Un **excipient** est une substance ajoutée au principe actif, qui permet de présenter le médicament sous la meilleure forme. On peut citer l'eau (dans les sirops), le saccharose, l'amidon (dans les comprimés). Les excipients sont utilisés car ils sont chimiquement inertes et pharmacologiquement inactifs.

2 Espèces naturelles, espèces synthétiques

Un médicament est constitué de plusieurs espèces chimiques : des espèces chimiques naturelles et des espèces chimiques de synthèse.

- Une **espèce naturelle** est une espèce qui existe dans la nature et qui peut être extraite directement de produits naturels (exemple : l'acide salicylique, utilisé, à l'origine, pour calmer la douleur).

- Une **espèce de synthèse** (ou synthétique) est une espèce fabriquée par l'Homme par réaction chimique.

- Une **espèce artificielle** est une espèce synthétisée par l'Homme qui n'existe pas dans la nature.

• L'Homme peut synthétiser des espèces chimiques qui existent dans la nature, mais il peut aussi synthétiser des espèces qui n'existent pas dans la nature pour répondre à ses besoins.

EXERCICE RÉSOLU

Lire la notice d'un médicament

ÉNONCÉ

La notice d'un médicament est reproduite en partie ci-dessous.

> **Méthode**
> Identifiez dans la notice les substances dont la masse est donnée ; il s'agit des substances actives.

Composition
• ***Poudre :*** phosphate disodique de prednisolone (0,178 g) ;
excipient : mannitol.
• ***Solvant :*** chlorhydrate d'oxymétazoline (0,025 g) ;
excipient : chlorure de benzalkonium, acide chlorhydrique, eau purifiée.
Poudre et solvant pour solution pour pulvérisation nasale pour 100 mL reconstitué.

1. Quelle est (sont) la (les) substance(s) active(s) de ce médicament ?

2. Quels sont les excipients ?

3. Quelle est sa formulation ?

CORRIGÉ

1. Les substances actives sont le phosphate disodique de prednisolone et le chlorhydrate d'oxymétazoline.

2. Les excipients sont le mannitol, le chlorure de benzalkonium, l'acide chlorhydrique et l'eau purifiée.

3. Le médicament est une solution pour pulvérisation nasale.

2 Caractéristiques physiques

Une espèce chimique peut être définie par ses caractéristiques physiques (aspect, températures de changement d'état, solubilité dans un solvant, densité ou masse volumique).

1 Les températures de changement d'état

• La **température de fusion** d'une espèce chimique est la température à laquelle elle passe de l'état solide à l'état liquide (ou réciproquement).
On la note θ_f et s'exprime en degré Celsius.

• La **température d'ébullition** d'une espèce chimique est la température à laquelle elle passe de l'état liquide à l'état gazeux (ou réciproquement).
On la note $\theta_{éb}$ et s'exprime en degré Celsius.

2 La masse volumique ρ et la densité *d*

● La masse volumique d'un corps est égale au quotient de la masse m d'un échantillon par le volume V qu'il occupe.

$$\rho = \frac{m}{V} \qquad \text{avec } m \text{ en g, } V \text{ en cm}^3\text{, } \rho \text{ en g}\cdot\text{cm}^{-3}.$$

● La densité d'un corps par rapport à un corps de référence est égale au quotient de la masse m d'un volume V de ce corps par la masse m_0 d'un corps de référence de même volume V.

$$d = \frac{m}{m_0}.$$

Pour les solides ou les liquides, le corps de référence est l'eau. La densité n'a pas d'unité.

En pratique, on utilise la relation $d = \frac{\rho}{\rho_0}$ où ρ est la masse volumique de l'espèce chimique et ρ_0 est la masse volumique de l'eau $\rho_0 = 1{,}00 \text{ g}\cdot\text{cm}^{-3}$.

3 La solubilité *s*

La solubilité *s* d'une espèce dans un solvant donné est la masse maximale de cette espèce que l'on peut dissoudre pour obtenir 1,0 L de solution. Elle s'exprime en $g \cdot L^{-1}$.
La solubilité d'une espèce dépend de la nature du solvant et de la température.
La solubilité augmente quand la température augmente.

4 Miscibilité de deux liquides

Deux liquides sont dits **miscibles** lorsqu'ils se mélangent l'un dans l'autre. On obtient alors une solution homogène et on observe une seule phase.
Lorsque deux liquides ne sont pas miscibles, ils ne se mélangent pas. On obtient une solution hétérogène, et on observe deux phases. Le liquide le plus dense se place sous le liquide le moins dense.

EXERCICE RÉSOLU

Mesurer la densité de l'éthanol

ÉNONCÉ

On souhaite mesurer la densité de l'éthanol. Pour cela, on dispose d'une éprouvette graduée et d'une balance. Après avoir pesé l'éprouvette vide (m_1 = 51,7 g), on verse très précisément V = 25 mL d'éthanol dans l'éprouvette et on pèse l'ensemble : m_2 = 71,5 g.

1. Calculer la masse volumique de l'éthanol.

2. En déduire sa densité par rapport à l'eau.

CORRIGÉ

1. La masse d'éthanol est $m = m_2 - m_1$. Le volume d'éthanol est V = 25 mL.

D'où la masse volumique $\rho = \dfrac{m_2 - m_1}{V}$.

A.N. : $\rho = \dfrac{71{,}5 - 51{,}7}{25}$ = **0,79 g·cm⁻³**.

2. $d = \dfrac{\rho}{\rho_{eau}}$.   A.N. : $d = \dfrac{0{,}79}{1{,}00}$ = **0,79.**

Méthode
Écrivez une expression littérale.

Rappel
$1{,}00\ g \cdot cm^{-3} = 1{,}00\ g \cdot mL^{-1}$, car $1\ mL = 1\ cm^3$.

3 Techniques expérimentales

1 Différentes techniques d'extraction

Depuis l'Antiquité, les Hommes utilisent des colorants, des parfums qui sont extraits de produits naturels d'origine animale ou végétale. Les techniques utilisées sont variées : la décoction, l'infusion, la macération, l'enfleurage…

Par exemple : la décoction est une technique d'extraction qui consiste à placer des feuilles, des tiges, des écorces dans de l'eau froide et à porter l'ensemble à ébullition.

L'infusion est une technique d'extraction qui consiste à verser de l'eau bouillante sur des fleurs, ou des feuilles.

Le pressage est une technique qui consiste à extraire un jus en pressant un fruit.

2 L'extraction par un solvant

L'extraction par un solvant permet d'isoler une espèce très peu soluble dans l'eau. Pour cela, on choisit un solvant non miscible avec l'eau dans lequel la substance est plus soluble que dans l'eau.

- On ajoute un solvant organique à la substance (végétal broyé) et on agite.
- On filtre le mélange pour séparer le liquide du solide. On recueille le filtrat qui contient l'espèce à extraire solubilisée dans le solvant.
- On lave le filtrat avec de l'eau distillée afin d'éliminer les espèces solubles dans l'eau.
- Après repos dans l'ampoule à décanter, il se forme deux phases : la **phase organique** avec l'espèce à extraire et la **phase aqueuse** qu'il faut éliminer. Pour savoir où se trouve la phase organique, il faut connaître la densité du solvant utilisé : s'il est plus dense que l'eau, la phase organique est au-dessous ; sinon elle est au-dessus.
- Dans la phase organique, on ajoute une spatule d'un desséchant (contenant l'espèce chimique sulfate de magnésium anhydre). On élimine les dernières traces d'eau.

3 Techniques d'identification

- Après la synthèse ou l'extraction d'une espèce chimique, il faut vérifier que l'espèce chimique obtenue est bien celle qui était attendue. Il faut alors procéder à des tests d'identification.

● On peut vérifier la pureté de l'espèce chimique synthétisée en utilisant ses caractéristiques physiques (température de fusion, température d'ébullition, solubilité…). En effet, si l'espèce chimique est pure, les températures de fusion et d'ébullition sont égales à celles données dans les tables. Si l'espèce n'est pas pure, les valeurs sont différentes, mais proches des valeurs théoriques.

EXERCICE RÉSOLU

Extraire de l'huile essentielle d'eucalyptus

ÉNONCÉ

L'huile essentielle d'eucalyptus, utilisée pour ses vertus antiseptiques, antimicrobiennes et antifongiques, contient principalement de l'eucalyptol.

Données :

	Eau	Éthanol	Dichloro méthane	Eucalyptol
Eau	$d = 1{,}0$	Miscibles	Non miscibles	insoluble
Éthanol		$d = 0{,}80$	Miscibles	Soluble
Dichlorométhane			$d = 1{,}32$	Soluble
Eucalyptol				$d = 0{,}902$

On souhaite extraire l'eucalyptol d'un mélange contenant de l'eau et de l'eucalyptol. On réalise ensuite une extraction par solvant.

1. Quel solvant choisit-on pour réaliser l'extraction de l'eucalyptol ? Justifier.

2. On place le mélange solvant et filtrat dans une ampoule à décanter. Représenter l'ampoule à décanter.

CORRIGÉ

1. Le solvant choisi est le dichlorométhane car il n'est pas miscible avec l'eau et parce que l'eucalyptol y est plus soluble que dans l'eau.

2. Après agitation, le mélange est constitué de deux phases : la phase aqueuse (contenant l'eau et d'autres espèces chimiques) et la phase organique (contenant le dichlorométhane et l'eucalyptol). La phase organique est plus dense que la phase aqueuse, elle se trouve au-dessous.

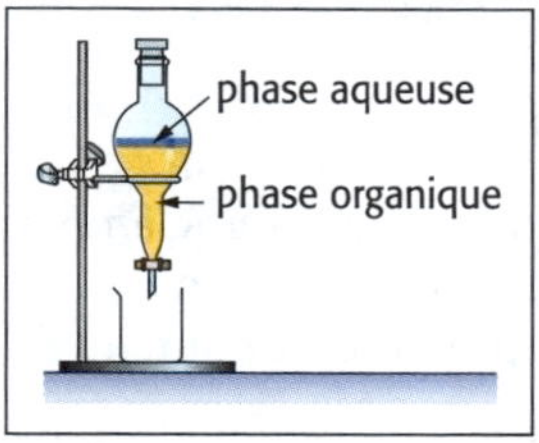

Savoir calculer la masse volumique et la densité d'un solide ou d'un liquide

ÉNONCÉ

La masse d'un échantillon d'éthanol de volume $v = 10$ mL est $m = 7{,}9$ g.
Quelle est sa masse volumique ?

MÉTHODE

Il faut appliquer la relation $\rho = \frac{m}{V}$ en utilisant les bonnes unités.

CORRIGÉ

La masse volumique de l'éthanol est
$\rho = \frac{7{,}9}{10} = 0{,}79 \text{ g}\cdot\text{cm}^{-3}$.

On peut en déduire sa densité $d = \frac{\rho}{\rho_{eau}}$.

$\rho_{eau} = 1{,}0 \text{ g}\cdot\text{cm}^{-3}$ et $\rho = 0{,}79 \text{ g}\cdot\text{cm}^{-3}$, soit $d = 0{,}79$.
La densité est exprimée par le même nombre que la masse volumique en $\text{g}\cdot\text{cm}^{-3}$ ou en $\text{kg}\cdot\text{dm}^{-3}$.

> **Réflexe à avoir**
> Pensez à convertir la masse en gramme et le volume en centimètre cube pour obtenir un résultat en gramme par centimètre cube.

Savoir représenter le contenu d'une ampoule à décanter

ÉNONCÉ

On verse dans une ampoule à décanter de l'eau et du cyclohexane. On ajoute de l'éthanol et on agite.
Représenter le contenu de l'ampoule à décanter.

Données : *l'éthanol est miscible avec l'eau, mais non miscible avec le cyclohexane. L'eau et le cyclohexane ne sont pas miscibles.*
Densités : $d_{eau} = 1$; $d_{éthanol} = 0{,}79$; $d_{cyclohexane} = 0{,}78$.

MÉTHODE

Il faut d'abord connaître le nombre de phases en observant si les liquides sont miscibles et déterminer leurs compositions en regardant les miscibilités des espèces entre elles. Il faut enfin placer les phases par ordre de densité, la plus dense se trouvant en dessous.

CORRIGÉ

L'éthanol et l'eau sont miscibles ; ils forment une phase (la phase aqueuse) dont la densité est proche de 1 (celle de l'eau).
Le cyclohexane constitue la phase organique, dont la densité est de 0,78. Dans l'ampoule, il se forme deux phases. La plus dense est la phase aqueuse, qui se trouve au-dessous.

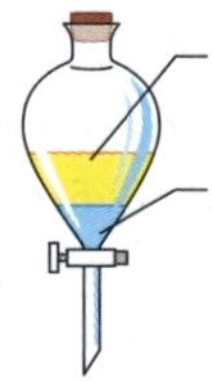

Savoir identifier une espèce chimique par ses caractéristiques physiques

ÉNONCÉ

On a synthétisé de l'acide benzoïque et on souhaite vérifier qu'il est pur.
Quelle caractéristique physique doit-on mesurer ?
Données : *température de fusion* $T_f = 122$ *°C ;*
température d'ébullition $T_{eb} = 250$ *°C.*

MÉTHODE

Il faut d'abord trouver dans quel état est l'espèce chimique pour savoir quelle caractéristique physique mesurer.

CORRIGÉ

À température ambiante, $T_{amb} = 20$ °C environ, $T_{amb} < T_f$: l'acide benzoïque est solide.
On mesure la température donc la température de fusion, avec un banc Kofler.

Vérifiez vos connaissances

1 Techniques d'extraction

Cocher les réponses exactes.

On souhaite extraire l'eugénol du clou de girofle qui est l'espèce responsable de son odeur caractéristique.

1. L'hydrodistillation est une technique qui utilise la vapeur d'eau pour extraire une espèce chimique. ☐

2. L'hydrodistillation est aussi appelée entraînement à la vapeur. ☐

3. L'hydrodistillat ne contient qu'une phase, l'eugénol. ☐

4. Le montage de l'hydrodistillation est identique à celui du montage de chauffage à reflux. On place dans le ballon de l'eau et des clous de girofle. ☐

5. Pour une extraction par un solvant, on choisit un solvant miscible à l'eau et dans lequel l'eugénol est très peu soluble. ☐

6. Le solvant utilisé pour l'extraction par solvant doit être moins dense que l'eau pour recueillir la phase organique. ☐

7. Pour sécher le produit obtenu par extraction, on ajoute une spatule de sulfate de cuivre anhydre. ☐

2 ★ État physique

On donne les températures de changement d'état de quelques espèces chimiques :

Espèce chimique	Température de fusion (°C)	Température d'ébullition (°C)
Acide acétique	16,0	118,0
Méthane	– 182,5	– 161,7
Acide benzoïque	122,4	250,0
Éthanol	– 114,0	78,0

Indiquer dans quel état se trouvent ces espèces chimiques à la température ambiante (20° C).

3 Caractéristiques physiques d'espèces chimiques

Cocher les bonnes réponses.

1. La température d'ébullition de l'eau :

a. ☐ est la température à laquelle elle passe de l'état liquide à l'état gazeux ;

b. ☐ est différente de sa température de liquéfaction ;

c. ☐ ne dépend pas de la pression.

2. Lors du passage de l'éthanol pur de l'état solide à l'état liquide :

a. ☐ la température varie ;

b. ☐ une réaction chimique se produit ;

c. ☐ la température reste égale à sa température de solidification.

3. La masse volumique du fer solide :

a. ☐ est donnée par la relation $\rho = \frac{m}{V}$, où m est la masse d'un échantillon de fer pur et V son volume ;

b. ☐ est égale à la densité $d = 7{,}8$;

c. ☐ s'exprime en $kg \cdot L^{-1}$ dans les unités du Système International.

Exercices d'entraînement

4 ★ Solution inconnue

Une infirmière trouve dans son placard un flacon sans étiquette, contenant un liquide incolore.

1. Elle pèse un volume $V = 50$ mL de ce liquide et trouve une masse $m = 39$ g. Aidez-la à identifier ce liquide.

2. Le résultat lui permet-il d'identifier avec certitude le liquide ?

3. L'infirmière décide de verser ce liquide dans un verre d'eau. Elle constate alors que le mélange des deux liquides est homogène. Pouvez-vous maintenant identifier le liquide avec certitude ?

Données :

Nom	Eau	Éthanol	Eau oxygénée	Cyclohexane
Formule	H_2O	C_2H_6O	H_2O_2	C_6H_{12}
Densité	1,00	0,79	1,45	0,78
Miscibilité dans l'eau	Oui	En toutes proportions	Oui	Non

5 ★ Espèce naturelle ou de synthèse ?

Sur l'étiquette d'une boisson au cola, on peut lire les indications suivantes :

Ingrédients : eau gazéifiée ; sucre ; colorant : caramel ; acidifiant : acide phosphorique ; extraits végétaux ; caféine.

1. Citer des espèces naturelles contenues dans cette boisson.

2. Citer une espèce de synthèse contenue dans cette boisson.

3. Cette boisson est-elle acide ? Justifier en utilisant les indications de l'étiquette.

6 ★ Séparation de liquides par différence de densité

Dans une ampoule à décanter, on introduit trois liquides incolores, non miscibles entre eux : du dichlorométhane de densité 1,33, du cyclohexane de densité 0,78 et de l'eau de densité 1,00.

1. Donner les masses volumiques de chacun de ces liquides en $kg \cdot dm^{-3}$.

2. Représenter l'ampoule à décanter en justifiant les positions des phases.

3. Comment peut-on séparer les trois liquides ?

7 ★ Collyre

La notice d'un collyre indique :

> « Substance active : di-isétionate d'hexamidine … 0,6 mg pour 0,6 mL.
> Les autres composants sont le chlorure de sodium, l'acide borique, le borax et l'eau purifiée. »

1. Quelle est la formulation de ce médicament ?

2. Quel est le principe actif ? Quels sont les excipients ?

3. Citer les espèces chimiques naturelles et les espèces chimiques synthétiques.

4. Calculer la concentration massique en di-isétionate d'hexamidine dans le collyre.

8 ★★ Hydrodistillation de la lavande

L'essence de lavande est un liquide jaune pâle obtenu par hydrodistillation des fleurs de lavande. Elle contient principalement de l'acétate de linalyle dont la densité est de 0,89.

L'acétate de linalyle est très peu soluble dans l'eau.

1. Faire un schéma annoté du montage d'hydrodistillation.

2. Quelles sont les espèces chimiques contenues dans l'hydrodistillat ?

3. Représenter l'ampoule à décanter dans laquelle on a versé l'hydrodistillat. Justifier la présence de deux phases et leur position.

4. Comment peut-on recueillir l'acétate de linalyle ?

9 ★★ Principe de l'extraction par un solvant

Dans deux tubes à essai, on place un petit cristal de diiode de couleur violette. Dans le tube n° 1, on verse 1 mL d'eau. Dans le tube n° 2, on verse 1 mL de diclorométhane, solvant organique de formule CH_2Cl_2. On agite simultanément les deux tubes.

Dans le tube n° 1, on observe qu'il reste du diiode solide, dans le tube n° 2, il n'y a plus de diiode solide et la solution est devenue rouge foncée.

1. Interpréter les observations.

2. Le diiode est-il plus soluble dans l'un des solvants ? Si oui, lequel ?

3. Comment peut-on extraire le diiode de la solution aqueuse de diiode préparée dans le tube n° 1 ? Représenter alors le tube à essai. Justifier.

Données : *Le dichlorométhane et l'eau ne sont pas miscibles. La densité du dichlorométhane est $d = 1{,}33$.*

10 ★★ Mesure de masse volumique

On dispose d'une bille en acier et on veut savoir si elle est creuse ou pleine. Pour cela, on mesure sa masse volumique.

On verse $V_1 = 25{,}0$ mL d'eau dans une éprouvette graduée et on la pèse. On trouve $m_1 = 56{,}1$ g.

On place la bille dans l'éprouvette et on lit alors le volume $V_2 = 27{,}2$ mL et la masse $m_2 = 73{,}4$ g.

1. Exprimer, puis calculer la masse volumique de cette bille.

2. Sachant que la masse volumique de l'acier est $\rho_{acier} = 7\,850\ kg \cdot m^{-3}$, la bille est-elle pleine ou creuse ?

3. Calculer la densité de l'acier sachant que la masse volumique de l'eau est $\rho_{eau} = 1{,}00\ g \cdot cm^{-3}$.

4. Peut-on appliquer cette méthode pour mesurer la masse volumique du bois ? Justifier.

11 ★★ Spiruline

La spiruline est une algue vendue en comprimés ou en poudre au rayon « compléments alimentaires ». Elle est riche en protéines végétales, vitamines, minéraux, chlorophylle, enzymes et antioxydants.

Elle peut être prise en cure de trois à six comprimés par jour pendant un mois.

Analyse d'un comprimé de 0,30 g en mg/100 g (extrait) :
Protéines (isoleucine (3,3 g), leucine (4,9 g), lysine (2,6 g)…) (total 60 g).
Vitamines (provitamine A (280), B1 (2,5), B2 (3,6), B3 (15)…).
Minéraux (calcium (400), fer (50), potassium (1 780), magnésium (480)…).
Chlorophylle ($C_{55}H_{72}O_5N_4Mg$) : 790.

1. Ce complément alimentaire peut-il être considéré comme un médicament ? Justifier.

2. Calculer la masse de protéines contenue dans un comprimé.

3. Calculer la masse totale de vitamines par comprimé.

4. Sachant que les AJR (apports journaliers recommandés) en provitamine A sont de 4,80 mg, un comprimé couvre-t-il les AJR ?

5. Sous quelles formes les minéraux se trouvent-ils ?

12 ★★ Chlorure de magnésium

Les carences en magnésium sont sources de stress et de fatigue. Le chlorure de magnésium est un remède simple et économique que l'on peut utiliser pour pallier ces carences.

Il se présente sous la forme d'une poudre conditionnée en sachet de 20 grammes qu'il est conseillé de dissoudre dans un litre d'eau et de boire tout au long de la journée.

1. Sachant que le chlorure de magnésium est un solide constitué d'ions magnésium Mg^{2+} et d'ions chlorure Cl^-, donner sa formule.

2. Calculer la concentration massique de la solution buvable.

La concentration massique en chlorure de magnésium est égale à la concentration massique en magnésium dans la solution.

3. Sachant qu'il est recommandé d'absorber 300 mg de magnésium par jour, quel volume de la boisson faut-il boire pour couvrir les apports journaliers recommandés ?

13 ★★ Eau salée

On fait chauffer de l'eau pure et de l'eau salée et on relève la température au cours du temps.

Identifier les deux courbes.

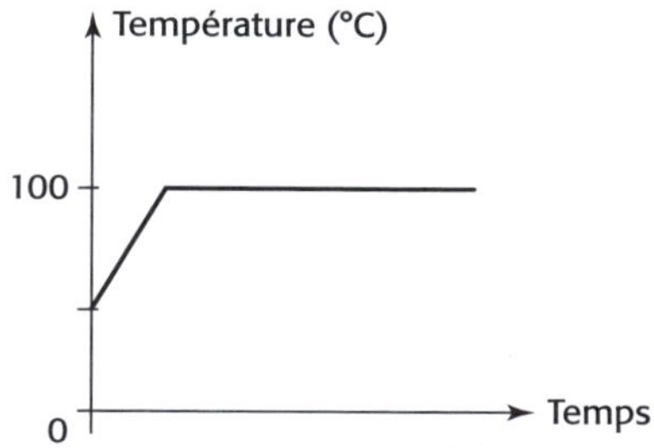

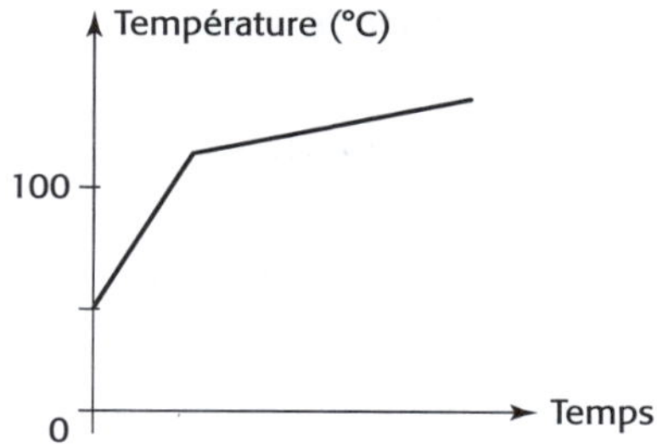

14 ★★★ Complément en fer

Extrait d'une notice d'un médicament traitant l'anémie.

> **Composition** (pour une gélule) :
> Sulfate ferreux desséché .... 136,1 mg
> Quantité correspondante en fer .... 50,0 mg
> Acide ascorbique (vitamine C) .... 30 mg
> *Excipients :* carbonate de magnésium léger, talc, silice colloïdale anhydre, amidon de maïs, dioxyde de titane.
> *Forme pharmaceutique :* gélule, boîte de 30.
> Classe : antianémique par voie orale.

1. Définir l'anémie.

2. Quel est le principe actif de ce médicament ? Pourquoi trouve-t-on aussi de l'acide ascorbique ?

3. Quels sont les excipients ? Quel est leur rôle ?

4. Sous quelle forme est conditionné ce médicament ?

5. Le sulfate ferreux a pour formule $FeSO_4$. Déterminer sa masse molaire.

6. Déterminer la quantité de sulfate ferreux (en mol) contenue dans une gélule.

7. Sachant que la quantité de fer est égale à la quantité de sulfate ferreux, vérifier que la masse de fer contenue dans une gélule est de 50,0 mg.

15 ★★★ Solubilité de l'acide benzoïque

L'acide benzoïque est un solide blanc dont les caractéristiques sont les suivantes.

Température de fusion	122 °C
Solubilité dans l'eau	1,5 g·L^{-1} à 10 °C 2,4 g·L^{-1} à 20 °C 68 g·L^{-1} à 95 °C
Solubilité dans l'éthanol	43 g·L^{-1} à 20 °C

1. Quel est l'état physique de l'acide benzoïque à 20 °C ? Justifier.

2. Comment peut-on mesurer la température de fusion de l'acide benzoïque ?

3. On introduit 3,0 g d'acide benzoïque dans 500 mL d'eau, à 20 °C. Qu'observe-t-on ? Comment qualifie-t-on cette solution ?

4. Calculer la masse d'acide benzoïque qui ne s'est pas dissous.

5. Comment peut-on dissoudre la totalité de l'acide benzoïque ?

16 ★★★ Paracétamol

Le paracétamol est un antalgique, antipyrétique. Sa formule chimique est $C_8H_9NO_2$.

Il peut se présenter sous différentes formes :
– voie orale : comprimé (effervescent ou non), sachet, suspension buvable ;
– voie rectale : suppositoire.

Posologie : Pour l'enfant de plus de 15 ans et chez l'adulte : prendre 500 mg à 1 gramme toutes les 6 heures.
Dose maximale : 4 grammes par jour.

Cas particulier : Enfant et nourrisson : la posologie sera de 60 mg par kilo et par jour en 4 prises dans la journée (toutes les 6 heures).
La notice d'une boîte de comprimés est reproduite ci-dessous :

> **Composition :** paracétamol (500 mg), croscarmellose sodique, povidone, amidon de maïs, acide stéarique.

1. Sous quelles formes peut-on trouver ce médicament ?

2. Quel est le principe actif ? Quels sont les excipients utilisés dans les comprimés ?

3. Chercher les définitions des mots antalgique et antipyrétique.

4. Calculer la quantité de paracétamol (en mol) qu'un adulte peut absorber par jour au maximum.

5. Calculer la masse de paracétamol qu'un nourrisson de 8 kilogrammes peut prendre par jour. À quel nombre de cachets de 500 mg cela correspond-il ? Que pensez-vous de cette formulation ?

6. Pour un nourrisson, on utilise une suspension buvable que l'on dose en utilisant une seringue graduée qui distribue un millilitre de sirop par kilogramme. Calculer la concentration massique en paracétamol de la suspension buvable.

17 ★★★ Choix du solvant d'extraction

L'odeur d'amande amère est due à une espèce chimique : le benzaldéhyde. On souhaite extraire le benzaldéhyde du sirop d'orgeat en utilisant la technique d'extraction par un solvant.

1. Choix du solvant.

	d (densité)	$\theta_{éb}$ (°C)	Solubilité dans l'eau
Benzaldéhyde	1,04	179	$< 0,1\ g \cdot L^{-1}$ (à 20 °C)
Éther diéthylique	0,71	35	$7\ g \cdot L^{-1}$ (à 20 °C)
Éthanol	0,79	78	$> 100\ g \cdot L^{-1}$ (à 20 °C)

Le benzaldéhyde est très soluble dans l'éther diéthylique et dans l'éthanol.

À l'aide des données précédentes, quel solvant doit-on utiliser pour extraire le benzaldéhyde ?

2. On réalise l'extraction avec le solvant choisi. Pour cela, on verse 10 mL de sirop d'orgeat et 10 mL du solvant dans une ampoule à décanter. On agite en prenant soin de dégazer régulièrement.

On laisse reposer le mélange.

a. Pourquoi doit-on dégazer régulièrement ?

b. Avec le solvant utilisé, où se trouve le benzaldéhyde, dans la phase aqueuse ou dans la phase organique ?

c. Où se trouve la phase organique ?

d. Représenter l'ampoule à décanter.

e. Comment recueille-t-on la phase contenant le benzaldéhyde ?

f. L'extraction pourrait être réalisée avec un autre solvant le dichlorométhane de densité 1,33. En effet, le benzaldéhyde est très soluble dans le dichlorométhane, et d'autre part, le dichlorométhane et l'eau ne sont pas miscibles.

Le protocole d'extraction serait-il changé ?

18 ★★★ Encombrement des bronches

La notice d'un médicament utilisé dans les états d'encombrement des bronches indique :

> **Composition :** acétylcystéine (200 mg par sachet) ; glycine, citrate de sodium, pulvessence de mandarine…
>
> Forme pharmaceutique : poudre pour solution buvable en sachet. Boîte de 18 sachets.

La formule semi-développée de l'acétylcystéine est :

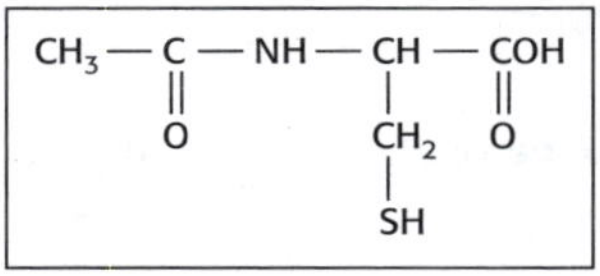

1. Quelles sont la formule brute et la masse molaire de la molécule d'acétylcystéine ?

2. Quelle est la formulation de ce médicament ?

3. Quel est le principe actif ? Quels sont les excipients ?

4. Calculer la quantité de d'acétylcystéine (en mol) contenue dans un sachet.

5. Calculer la concentration molaire en acétylcystéine de la solution buvable fabriquée en dissolvant la poudre dans un verre d'eau de 200 mL.

Vérifiez vos connaissances

1 Techniques d'extraction

1. Vrai. Les espèces à extraire sont entraînées par la vapeur d'eau.

2. Vrai.

3. Faux. L'hydrodistillat contient deux phases : la phase aqueuse constituée essentiellement d'eau et l'huile essentielle. L'huile essentielle et l'eau ne sont pas miscibles.

4. Faux. Les deux montages sont différents.

5. Faux. L'eugénol doit être très soluble dans le solvant utilisé pour l'extraire, ainsi il ira se dissoudre dans le solvant.

6. Faux. Le solvant utilisé peut être plus dense que l'eau.

7. Faux. Le desséchant utilisé est du sulfate de **magnésium** anhydre.

2 État physique

Les corps purs existent sous trois formes : solide, liquide, gaz. Les corps purs sont caractérisés par leur température de fusion et leur température d'ébullition.

En fonction de la température, on trouve les espèces chimiques sous ces trois formes.

Le schéma ci-contre indique l'état en fonction de la température.

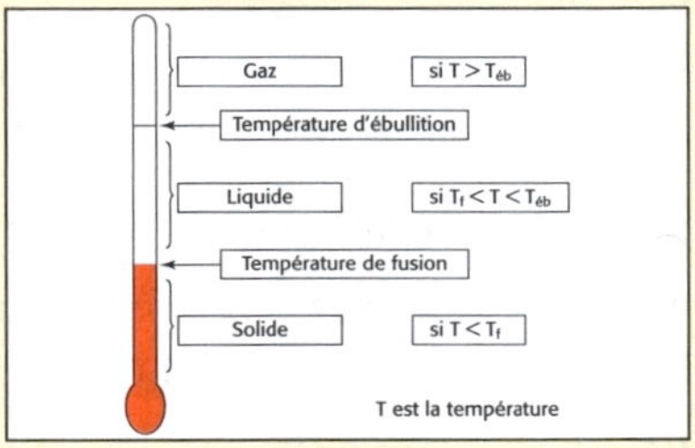

L'acide acétique se trouve à l'état liquide, le méthane se trouve à l'état gazeux, l'acide benzoïque se trouve à l'état solide et l'éthanol se trouve à l'état liquide.

3 Caractéristiques physiques d'espèces chimiques

1. a. La température d'ébullition de l'eau est la température à laquelle elle passe de l'état liquide à l'état gazeux.

2. c. Lors du passage de l'éthanol pur de l'état solide à l'état liquide, la température reste égale à sa température de solidification.

3. a. La masse volumique du fer solide est donnée par la relation $\rho = \frac{m}{V}$ où m est la masse d'un échantillon de fer pur et V son volume.

Remarque

Un changement d'état n'est pas une transformation chimique mais une transformation physique.

Exercices d'entraînement

4 Solution inconnue

1. La masse volumique d'un liquide est :

$$\rho = \frac{m}{V}$$

L'échantillon a donc une masse volumique : $\rho = \frac{39}{50,0} = 0,78\ \text{g}\cdot\text{cm}^{-3}$

Il s'agit soit de l'éthanol, soit du cyclohexane.

2. Les deux liquides ayant une masse volumique très proche, on ne peut pas les distinguer.

3. Lorsque l'infirmière verse le liquide dans l'eau, elle obtient un mélange homogène : les deux liquides sont miscibles. On en déduit donc que le liquide est l'éthanol, qui est miscible avec l'eau, contrairement au cyclohexane, qui n'est pas miscible avec l'eau.

5 Espèce naturelle ou de synthèse ?

1. Les espèces naturelles contenues dans cette boisson sont le **sucre**, l'**eau** et la **caféine**.

2. L'espèce de synthèse est l'**acide phosphorique**.

3. Cette boisson est **acide** car elle contient un acide : l'acide phosphorique.

6 Séparation de liquides par différence de densité

1. La relation entre la masse volumique ρ d'un corps et sa densité d est $d = \frac{\rho}{\rho_{eau}}$, d'où $\rho = d\rho_{eau}$ avec $\rho_{eau} = 1,00\ \text{kg}\cdot\text{dm}^{-3}$.

Pour le dichlorométhane $\rho_1 = d_1\rho_{eau}$.

A.N. : $\rho_1 = 1,33 \times 1,00 =$ $\mathbf{1,33\ kg\cdot dm^{-3}}$.

Pour le cyclohexane $\rho_2 = d_2\rho_{eau}$.

A.N. : $\rho_2 = 0,78 \times 1,00 =$ $\mathbf{0,78\ kg\cdot dm^{-3}}$.

> **L'astuce du prof**
> Dans le cas des liquides et des solides, le corps de référence est l'eau ; dans le cas des gaz, le corps de référence est l'air.

2. Les liquides ne sont pas miscibles, il se forme donc trois phases distinctes dans l'ampoule à décanter. Le dichorométhane est le liquide le plus dense, il est en bas dans l'ampoule à décanter.

Le cyclohexane est le moins dense, il se trouve en haut dans l'ampoule à décanter.

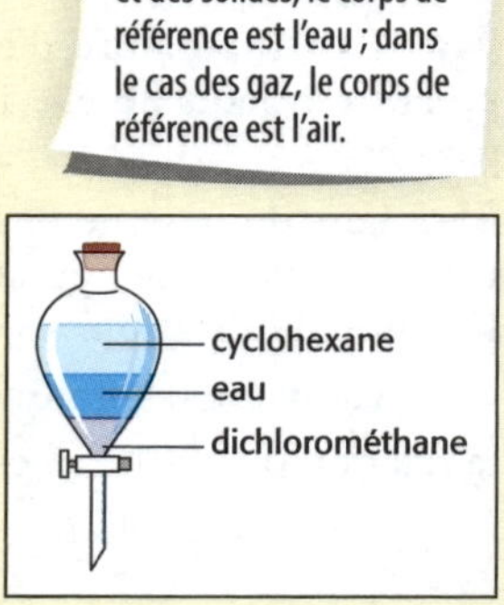

3. On peut séparer les trois liquides en prenant trois récipients propres et secs, par exemple trois béchers. En ouvrant le robinet de l'ampoule à décanter, on recueille d'abord le dichlorométhane, on change alors de récipient puis on recueille l'eau.

Enfin, dans un dernier récipient, on recueille le cyclohexane.

7 Collyre

1. Ce médicament est formulé en solution aqueuse.

2. Le principe actif est le di-isétionate d'hexamidine. Les excipients sont le chlorure de sodium, l'acide borique, le borax et l'eau purifiée.

> **Remarque**
> Le borax est un minerai. On le trouve donc dans la nature.

3. Les espèces chimiques naturelles sont le chlorure de sodium (sel), le borax et l'eau.

Les espèces chimiques synthétiques sont le di-isétionate d'hexamidine et l'acide borique.

4. La concentration massique en di-isétionate d'hexamidine dans le collyre est :

$C_m = \frac{m}{V}$, soit $C_m = \frac{0,6}{0,6} = 1,0 \text{ mg} \cdot \text{mL}^{-1}$, soit $1,0 \text{ g} \cdot \text{L}^{-1}$.

8 Hydrodistillation de la lavande

1.

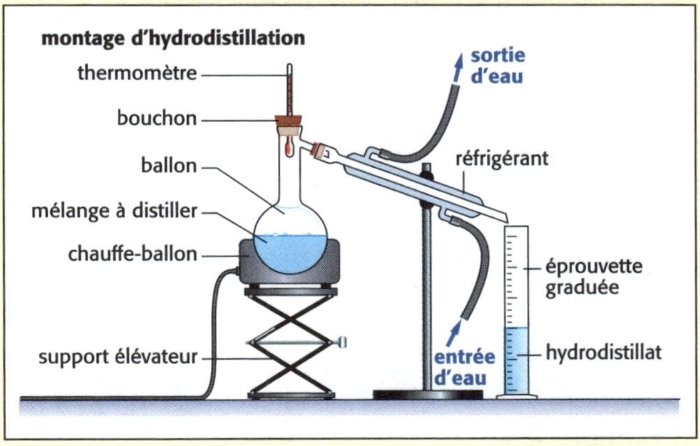

2. Le distillat contient essentiellement de l'eau et de l'acétate de linalyle qui a été entraîné par la vapeur d'eau.

3. L'ampoule à décanter contient deux phases car l'acétate de linalyle est très peu soluble dans l'eau. La phase aqueuse contient principalement de l'eau de densité 1,00 : elle est au-dessous car elle est plus dense que l'acétate de linalyle.

4. Pour recueillir l'acétate de linalyle, on élimine la phase aqueuse dans un premier récipient, puis on fait couler l'acétate de linalyle dans un second récipient propre et sec.

Gagnez des points !
Pensez à enlever le bouchon de l'ampoule à décanter pour permettre l'entrée d'air, sinon les liquides ne coulent pas.

9 Principe de l'extraction par un solvant

1. Après agitation des deux tubes, le diiode s'est dissous complètement dans le dichlorométhane, mais ne s'est pas dissous entièrement dans l'eau.

2. On peut en conclure que le diiode est plus soluble dans le dichlorométhane que dans l'eau.

3. Pour extraire le diiode de la solution aqueuse, on peut ajouter du dichlorométhane dans le tube à essai et l'agiter : le diiode va se dissoudre dans le dichorométhane.

Dans le tube à essai, on observera deux phases : une phase de couleur rouge foncée au-dessous qui contient le dichmorométhane et le diiode, et une phase incolore qui contient de l'eau car l'eau et le dichlorométhane ne sont pas miscibles et le dichlorométhane est plus dense que l'eau.

10 Mesure de masse volumique

1. La masse de la bille est $m = m_2 - m_1$. Le volume de la bille est $V = V_2 - V_1$.

La masse volumique de la bille est donc $\rho = \frac{m}{V}$, d'où $\rho = \frac{m_2 - m_1}{V_2 - V_1}$.

A.N. : $\rho = \frac{73,4 - 56,1}{27,2 - 25,0} = \mathbf{7,86\ g \cdot cm^{-3}}$.

2. $\rho_{acier} = 7\,850\ kg \cdot m^{-3} = 7{,}850\ kg \cdot L^{-1} = \mathbf{7{,}850\ g \cdot cm^{-3}}$.

La masse volumique de la bille est égale à celle de l'acier, donc la bille est en acier : elle est pleine.

3. L'acier est un solide $d = \frac{\rho_{acier}}{\rho_{eau}}$.

A.N. : $d = \frac{7{,}850}{1{,}00} = \mathbf{7{,}85}$.

Gagnez des points !
Pensez à exprimer les masses volumiques dans la même unité : $1\ kg \cdot L^{-1} = 1\ g \cdot mL = 1\ g \cdot cm^{-3}$.

4. On ne peut pas appliquer cette méthode pour mesurer la densité du bois car il flotte, et le volume mesuré à l'aide de l'éprouvette ne correspondrait qu'à la partie de l'objet immergée.

11 Spiruline

1. Ce complémentaire alimentaire ne peut pas être considéré comme un médicament car il ne contient pas de substance active.

2. Dans un comprimé de 0,30 gramme, il y a une masse m de protéines égale à $m = \frac{60}{100} \times 0{,}30 = 0{,}18$ g.

3. Dans un comprimé de 0,30 gramme, il y a une masse m de vitamines égale à $m = \frac{(280 + 2{,}5 + 3{,}6 + 15)}{100} \times 0{,}30 = 0{,}90$ mg.

4. Dans un comprimé de 0,30 gramme, il y a une masse m de provitamine A égale à $m = \frac{(0{,}280)}{100} \times 0{,}30 = 0{,}84$ mg. Un comprimé ne couvre pas les AJR.

5. Les minéraux se trouvent sous forme ionique.

12 Chlorure de magnésium

1. Le chlorure de magnésium est un solide ionique neutre. Sa formule est donc $MgCl_2$ (un ion magnésium Mg^{2+} pour deux ions chlorure Cl^-).

2. La concentration massique de la solution buvable est $C_m = \frac{m}{V}$, soit $C_m = \frac{20}{1{,}0} = 20\ g \cdot L^{-1}$.

3. La concentration massique en magnésium est égale à la concentration massique en chlorure de magnésium, soit $C_m(Mg) = 20\ g \cdot L^{-1}$.

Pour absorber une masse $m = 300$ mg de magnésium, il faut boire un volume de la boisson tel que $V = \frac{m}{C_m(Mg)}$, soit $V = \frac{0,300}{20} = 0,015$ L, soit 15 mL.

13 Eau salée

L'eau pure bout à 100 °C et la courbe présente un palier d'ébullition pendant lequel le corps change d'état car c'est un corps pur. La première courbe est donc la courbe d'évolution de la température de l'eau pure en fonction du temps.

L'eau salée bout à une température supérieure à 100 °C, mais ne présente pas de palier d'ébullition car c'est un mélange. La deuxième courbe est donc la courbe d'évolution de la température de l'eau salée en fonction du temps.

14 Complément en fer

1. L'anémie est une maladie caractérisée par une diminution du taux d'hémoglobine dans le sang dont la cause peut être une mauvaise absorption du fer.

2. Le principe actif est le sulfate ferreux. On trouve de l'acide ascorbique (vitamine C) car c'est une vitamine qui joue un rôle dans l'absorption du fer.

3. Les excipients sont le carbonate de magnésium léger, le talc, la silice colloïdale anhydre, l'amidon de maïs et le dioxyde de titane. Leur rôle est de permettre la mise en forme du médicament (forme, couleur, goût, etc.).

4. Le médicament est présenté sous forme de gélule.

5. La masse molaire du sulfate ferreux est :

$$M_{FeSO_4} = M_{Fe} + M_S + 4 \times M_O = 55,8 + 32,1 + 4 \times 16,0 = 151,9\ g \cdot mol^{-1}.$$

6. La quantité de sulfate ferreux contenue dans une gélule est :

$$n_{FeSO_4} = \frac{m_{FeSO_4}}{M_{FeSO_4}} \text{ soit } n_{FeSO_4} = \frac{0,1361}{151,9} = 0,8960 \text{ mmol.}$$

7. Une gélule contient une quantité de sulfate ferreux égale à la quantité de fer, soit $n_{FeSO_4} = n_{Fe}$. La masse de fer correspondante est :

$$m_{Fe} = n_{Fe} M_{Fe} \text{ soit } m_{Fe} = 0,8960 \times 55,8 = 50,00 \text{ mg.}$$

On retrouve la valeur indiquée par le fabriquant.

15 Solubilité de l'acide benzoïque

1. L'acide benzoïque est solide car une température de 20 °C est inférieure à sa température de fusion.

2. On peut mesurer sa température de fusion avec un banc Kofler.

Gagnez des points !
Étalonnez d'abord le banc Kofler avec des espèces pures dont on connaît la température de fusion.

3. On calcule la masse maximale d'acide benzoïque que l'on peut dissoudre dans 500 mL à 20 °C : $s = \frac{m_{max}}{V}$, soit $\boldsymbol{m_{max}} = sV = 2{,}4 \times 0{,}500 = \mathbf{1{,}2\ g}$.

Tout l'acide benzoïque ne se dissout pas dans l'eau : la solution est dite **saturée.**

4. La masse m' d'acide benzoïque qui ne s'est pas dissous est :
$\boldsymbol{m'} = m - m_{max} = 3{,}0 - 1{,}2 = \mathbf{1{,}8\ g}$.

5. Pour dissoudre la totalité de l'acide benzoïque, il suffit de chauffer à 95 °C ; $\boldsymbol{m_{max}} = 68 \times 0{,}500 = \mathbf{34\ g}$: tout l'acide benzoïque se dissout.

16 Paracétamol

1. On peut trouver ce médicament sous forme de comprimés (effervescent ou non), de sachet, de suspension buvable et de suppositoire.

2. Le principe actif est le paracétamol. Les excipients utilisés sont le croscarmellose sodique, la povidone, l'amidon de maïs et l'acide stéarique.

3. Antalgique : médicament qui réduit la douleur.

Antipyrétique : médicament qui réduit la fièvre.

4. Un adulte peut absorber jusqu'à 4 grammes de paracétamol.

La masse molaire du paracétamol est :

$$M_{C_8H_9NO_2} = 8 \times M_C + 9 \times M_H + M_N + 2 \times M_O$$
$$= 8 \times 12{,}0 + 9 \times 1{,}0 + 14{,}0 + 2 \times 16{,}0 = 151{,}0\ g \cdot mol^{-1}.$$

La quantité de paracétamol est :

$n = \frac{m}{M}$, soit $n = \frac{4{,}0}{151{,}0} = 2{,}6 \times 10^{-2}$ mol.

5. Un nourrisson de 8 kg peut absorber, par jour, une masse m de paracétamol telle que $m = 8 \times 60 = 480$ mg.

Cette dose correspond à un cachet (à 20 mg près) réparti en quatre prises. Cette formulation n'est pas adaptée aux nourrissons.

Remarque
La dose de 60 mg par kilogramme doit être répartie en quatre prises, soit 15 mg par prise.

6. Chaque dose distribuée contient 60/4 mg de paracétamol, soit 15 mg.

La concentration massique en paracétamol dans la suspension buvable est donc $C_m = \frac{m}{V}$, soit $C_m = \frac{15}{1} = 15\ \text{mg} \cdot \text{mL}^{-1}$, soit $15\ \text{g} \cdot \text{L}^{-1}$.

17 Choix du solvant d'extraction

1. Pour extraire le benzaldéhyde, on choisit l'éther diéthylique, car il est très soluble dans ce solvant. L'éther diéthylique et l'eau sont très peu miscibles, le benzaldéhyde ira se dissoudre dans l'éther diéthylique, et il y aura deux phases distinctes que l'on pourra séparer.

On ne peut pas utiliser l'éthanol car l'eau et l'éthanol sont miscibles.

Rappel

L'éther diéthylique est très volatil car sa température d'ébullition est basse.

2. a. On doit ouvrir régulièrement l'ampoule à décanter car le solvant organique est très volatil : cela permet d'éviter des surpressions dans l'ampoule à décanter.

b. Le benzaldéhyde est très soluble dans l'éther diéthylique et très peu soluble dans l'eau : il se trouve donc dans la phase organique.

c. La phase organique est constituée principalement d'éther diéthylique qui est moins dense que l'eau : la phase organique se trouve au-dessus de la phase aqueuse.

d.

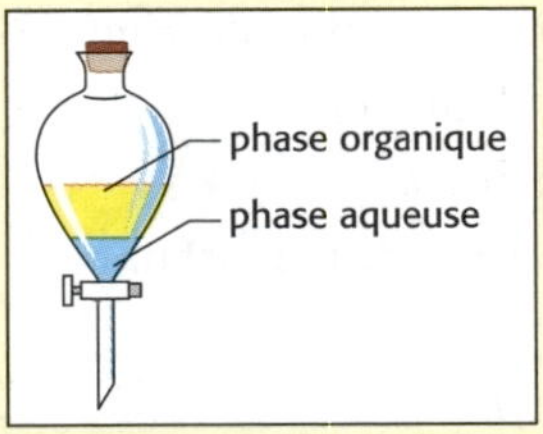

e. Pour recueillir la phase contenant le benzaldéhyde, il faut recueillir la phase organique. On doit donc faire couler la phase aqueuse en ouvrant le robinet, puis faire couler la phase organique dans un récipient propre et sec.

Gagnez des points !

Pensez à enlever le bouchon de l'ampoule à décanter pour permettre l'entrée d'air, sinon le liquide ne peut s'écouler.

f. Si le solvant utilisé est le dichorométhane, celui-ci étant plus dense que l'eau, la phase organique sera au-dessous dans l'ampoule à décanter. Pour recueillir la phase organique, il suffira de la faire couler dans un récipient propre et sec.

18 Encombrement des bronches

1. La formule brute de la molécule est $C_5H_9NSO_3$.

La masse molaire moléculaire de la molécule est :

$$M_{C_5H_9NSO_3} = 5 \times M_C + 9 \times M_H + M_N + M_S + 3 \times M_O$$
$$= 5 \times 12{,}0 + 9 \times 1{,}0 + 14{,}0 + 32{,}1 + 3 \times 16{,}0 = 163{,}1\ \text{g} \cdot \text{mol}^{-1}.$$

2. Ce médicament est formulé en poudre pour solution buvable.

3. Le principe actif est l'acétylcystéine. Les excipients sont la glycine, le citrate de sodium, une pulvessence de mandarine.

4. Dans un sachet, il y a une quantité d'acétylcystéine n telle que :

$$n = \frac{m}{M}, \text{ soit } n = \frac{0{,}200}{163{,}1} = 1{,}23\ \text{mmol}.$$

5. La concentration molaire de la solution buvable est :

$$C = \frac{n}{V} = \frac{m}{MV}, \text{ soit } C = \frac{0{,}200}{163{,}1 \times 0{,}200} = 6{,}13\ \text{mmol} \cdot \text{L}^{-1}.$$

CHAPITRE

10 La transformation chimique

1 La réaction chimique

1 Transformation chimique

- Un **système chimique** est un ensemble d'espèces chimiques qui se caractérisent par : 1) leur nature chimique (ions, molécules…) ; 2) leur état physique (solide, liquide, gazeux, aqueux) ; 3) leur quantité de matière (en mol).
- Une **transformation chimique** a lieu quand un système chimique passe d'un **état initial** à un autre état, appelé **état final**, les deux états diffèrent par la nature ou la quantité des espèces chimiques qui les constituent.

2 Réaction chimique

- Au cours d'une transformation chimique, il se produit une réaction entre certaines espèces chimiques présentes dans l'état initial; ces espèces sont appelées les **réactifs**.
Il se forme d'autres espèces chimiques, appelées les **produits**.
Certaines espèces chimiques n'interviennent pas au cours de la réaction. On dit que ce sont des **espèces spectatrices**.
On modélise une transformation chimique par une réaction chimique.
- On symbolise la réaction par une écriture appelée **équation** :

$$\text{Réactifs} \xrightarrow{\text{Réaction chimique}} \text{Produits}$$

3 Équation de la réaction

On remplace le nom de chaque espèce (réactifs et produits) par sa formule.

- Au cours d'une transformation chimique, il y a **conservation des éléments** et des charges. On traduit cette conservation des éléments et des charges en ajustant les **nombres stœchiométriques** dans l'équation.
- Pour écrire l'**équation de la réaction**, il faut :
  - écrire les formules des réactifs et les formules des produits ;
  - ajuster les nombres stœchiométriques pour traduire la conservation des charges électriques et des éléments.

4 Effet thermique d'une transformation chimique

Lors d'une transformation chimique, il peut y avoir une diminution ou une augmentation de la température. Lorsqu'il y a une élévation de température, la transformation est dite **exothermique**.

EXERCICE RÉSOLU

Étudier la combustion du charbon

ÉNONCÉ

On introduit dans un flacon contenant de l'air un morceau de charbon enflammé. Le charbon contient uniquement des atomes de carbone. Après la transformation, il reste du charbon et un autre gaz. Tout le dioxygène de l'air a réagi. On ajoute de l'eau de chaux et on observe qu'après agitation, elle se trouble.

1. Identifier les réactifs et les produits de la réaction chimique.

2. Identifier le gaz qui reste dans le flacon.

3. Traduire cette transformation par une équation.

Rappel
L'air contient environ 20 % de dioxygène et 80 % de diazote.

CORRIGÉ

1. Le carbone (contenu dans le charbon) et le dioxygène sont les réactifs.
Le gaz qui trouble l'eau de chaux est du dioxyde de carbone : le dioxyde de carbone est le produit de la réaction.

2. L'autre gaz qui reste dans le flacon est le diazote contenu dans l'air. Le diazote est une espèce spectatrice.

3. On symbolise cette transformation par :
carbone + dioxygène $\rightarrow$ dioxyde de carbone.
Soit, en utilisant les formules : $C(s) + O_2(g) \rightarrow CO_2(g)$.
Cette équation traduit bien la conservation des éléments carbone et oxygène ainsi que la conservation de la charge.

Méthode
Le diazote n'intervient pas dans l'équation car c'est une espèce spectatrice.

2 Synthèse d'espèces chimiques

1 Pourquoi synthétiser les espèces chimiques au laboratoire ?

La synthèse d'une espèce chimique est une transformation chimique au cours de laquelle les réactifs mis en jeux conduisent à une espèce chimique recherchée.
Les synthèses chimiques sont de plus en plus utilisées dans l'industrie chimique pour des raisons :
– économique : les espèces synthétiques sont moins chères que les espèces naturelles ;
– de facilité : la culture de certaines espèces est délicate, longue ;
– écologique : la plupart des principes actifs des médicaments sont issus de la nature, mais l'extraction de ces espèces chimiques conduirait à la disparition d'espèces animales et végétales ;
– politique : selon les tensions ou conflits internationaux, certaines espèces naturelles peuvent se faire rares.

2 Le montage à reflux

Une synthèse chimique se réalise généralement à chaud (la température augmente la vitesse de réaction). On utilise le montage à reflux pour éviter aux vapeurs nocives de s'échapper et pour avoir un meilleur rendement.

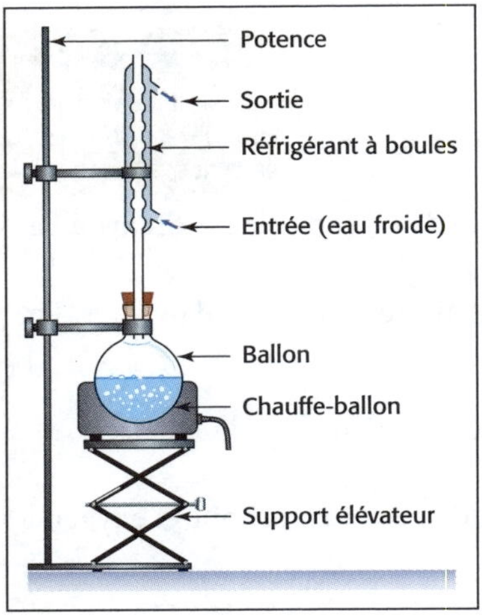

Remarque

Dans le montage à reflux, c'est l'eau froide du réfrigérant qui refroidit les vapeurs de réactifs et de produits. On utilise parfois un réfrigérant à air, simple tube au-dessus du ballon ou de l'erlenmeyer. C'est alors l'air qui refroidit les vapeurs.

EXERCICE RÉSOLU

Synthèse du paracétamol

ÉNONCÉ

Le paracétamol, aussi appelé acétaminophène, est un composé chimique utilisé comme antalgique (anti-douleur) et antipyrétique (anti-fièvre). C'est un des médicaments les plus utilisés au monde.
On réalise sa synthèse au laboratoire. Dans un erlenmeyer, on introduit du paraminophénol dissous dans un solvant et un barreau aimanté.
On surmonte l'erlenmeyer d'un réfrigérant à air puis on chauffe au bain-marie pendant pendant 30 minutes environ. On refroidit le mélange dans un bain de glace. On introduit alors de l'anhydride éthanoïque dans le ballon, une réaction exothermique se produit. En se refroidissant, on observe un solide blanc qui se dépose au fond de l'erlenmeyer. Après séparation, purification et séchage du produit obtenu, on mesure sa température de fusion : le produit obtenu est du paracétamol.

1. Faire un schéma annoté du montage expérimental.
2. Quel est le rôle du réfrigérant ? Du barreau aimanté ?
3. Quels sont les réactifs et les produits de la réaction ?

CORRIGÉ

1. Schéma annoté du montage (voir ci-contre).

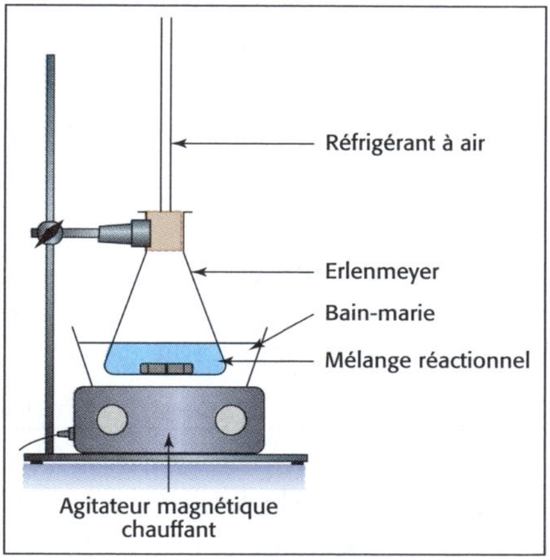

2. Le réfrigérant permet de refroidir les vapeurs de produits et de réactifs afin qu'elles se condensent et retombent dans l'erlenmeyer.
Le barreau aimanté permet d'agiter pour homogénéiser la température, et mettre les réactifs et les produits en contact.
3. Les réactifs sont le paraminophénol et l'anhydride éthanoïque, le produit est le paracétamol.

3 Évolution d'un système chimique (pour se préparer à la 1re S)

1 État du système et équation de la réaction

➜ Utilisation de l'équation

L'équation de la réaction renseigne sur les proportions dans lesquelles les réactifs disparaissent et les produits sont formés.

Exemple : combustion complète du méthane dans le dioxygène.
L'équation de la réaction s'écrit :

$CH_4(g) + 2\ O_2(g) \rightarrow CO_2(g) + 2\ H_2O(g)$.

D'après cette équation, on peut dire **qu'une mole de méthane** réagit avec **deux moles de dioxygène** pour former **une mole de dioxyde de carbone** et **deux moles d'eau**.

2 Bilan de matière

Pour connaître l'évolution d'un système, il faut connaître son état initial et l'équation de réaction. L'équation de réaction permet de faire un bilan de matière.

Exemple : combustion complète du méthane.

$1\ CH_4(g) + 2\ O_2(g) \rightarrow 1\ CO_2(g) + 2\ H_2O(g)$.

Cette équation traduit que la quantité de dioxygène qui disparaît en réagissant est égale au double de la quantité de méthane qui disparaît, car pour une molécule de méthane CH_4, il faut 2 molécules de dioxygène O_2.

Soit $\dfrac{(n_{CH_4})_{\text{consommé}}}{1} = \dfrac{(n_{O_2})_{\text{consommé}}}{2}$.

De même, la quantité de dioxyde de carbone formé est égale à la quantité de méthane consommé, et la quantité d'eau formée est égale au double de la quantité de méthane consommée, soit :

$$\frac{(n_{CH_4})_{\text{consommé}}}{1} = \frac{(n_{O_2})_{\text{consommé}}}{2} = \frac{(n_{CO_2})_{\text{formé}}}{1} = \frac{(n_{H_2O})_{\text{consommé}}}{2}$$

La réaction s'arrête lorsqu'un des réactifs disparaît complètement : c'est le **réactif limitant**. L'espèce qui ne disparaît pas complètement est dite **en excès**.
Si la réaction s'arrête car il ne reste aucun des réactifs, c'est que le mélange initial était dans les **proportions stœchiométriques**.

EXERCICE RÉSOLU

Étudier la synthèse de l'eau

ÉNONCÉ

On introduit dans un flacon 2,0 mol de dihydrogène gazeux et 1,5 mol de dioxygène gazeux. On enflamme ce mélange. Sur les parois du récipient, on observe la formation de buée. Lorsqu'on ajoute de l'eau de chaux, celle-ci ne se trouble pas.

1. Identifier les réactifs. Caractériser l'état initial.

2. Quelle est la nature du produit formé ? Citer un test caractéristique de cette espèce chimique.

3. Écrire l'équation de la réaction.

4. Trouver le réactif limitant, le réactif en excès et sa quantité à l'état final, ainsi que la quantité de produit formé.

CORRIGÉ

1. Réactifs : dioxygène et dihydrogène

État initial
H_2(g) : 2,0 mol
O_2(g) : 1,5 mol

Rappel

La buée est de l'eau à l'état liquide. La vapeur d'eau ne se voit pas !

2. Le produit formé est de l'eau à l'état liquide. On pourrait la mettre en évidence avec du sulfate de cuivre anhydre qui devient bleu en présence d'eau.

3. L'équation de la réaction s'écrit : $2\ H_2(g) + O_2(g) \rightarrow 2\ H_2O(g)$.

4. D'après l'équation de réaction, pour 2 mol de dihydrogène consommé, il faut 1 mol de dioxygène et il se forme 2 mol d'eau. Le réactif limitant est donc le dihydrogène $\frac{(n_{H_2})_{\text{conso}}}{2} = \frac{(n_{O_2})_{\text{conso}}}{1} = \frac{2,0}{2} = 1,0$ mol.

Le dioxygène est le réactif en excès. Il en reste 1,5 – 1,0 = 0,50 mol. Il ne reste plus de dihydrogène. D'après l'équation de réaction :

$$\frac{(n_{H_2})_{\text{conso}}}{2} = \frac{(n_{H_2O})_{\text{formé}}}{2}.$$

Soit $(n_{H_2O})_{\text{formé}} = (n_{H_2})_{\text{conso}} = 2,0$ mol.

D'où l'état final :

Savoir déterminer les réactifs d'une transformation

ÉNONCÉ

On introduit un fil de cuivre dans un bécher contenant une solution aqueuse de nitrate d'argent ($Ag^+ + NO_3^-$). Il se forme des ions cuivre et de l'argent métallique. Quels sont les réactifs et les produits ?

MÉTHODE

Identifiez les espèces chimiques qui disparaissent et qui sont consommées, en totalité, ou partiellement, puis celles qui sont formées.

CORRIGÉ

Les réactifs de la transformation sont les ions argent et le cuivre. Les ions nitrate sont les ions spectateurs. Les produits sont les ions cuivre et l'argent.

Savoir écrire l'équation d'une réaction

ÉNONCÉ

La combustion de l'éthanol C_2H_6O dans le dioxygène de l'air O_2 se traduit par la formation d'eau H_2O et de dioxyde de carbone CO_2.

MÉTHODE

Identifiez les réactifs et les produits de la transformation. Remplacez les espèces chimiques par leurs formules puis placez des nombres stœchiométriques pour équilibrer le nombre d'atomes et de charges.

CORRIGÉ

L'équation de la réaction s'écrit :
$C_2H_6O(l) + 3\ O_2(g) \rightarrow 2\ CO_2(g) + 3\ H_2O(l)$.

Savoir déterminer le réactif limitant

(pour se préparer à la 1re S)

ÉNONCÉ

On introduit 0,60 mol de carbone dans un flacon contenant 0,50 mol de dioxygène.
Il se forme du dioxyde de carbone. L'équation de la transformation s'écrit :
$C(g) + O_2(g) \rightarrow CO_2(g)$.
Déterminer le réactif limitant.

CORRIGÉ

• 1re méthode

D'après l'équation de la réaction $\frac{(n_C)_{consommé}}{1} = \frac{(n_{O_2})_{consommé}}{1} = \frac{(n_{CO_2})_{formé}}{1}$.

Pour faire réagir tout le carbone, il faut donc 0,60 mol de dioxygène. Or, l'état initial ne contient que 0,50 mol de dioxygène. Il n'y a pas assez de dioxygène : c'est le réactif limitant.

• 2e méthode

On établit un tableau descriptif de la transformation, puis on cherche la valeur de l'avancement maximal x_{max} la plus petite en supposant que dans l'état final, un des réactifs est totalement consommé.

Équation de la réaction		$C(g)$ +	$O_2(g)$ →	$CO_2(g)$
État du système	Avancement (mol)	n_C	n_{O_2}	n_{CO_2}
État initial	0	0,60	0,50	0
État intermédiaire	x	$0{,}60 - x$	$0{,}50 - x$	x
État final	$x_{max} = 0{,}50$	0,10	0	0,50

Si C est le réactif limitant : $0{,}60 - x_{max} = 0$, soit $x_{max} = 0{,}60$ mol.
Si O_2 est le réactif limitant : $0{,}50 - x_{max} = 0$, soit $x_{max} = 0{,}50$ mol.
On choisit la valeur de x_{max} la plus petite, ce qui donne le réactif limitant : le dioxygène.

Vérifiez vos connaissances

1 Équation de réaction

Indiquer pour chaque proposition si elle est vraie (V) ou fausse (F).

1. Les espèces qui disparaissent sont appelées les réactifs. ☐ V ☐ F

2. Dans l'équation de la réaction, on écrit les produits à gauche de la flèche. ☐ V ☐ F

3. Les nombres stœchiométriques traduisent la conservation de la quantité de matière au cours de la transformation. ☐ V ☐ F

4. Au cours d'une transformation, il y a toujours deux réactifs et deux produits. ☐ V ☐ F

2 Équilibrer des équations de réaction

Équilibrer chaque équation en plaçant les nombres stœchiométriques qui conviennent.

1. $Na + O_2 \rightarrow Na_2O$

2. $Zn + H_3O^+ \rightarrow Zn^{2+} + H_2 + H_2O$

3. $S + Fe \rightarrow Fe_2S_3$

4. $CaCO_3 + H_3O^+ \rightarrow Ca^{2+} + CO_2 + H_2O$

5. $Fe + O_2 \rightarrow Fe_2O_3$

6. $SO_2 + O_2 \rightarrow SO_3$

7. $S + Al \rightarrow Al_2S_3$

3 Combustion de l'éthanol

On introduit dans un flacon contenant du dioxygène un morceau de coton imbibé d'éthanol de formule C_2H_6O que l'on enflamme. Après la transformation, le système chimique est constitué d'un gaz qui trouble l'eau de chaux, d'eau et il reste du dioxygène.

1. Identifier les réactifs de la réaction chimique.

2. Identifier les produits de la réaction chimique.

3. Expliquer comment on peut reconnaître la présence de dioxygène à la fin de la transformation.

4. Quel est le réactif qui a été totalement consommé ?

5. Le dioxygène est-il une espèce spectatrice ?

6. Traduire cette transformation par une équation.

7. La combustion est-elle complète ou incomplète ? Justifier.

Exercices d'entraînement

4 ★ Réaction entre les ions cuivre et le zinc

Dans un erlenmeyer, on place un fil de zinc dans une solution de sulfate de cuivre.

La solution perd sa couleur bleue ; des ions zinc Zn^{2+} apparaissent et un dépôt rouge de cuivre métallique se forme à la surface du fil de zinc.

La courbe donnant l'évolution des quantités de matière en fonction de la quantité d'ions Cu^{2+} consommés est donnée ci-dessous :

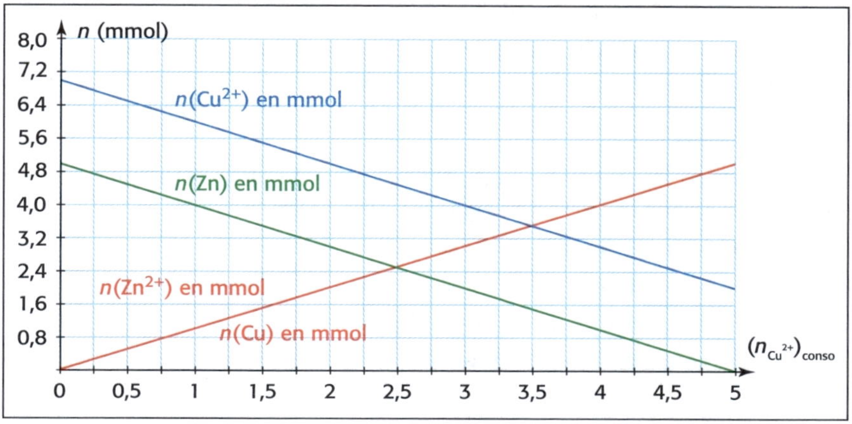

1. Identifier les réactifs et les produits de la réaction.

2. Quelles sont les quantités d'ions Cu^{2+} et de zinc à l'état initial ?

3. Quelle est la quantité d'ions sulfate SO_4^{2-} introduite à l'état initial ?

4. Les ions sulfate régissent-ils ? Qualifier cette espèce.

5. Écrire l'équation de la réaction.

6. Caractériser l'état final.

7. Comparer les valeurs calculées aux valeurs lues sur le graphique.

5 ★ Synthèse de l'ammoniac

Dans l'industrie, on réalise la synthèse de l'ammoniac NH_3 en chauffant (entre 300 °C et 500 °C) du diazote N_2 avec du dihydrogène H_2 et en plaçant le mélange à une pression d'environ 150 bars.

Les réactifs et les produits sont à l'état gazeux.

On introduit 500 mol de diazote et 1 200 mol de dihydrogène.

1. Écrire l'équation de la réaction.

2. Caractériser l'état initial.

Déterminer le réactif limitant et le réactif en excès.

3. Caractériser alors l'état final.

6 ★ Combustion du charbon

Le charbon est un combustible d'origine végétale, constitué d'atomes de carbone, d'eau, de gaz et de minéraux. Dans l'exercice, on considère que le charbon est constitué de 70 % d'atomes de carbone (en masse).

On introduit un morceau de charbon enflammé dans un flacon contenant 0,80 mole de dioxygène. Après la transformation, le système chimique est constitué de dioxyde de carbone et il reste du charbon. On observe que les parois du récipient se sont échauffées.

1. Identifier les réactifs et les produits de la réaction chimique. Expliquer comment le dioxyde de carbone a été mis en évidence à l'état final.

2. Pourquoi les parois du récipient se sont-elles échauffées ?

3. Quel est le réactif limitant de la transformation ?

4. Traduire cette transformation par une équation.

5. En déduire la composition du système chimique (en quantités de matière) dans l'état final.

7 ★★ Formation du dioxyde de soufre

Le soufre en fleur est un solide jaune qui brûle dans le dioxygène pour former du dioxyde de soufre, SO_2, gaz incolore toxique et irritant.

On brûle 0,32 g de soufre dans un flacon contenant du dioxygène en excès.

1. Identifier les réactifs et les produits de la réaction chimique.

2. Quel est le réactif limitant de la transformation ?

3. Traduire cette transformation par une équation.

4. Établir un tableau descriptif de la transformation et déterminer l'avancement maximal.

5. En déduire la quantité (en moles), puis la masse de dioxyde de soufre dans l'état final.

Données : *masses molaires* $M(O) = 16{,}0\ g \cdot mol^{-1}$; $M(S) = 32{,}1\ g \cdot mol^{-1}$.

8 ★★ Combustion dans le dioxygène

On considère la transformation chimique symbolisée par :

ÉTAT INITIAL		ÉTAT FINAL
dioxygène $O_2(g)$ 1,50 mol de fer Fe(s) $\theta = 25$ °C, $P = 1\,013$ hPa	Transformation chimique →	oxyde magnétique de fer $Fe_3O_4(g)$ dioxygène $O_2(g)$ $\theta = 25$ °C, $P = 1\,013$ hPa

1. Identifier les réactifs, les produits et les espèces spectatrices.

2. Écrire l'équation de la réaction chimique.

3. En déduire la quantité de dioxygène nécessaire à la transformation et la masse d'oxyde magnétique de fer dans l'état final.

Données : *Masses molaires :* $M_O = 16{,}0\ g \cdot mol^{-1}$; $M_{Fe} = 55{,}8\ g \cdot mol^{-1}$.

9 ★★ Combustion du propane

On fait brûler 0,30 mol de propane (gaz de formule C_3H_8) dans un grand récipient fermé contenant 2,0 mol de dioxygène.

On observe alors :
- qu'il apparaît de l'eau sur les parois du récipient ;
- que l'eau de chaux se trouble si on en verse dans le récipient.

1. Décrire le test chimique qui permet de vérifier la présence de l'eau.

2. Quel gaz le trouble de l'eau de chaux met-il en évidence ?

3. Écrire l'équation de la réaction.

4. Calculer les quantités des espèces chimiques présentes dans l'état final.

5. Caractériser l'état final.

6. Calculer la masse d'eau dans l'état final.

7. La combustion est-elle complète ?

On refait l'expérience avec 0,30 mol de propane et 0,20 mol de dioxygène.

8. La combustion est-elle complète ?

9. Quelles sont alors les espèces formées ?

Données : *Masses molaires :* $M_O = 16{,}0\ g \cdot mol^{-1}$; $M_H = 1{,}0\ g \cdot mol^{-1}$.

10 ★★ Formation de chlorure d'hydrogène

Lorsqu'on fait réagir l'acétylène C_2H_2 sur le dichlore Cl_2, il se forme du chlorure d'hydrogène HCl et du carbone C. On fait réagir 25 mmol de C_2H_2 et 25 mmol de Cl_2.

1. Écrire l'équation de la réaction.

2. Le mélange initial est-il un mélange stœchiométrique ?

11 ★★ Formation d'alumine

L'aluminium métallique Al réagit, à chaud, avec le dioxygène de l'air O_2 pour former de l'alumine $A1_2O_3$.

On mélange 10,0 mmol d'aluminium avec 9,0 mmol de dioxygène.

1. Écrire l'équation de la réaction chimique.

2. Déterminer la quantité (en mol) d'alumine formée dans l'état final.

3. En déduire la masse d'alumine formée.

Données : *Masses molaires :* $M_O = 16{,}0\ g \cdot mol^{-1}$; $M_{Al} = 27{,}0\ g \cdot mol^{-1}$.

12 ★★ Combustion de l'éthanol

L'éthanol est un liquide incolore miscible avec l'eau.

On brûle un volume $V = 10$ mL d'éthanol C_2H_6O dans un flacon contenant du dioxygène. À la fin de la réaction, tout l'éthanol a réagi et on procède à deux tests chimiques :

– on recueille une des gouttes liquides sur les parois et on la place sur du sulfate de cuivre anhydre : celui-ci bleuit ;

– on verse un peu d'eau de chaux dans le flacon ; on agite : celle-ci se trouble.

1. Quelles espèces chimiques ces deux tests mettent-ils en évidence ?

2. Écrire l'équation de la réaction chimique.

3. Exprimer la masse d'éthanol introduite dans l'état initial.

4. Exprimer puis déterminer la quantité d'éthanol (en moles) introduite dans l'état initial.

5. Déterminer les quantités (en moles) des deux produits à la fin de la réaction.

Données : *masse volumique de l'éthanol :* $\rho = 0{,}79\ g \cdot cm^{-3}$.

Masses molaires : $M_O = 16{,}0\ g \cdot mol^{-1}$; $M_C = 12{,}0\ g \cdot mol^{-1}$; $M_H = 1{,}0\ g \cdot mol^{-1}$.

13 ★★ Formation de l'oxyde de cuivre

Le cuivre brûle dans le dioxygène de l'air pour former de l'oxyde de cuivre CuO.

1. Écrire l'équation de la réaction chimique.

2. La courbe ci-dessous représente l'évolution des quantités de matière en fonction de la quantité de dioxygène ayant réagi.

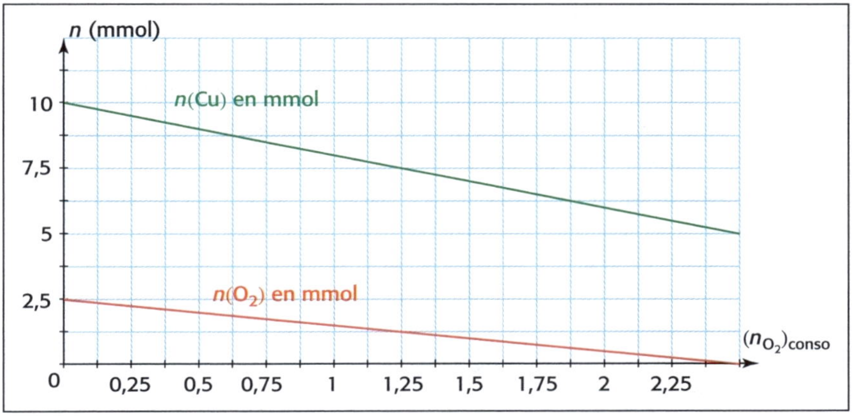

Déterminer les quantités de matière introduites dans l'état initial.

3. Déterminer graphiquement la quantité maximale de dioxygène ayant réagi.

4. Calculer les quantités d'espèces chimiques présentes à l'état final. Vérifier que cela correspond à ce qui est indiqué sur la courbe.

14 ★★★ Formation de l'hydroxyde de cuivre

On introduit dans un erlenmeyer un volume $V = 20$ mL de sulfate de cuivre de concentration $C = 0{,}10\ \text{mol} \cdot \text{L}^{-1}$ et un volume $V' = 1{,}0$ mL d'hydroxyde de sodium de concentration $C' = 2{,}0\ \text{mol} \cdot \text{L}^{-1}$. Il se forme un précipité bleu d'hydroxyde de cuivre (solide ionique).

1. Donner la formule de la solution aqueuse de sulfate de cuivre. Quelle est sa couleur ?

2. Exprimer, puis calculer la quantité d'ions cuivre (en mol) introduite dans l'erlenmeyer.

3. Donner la formule de la solution aqueuse d'hydroxyde de sodium.

4. Calculer la quantité d'ions hydroxyde introduite dans l'erlenmeyer.

5. Écrire l'équation de la réaction.

6. Décrire l'état final après avoir calculé les quantités des espèces présentes.

7. De quelle couleur est la solution à la fin de la réaction ?

8. Quelle masse d'hydroxyde de cuivre peut-on récupérer au maximum ?

Données : *masses molaires* $M(Cu) = 63{,}5\ g \cdot mol^{-1}$; $M(O) = 16{,}0\ g \cdot mol^{-1}$; $M(H) = 1{,}0\ g \cdot mol^{-1}$.

15 ★★★ Valeur énergétique d'un fruit sec

On peut déterminer la valeur énergétique d'un aliment en le brûlant dans l'air et en récupérant l'énergie libérée pour faire chauffer de l'eau contenue dans un récipient.

La variation de la température de l'eau et sa masse permettent de calculer la chaleur Q reçue par la relation : $Q = m_{eau} \times C_{eau} \times (\theta_f - \theta_i)$.

Avec la « chaleur massique de l'eau » : $C_{eau} = 4{,}184\ J \cdot °C^{-1} \cdot g^{-1}$, coefficient reliant ces grandeurs et indiquant la quantité d'énergie nécessaire pour augmenter la température d'un degré Celsius d'une masse d'un gramme d'eau.

Le tableau donne les résultats trouvés au cours de la combustion d'une amande de masse m.

En considérant qu'il y a peu de pertes, l'énergie E libérée par la combustion de 100 g de fruits secs est donnée par :

$$E = \frac{m_{eau} C_{eau} (\theta_f - \theta_i)}{1000 \times m} \times 100 \text{ (kJ/100 g)}$$

L'écart relatif entre la valeur attendue et la valeur expérimentale se calcule par la relation :

$$\varepsilon = \frac{|E_{expérimentale} - E_{théorique}|}{E_{théorique}}.$$

Le résultat est exprimé en pourcentage.

Tableau des résultats de mesures :

Fruit sec	$m_{récipient}$	$m_{récipient + eau}$	m_{eau}	θ_i	θ_f	m	$E_{attendue}$	Écart relatif
	g	g	g	°C	°C	g	kJ/100 g	
Amande	25,15	114,54		24,0	56,3	1,20	2 592	

1. Calculer la valeur énergétique de l'amande et l'écart relatif avec la valeur attendue. Discuter le résultat.

2. Sachant qu'un adolescent en pleine croissance devrait avoir un apport journalier de 8 000 kcal/jour, calculer la masse d'amandes correspondante.

Vérifiez vos connaissances

1 Équation de réaction

1. **Vrai.** Les espèces qui se forment sont les produits.

2. **Faux.** On écrit les réactifs à gauche, et les produits à droite de la flèche.

3. **Faux.** Les nombres stœchiométriques traduisent la conservation du nombre de charges et du nombre d'éléments au cours de la réaction chimique.

4. **Faux.** Au cours d'une transformation, il y a au moins trois espèces chimiques (réactifs ou produits).

2 Équilibrer des équations de réaction

On équilibre les équations pour que le nombre de charges et d'éléments soit identique des deux côtés de l'équation.

1. $4\ Na + O_2 \rightarrow 2\ Na_2O$

2. $Zn + 2\ H_3O^+ \rightarrow Zn^{2+} + H_2 + 2\ H_2O$

3. $3\ S + 2\ Fe \rightarrow Fe_2S_3$

4. $CaCO_3 + 2\ H_3O^+ \rightarrow Ca^{2+} + CO_2 + 3\ H_2O$

5. $4\ Fe + 3\ O_2 \rightarrow 2\ Fe_2O_3$

6. $2\ SO_2 + O_2 \rightarrow 2\ SO_3$

7. $3\ S + 2\ Al \rightarrow Al_2S_3$

3 Combustion de l'éthanol

1. Les réactifs sont l'éthanol et le dioxygène.

2. Le gaz qui trouble l'eau de chaux est le dioxyde de carbone : les produits sont le dioxyde de carbone et l'eau.

3. Pour reconnaître la présence de dioxygène à la fin de la réaction, il faut approcher une bûchette incandescente du récipient. Si la combustion est ravivée, c'est que le récipient contient du dioxygène, car celui-ci entretient les combustions.

L'astuce du prof

Le dioxygène est le réactif en excès car il en reste à la fin de la réaction.

4. Comme il reste du dioxygène dans l'état final, on en déduit que l'éthanol a été totalement consommé ; c'est le réactif limitant.

5. Le dioxygène n'est pas une espèce spectatrice : c'est un réactif, mais il est en excès.

6. L'équation de cette transformation s'écrit :

$$C_2H_6O(l) + 3\ O_2(g) \rightarrow 2\ CO_2(g) + 3\ H_2O(g).$$

7. La combustion est complète car le dioxygène est introduit en excès.

Exercices d'entraînement

4 Réaction entre les ions cuivre et le zinc

1. Les réactifs sont les ions cuivre II de formule Cu^{2+} et le zinc. En effet, le graphique indique que la quantité d'ions Cu^{2+} diminue ainsi que la quantité de zinc. De plus, la solution perd sa couleur bleue due aux ions Cu^{2+} : cela indique qu'ils disparaissent en réagissant.

2. Graphiquement, on lit que, à l'état initial, la quantité d'ions Cu^{2+} est 7,0 mmol et la quantité de zinc est de 5,0 mmol.

3. La solution de sulfate de cuivre est électriquement neutre. Sa formule est donc $(Cu^{2+} + SO_4^{2-})$: elle contient autant d'ions Cu^{2+} que d'ions SO_4^{2-}. La quantité d'ions SO_4^{2-} est donc 7,0 mmol.

4. Les ions sulfate SO_4^{2-} ne réagissent pas, ils sont spectateurs.

5. L'équation de la réaction est :

$$Cu^{2+}(aq) + Zn(s) \rightarrow Cu(s) + Zn^{2+}(aq).$$

> **L'astuce du prof**
> L'équation de la réaction est équilibrée en charges et en nombre d'atomes.

6. 1re méthode : méthode des proportions stœchiométriques

D'après l'équation de la réaction, on peut écrire :

$$\frac{(n_{Cu^{2+}})_{consommé}}{1} = \frac{(n_{Zn})_{consommé}}{1} = \frac{(n_{Cu})_{formé}}{1} = \frac{(n_{Zn^{2+}})_{formé}}{1}$$

Pour consommer tous les ions Cu^{2+}, il faudrait 7,0 mmol de zinc. Or, l'état initial ne contient que 5,0 mmol de zinc : le réactif limitant est le zinc. La quantité de zinc consommée à l'état final est 5,0 mmol.

La quantité d'ions Cu^{2+} consommée est égale à la quantité de zinc consommée soit 5,0 mmol : à l'état final, il en reste donc $(n_{Cu^{2+}})_f = 7,0 - 5,0 = 2,0$ mmol.

La quantité de cuivre formé est égale à la quantité de zinc consommé soit à l'état final $(n_{Cu})_f = 5{,}0$ mmol. De même, la quantité d'ions Zn^{2+} formés est égale à la quantité de zinc consommé soit $(n_{Zn^{2+}})_f = 5{,}0$ mmol.

2ᵉ méthode

Pour caractériser l'état final, on peut compléter un tableau d'avancement de la réaction. Dans ce tableau, la quantité d'ions qui réagit est notée x : c'est l'avancement de la réaction.

Équation de la réaction		Cu^{2+} +	Zn →	Cu +	Zn^{2+}
État du système	Avancement (mol)	$n(Cu^{2+})$	$n(Zn)$	$n(Cu)$	$n(Zn^{2+})$
État initial	0	7,0	5,0	0	0
État intermédiaire	x	$7{,}0 - x$	$5{,}0 - x$	x	x
État final	$x_{max} = 5{,}0$ mmol	$7{,}0 - x_{max} = 2{,}0$	$5{,}0 - x_{max} = 0$	$x_{max} = 5{,}0$	$x_{max} = 5{,}0$

La quantité de zinc consommé est égale à x et il se forme alors une quantité x de cuivre et d'ions Zn^{2+}.

La réaction se fait tant que les deux réactifs sont présents, elle s'arrête lorsque l'un des réactifs a complètement disparu : c'est le réactif limitant.

Si l'ion cuivre est le réactif limitant : $7{,}0 - x_{max} = 0$ soit $x_{max} = 7{,}0$ mmol.

Si le zinc est le réactif limitant : $5{,}0 - x_{max} = 0$ soit $x_{max} = 5{,}0$ mmol.

On choisit la plus petite valeur de l'avancement maximal ; c'est donc le zinc qui est le réactif limitant avec $x_{max} = 5{,}0$ mmol.

Dans la dernière ligne du tableau, on calcule les quantités de chaque espèce à l'état final en remplaçant x par $x_{max} = 5{,}0$ mmol.

On lit dans la dernière ligne du tableau :

$(n_{Cu^{2+}})_f = 2{,}0$ mmol ; $(n_{Cu})_f = 5{,}0$ mmol ; $(n_{Zn^{2+}})_f = 5{,}0$ mmol.

7. Les résultats obtenus correspondent aux valeurs lues sur le graphique.

5 Synthèse de l'ammoniac

1. L'équation de la réaction est la suivante :

$N_2(g) + 3\ H_2(g) \rightarrow 2\ NH_3(g)$.

2. **1re méthode**

Cette équation traduit que $\frac{(n_{N_2})_{consommé}}{1} = \frac{(n_{H_2})_{consommé}}{3} = \frac{(n_{NH_3})_{formé}}{2}$.

Pour consommer tout le diazote, il faut $3 \times 500 = 1\,500$ mol de dihydrogène.

Or l'état initial ne contient que 1 200 mol de dihydrogène : le réactif limitant est le dihydrogène.

On en déduit $(n_{H_2})_{consommé} = 1\,200$ mol.

$(n_{N_2})_{consommé} = \frac{(n_{H_2})_{consommé}}{3} = \frac{1\,200}{3} = 400$ mol

d'où $(n_{N_2})_f = 500 - 400 = 100$ mol.

$\frac{(n_{H_2})_{consommé}}{3} = \frac{(n_{NH_3})_{formé}}{2}$.

D'où $(n_{NH_3})_f = \frac{2}{3} \times (n_{H_2})_{consommé} = \frac{2}{3} \times 1\,200 = 800$ mol.

Gagnez des points !

N'oubliez pas d'écrire l'état de chaque espèce.

2e méthode

Le tableau d'évolution de la transformation complété est :

Équation de la réaction		$N_2(g)$	+ $3\ H_2(g)$	→ $2\ NH_3(g)$
État du système	Avancement (mol)	$n(N_2)$	$n(H_2)$	$n(NH_3)$
État initial	0	500	1 200	0
État intermédiaire	x	$500 - x$	$1\,200 - 3x$	$2x$
État final	$x_{max} = 400$ mol	$500 - x_{max} = 100$	$1\,200 - 3x_{max} = 0$	$2x_{max} = 800$

Si le diazote est le réactif limitant : $500 - x_{max} = 0$ soit $x_{max} = 500$ mol.

Si le dihydrogène est le réactif limitant : $1\,200 - 3x_{max} = 0$ soit $x_{max} = 400$ mol.

On choisit la plus petite valeur de l'avancement maximal ; c'est donc le dihydrogène qui est le réactif limitant avec $x_{max} = 400$ mol.

Les résultats obtenus par les deux méthodes sont cohérents.

L'état final contient 100 mol de diazote et 800 mol d'ammoniac.

Le réactif limitant est le dihydrogène, le réactif en excès est le diazote.

6 Combustion du charbon

1. Les réactifs de la transformation sont le dioxygène et le carbone contenu dans le morceau de charbon.

Le produit de la réaction est le dioxyde de carbone.

Le dioxyde de carbone a été mis en évidence en versant de l'eau de chaux dans le flacon : elle s'est troublée.

2. Les parois du récipient se sont échauffées car la réaction de combustion est exothermique, c'est-à-dire qu'elle dégage de la chaleur.

3. Le réactif limitant est le dioxygène puisqu'à la fin de la réaction il n'en reste plus et qu'il ne reste que du carbone (dans le charbon).

4. L'équation de la réaction s'écrit : $C(s) + O_2(g) \rightarrow CO_2(g)$.

5. Composition du système chimique à l'état final :

1re méthode

D'après l'équation de la réaction :

$$\frac{(n_C)_{consommé}}{1} = \frac{(n_{O_2})_{consommé}}{1} = \frac{(n_{CO_2})_{formé}}{1}.$$

Le réactif limitant étant le dioxygène $(n_{O_2})_{consommé} = 0,80$ mol.

D'où $(n_C)_{consommé} = 0,80$ mol.

$(n_{CO_2})_{formé} = 0,80$ mol.

L'état final contient du carbone et 0,80 mol de dioxyde de carbone.

2e méthode

Le tableau d'évolution est donné ci-dessous.

Quantité de carbone présente à l'état initial : n.

Équation de la réaction		$C(s)$ +	$O_2(g)$ →	$CO_2(g)$
État du système	Avancement (mol)	$n(C)$	$n(O_2)$	$n(CO_2)$
État initial	0	n	0,80	0
État intermédiaire	x	$n - x$	$0,80 - x$	x
État final	$x_{max} = 0,80$ mol	$n - x_{max} > 0$	$0,80 - x_{max} = 0$	$x_{max} = 0,80$

Le dioxygène est le réactif limitant : $0{,}80 - x_{max} = 0$ soit $x_{max} = 0{,}80$ mol. Dans l'état final, le système contient du carbone et 0,80 mol de dioxyde de carbone.

Remarque

On ne peut pas déterminer la quantité de carbone restant car on ne connaît pas n, la quantité initialement introduite.

7 Formation du dioxyde de soufre

1. Les réactifs de la transformation sont le dioxygène et le soufre. Le produit de la réaction est le dioxyde de soufre.

2. Le réactif limitant est le soufre.

3. L'équation de la réaction s'écrit : $S(s) + O_2(g) \rightarrow SO_2(g)$.

4. Le tableau d'évolution est donné ci-après.

Quantité de soufre présente à l'état initial :

$$n(S) = \frac{m(S)}{M(S)}, \text{ soit } n(S) = \frac{0{,}32}{32{,}1} = 1{,}0 \times 10^{-2} \text{ mol},$$

soit 10 mmol.

Quantité de dioxygène dans l'état initial : n.

L'astuce du prof

Il faut garder deux chiffres significatifs puisque la masse est donnée avec deux chiffres.

Équation de la réaction		$S(s)$ +	$O_2(g)$ →	$SO_2(g)$
État du système	Avancement (mmol)	$n(S)$	$n(O_2)$	$n(SO_2)$
État initial	0	10	n	0
État intermédiaire	x	$10 - x$	$n - x$	x
État final	$x_{max} = 10$ mmol	$10 - x_{max} = 0$	$n - x_{max} > 0$	$x_{max} = 10$

Le soufre est le réactif limitant :

$$10 - x_{max} = 0, \text{ soit } x_{max} = 10 \text{ mmol}.$$

5. Il se forme $n(SO_2) = 10$ mmol de dioxyde de soufre, soit une masse m telle que $m(SO_2) = n(SO_2)M(SO_2)$.

Soit $\boldsymbol{m(SO_2)} = 10 \times 10^{-3} \times (32{,}1 + 2 \times 16{,}0) = \mathbf{0{,}64\ g}$.

Gagnez des points !

La valeur exacte de x_{max} est gardée en mémoire dans la calculatrice pour faire l'application numérique.

8 Combustion dans le dioxygène

1. Les réactifs sont le fer et le dioxygène ; le produit de la réaction est l'oxyde magnétique de fer. Il n'y a pas d'espèces spectatrices.

2. L'équation de la réaction chimique s'écrit : $3\,Fe(s) + 2\,O_2(g) \rightarrow Fe_3O_4(s)$.

3. 1re méthode

D'après l'équation de la réaction :

$$\frac{(n_{Fe})_{consommé}}{3} = \frac{(n_{O_2})_{consommé}}{2} = \frac{(n_{Fe_3O_4})_{formé}}{1}$$

et $(n_{Fe})_{consommé} = 1{,}50$ mol

$$(n_{O_2})_{consommé} = \frac{2}{3}(n_{Fe})_{consommé} = \frac{2}{3} \times 1{,}50 = 1{,}00 \text{ mol}$$

$$(n_{Fe_3O_4})_{formé} = \frac{1}{3}(n_{Fe})_{consommé} = \frac{1}{3} \times 1{,}50 = 0{,}500 \text{ mol.}$$

La quantité de dioxygène nécessaire est de 1,00 mol et la quantité d'oxyde de fer magnétique formé est de 0,500 mol.

2e méthode

Le tableau d'évolution du système est complété ci-dessous.
Quantité de dioxygène présente à l'état initial : *n*.

Équation de la réaction		$3\,Fe(s)$ +	$2\,O_2(g)$ →	$Fe_3O_4(s)$
État du système	Avancement (mol)	$n(Fe)$	$n(O_2)$	$n(Fe_3O_4)$
État initial	0	1,50	n	0
État intermédiaire	x	$1{,}50 - 3x$	$n - 2x$	x
État final	$x_{max} = 0{,}500$ mol	$1{,}50 - 3x_{max} = 0$	$n - 2x_{max} > 0$	$x_{max} = 0{,}500$

Le fer est le réactif limitant : $1{,}50 - 3x_{max} = 0$ soit $x_{max} = 0{,}500$ mol.

La quantité minimale de dioxygène nécessaire pour réaliser la combustion est telle que $n - 2x_{max} > 0$, soit $n > 2x_{max}$ donc $n > 1{,}00$ mol.

Il se forme une quantité $n(Fe_3O_4) = 0{,}500$ mol d'oxyde magnétique de fer.

La masse m d'oxyde de fer magnétique est telle que :

$m = n(Fe_3O_4)M(Fe_3O_4) = 0{,}500 \times (55{,}8 \times 3 + 16{,}0 \times 4) = 1{,}16 \times 10^2$ g.

9 Combustion du propane

1. On caractérise la présence d'eau par le test au sulfate de cuivre anhydre. On place une goutte du liquide recueilli sur le sulfate de cuivre anhydre (blanc) : celui-ci devient bleu si le liquide est de l'eau.

2. Le trouble de l'eau de chaux permet de mettre en évidence le dioxyde de carbone.

3. L'équation de la réaction s'écrit :

$$C_3H_8(g) + 5\ O_2(g) \rightarrow 3\ CO_2(g) + 4\ H_2O(g).$$

4. 1re méthode

D'après l'équation de la réaction :

$$\frac{(n_{C_3H_8})_{\text{consommé}}}{1} = \frac{(n_{O_2})_{\text{consommé}}}{5} = \frac{(n_{CO_2})_{\text{formé}}}{3} = \frac{(n_{H_2O})_{\text{formé}}}{4}.$$

Pour faire brûler tout le propane, il faut $0{,}30 \times 5 = 1{,}5$ mol de dioxygène. Or l'état initial contient 2,0 mol de dioxygène : le dioxygène est en excès, le réactif limitant est le propane.

$(n_{C_3H_8})_{\text{consommé}} = 0\ 30$ mol

$(n_{O_2})_{\text{consommé}} = 5 \times 0{,}50 = 1{,}5$ mol.

Il reste donc à l'état final $(n_{O_2})_f = 2{,}0 - 1{,}5 = 0{,}50$ mol

$(n_{CO_2})_{\text{formé}} = 3 \times (n_{C_3H_8})_{\text{consommé}} = 3 \times 0{,}30 = 0{,}90$ mol

$(n_{H_2O})_{\text{formé}} = 4 \times (n_{C_3H_8})_{\text{consommé}} = 4 \times 0{,}30 = 1{,}2$ mol

2e méthode

Le tableau d'évolution de la transformation est donné ci-dessous.

Équation de la réaction		$C_3H_8(g)$ +	$5\ O_2(g)$	$\rightarrow 3\ CO_2(g)$ +	$4\ H_2O(g)$
État du système	Avancement (mol)	$n(C_3H_8)$	$n(O_2)$	$n(CO_2)$	$n(H_2O)$
État initial	0	0,30	2,0	0	0
État intermédiaire	x	$0{,}30 - x$	$2{,}0 - 5x$	$3x$	$4x$
État final	$x_{max} = 0{,}30$ mol	$0{,}30 - x_{max} = 0$	$2{,}0 - 5 \times 0{,}30$ $= 0{,}50$ mol	$3x_{max} = 0{,}90$	$4x_{max} = 1{,}2$

Si le propane est le réactif limitant : $0{,}30 - x_{max} = 0$ soit $x_{max} = 0{,}30$ mol.

Si le dioxygène est le réactif limitant : $2{,}0 - 5x_{max} = 0$ soit $x_{max} = 0{,}40$ mol.

On choisit la plus petite valeur de l'avancement maximal ; c'est donc le propane qui est le réactif limitant avec $x_{max} = 0{,}30$ mol.

Les résultats obtenus par les deux méthodes sont cohérents.

5. L'état final contient donc 0,50 mol de dioxygène, 0,90 mol de dioxyde de carbone et 1,2 mol d'eau.

6. Dans l'état final, on recueille une masse d'eau telle que :
$m(H_2O) = n(H_2O) \cdot M(H_2O)$, soit $m(H_2O) = 1{,}2 \times 18{,}0 = 22$ g.

7. La combustion est complète puisque le dioxygène est en excès.

8. Pour consommer tout le propane, il faut $5 \times 0{,}30 = 1{,}5$ mol de dioxygène. Or l'état initial ne contient que 0,20 mol de dioxygène : la combustion est incomplète.

9. Les espèces qui se forment alors sont le dioxyde de carbone CO_2, le monoxyde de carbone CO, du carbone et de l'eau.

10 Formation de chlorure d'hydrogène

1. L'équation de la réaction s'écrit :

$$C_2H_2(g) + Cl_2(g) \rightarrow 2\ HCl(g) + 2\ C(s).$$

2. 1re méthode

D'après l'équation de la réaction :

$$(n_{C_2H_2})_{consommé} = (n_{Cl_2})_{consommé} = \frac{(n_{HCl})_{formé}}{2} = \frac{(n_C)_{formé}}{2}.$$

Pour consommer tout l'acétylène, il faut 25 mmol de dichlore. Or l'état initial contient 25 mmol de dichlore ; les deux réactifs sont consommés. Le mélange est dans les proportions stœchiométriques.

Remarque

Les réactifs ont été introduits dans les proportions de l'équation de réaction.

2e méthode

Le tableau d'évolution du système est complété ci-dessous.

Équation de la réaction		C_2H_2 +	Cl_2 →	2 HCl +	2 C
État du système	Avancement (mmol)	$n(C_2H_2)$	$n(Cl_2)$	$n(HCl)$	$n(C)$
État initial	0	25	25	0	0
État intermédiaire	x	$25 - x$	$25 - x$	$2x$	$2x$
État final	$x_{max} = 25$ mmol	$25 - x_{max} = 0$	$25 - x_{max} = 0$	$2x_{max} = 50$	$2x_{max} = 50$

Si l'acétylène est le réactif limitant : $25 - x_{max} = 0$ soit $x_{max} = 25$ mmol.

Si le dichlore est le réactif limitant : $25 - x_{max} = 0$ soit $x_{max} = 25$ mmol.

L'avancement maximal est le même dans les deux cas ; il vaut donc $x_{max} = 25$ mmol. Le mélange initial est un mélange stœchiométrique car dans l'état final, les deux réactifs ont été consommés totalement.

11 Formation d'alumine

1. L'équation de la réaction chimique s'écrit :

$$4\ Al(s) + 3\ O_2(g) \rightarrow 2\ Al_2O_3(s).$$

2. 1re méthode

$$\frac{(n_{Al})_{consommé}}{4} = \frac{(n_{O_2})_{consommé}}{3} = \frac{(n_{Al_2O_3})_{formé}}{2}.$$

D'après l'équation de la réaction, pour faire réagir 10 mmol d'aluminium, il faut $\frac{3}{4} \times 10 = 7{,}5$ mmol de dioxygène. Or, l'état initial contient 9,0 mmol, donc le dioxygène est en excès, et l'aluminium est le réactif limitant.

$(n_{Al})_{consommé} = 10$ mmol ;

$(n_{O_2})_{consommé} = \frac{3}{4} \times (n_{Al})_{consommé} = \frac{3}{4} \times 10 = 7{,}5$ mmol

$(n_{O_2})_f = 9{,}0 - 7{,}5 = 1{,}5$ mmol.

$(n_{Al_2O_3})_{formé} = \frac{2}{4}(n_{Al})_{formé} = \frac{2}{4} \times 10 = 5{,}0$ mmol.

2e méthode

Le tableau d'évolution du système est complété ci-dessous.

Équation de la réaction		$4\ Al(s)$ +	$3\ O_2(g)$ →	$2\ Al_2O_3(s)$
État du système	Avancement (mmol)	$n(Al)$	$n(O_2)$	$n(Al_2O_3)$
État initial	0	10,0	9,0	0
État intermédiaire	x	$10{,}0 - 4x$	$9{,}0 - 3x$	$2x$
État final	$x_{max} = 2{,}5$ mmol	$10{,}0 - 4x_{max} = 0$	$9{,}0 - 3x_{max} = 1{,}5$	$2x_{max} = 5{,}0$

Si l'aluminium est le réactif limitant : $10{,}0 - 4x_{max} = 0$ soit $x_{max} = 2{,}5$ mmol.

Si le dioxygène est le réactif limitant : $9{,}0 - 3x_{max} = 0$ soit $x_{max} = 3{,}0$ mmol.

On choisit la plus petite valeur de l'avancement maximal ; c'est donc l'aluminium qui est le réactif limitant avec $x_{max} = 2{,}5$ mmol.

Dans l'état final, il se forme $n(Al_2O_3) = 5{,}0$ mmol.

3. La masse d'alumine formée est $m(Al_2O_3) = n(Al_2O_3) \times M(Al_2O_3)$.

A.N. : $\boldsymbol{m(Al_2O_3)} = 5{,}0 \times 10^{-3} \times (2 \times 27{,}0 + 3 \times 16{,}0) = \mathbf{0{,}51\ g}$.

12 Combustion de l'éthanol

1. Le test au sulfate de cuivre anhydre permet de caractériser la présence d'eau. Le test à l'eau de chaux permet de caractériser la présence de dioxyde de carbone.

2. L'équation de la réaction chimique s'écrit :

$$C_2H_6O(l) + 3\ O_2(g) \rightarrow 2\ CO_2(g) + 3\ H_2O(g).$$

3. Dans l'état initial, on introduit une masse m d'éthanol telle que $m = \rho V$.

4. La quantité d'éthanol introduite dans l'état initial est $n(C_2H_6O) = \dfrac{m(C_2H_6O)}{M(C_2H_6O)}$, soit en remplaçant par la relation trouvée en **3.** :

$$n(C_2H_6O) = \frac{\rho V}{M(C_2H_6O)}.$$

> **Gagnez des points !**
> Utilisez la définition de la masse volumique $\rho = \dfrac{m}{V}$.
> $1\ cm^3 = 1$ mL.

A.N. : $\boldsymbol{n(C_2H_6O)} = \dfrac{0{,}79 \times 10}{2 \times 12{,}0 + 6 \times 1{,}0 + 16{,}0} = \mathbf{0{,}17\ mol.}$

5. 1re méthode

D'après l'équation de la réaction :

$$\frac{(n_{C_2H_6O})_{consommé}}{1} = \frac{(n_{O_2})_{consommé}}{3} = \frac{(n_{CO_2})_{formé}}{2} = \frac{(n_{H_2O})_{formé}}{3}$$

Tout l'éthanol a réagi donc le réactif limitant est l'éthanol.

$(n_{CO_2})_{formé} = 2 \times (n_{C_2H_6O})_{consommé} = 0{,}17 \times 0{,}34$ mol

$(n_{H_2O})_{formé} = 3 \times (n_{C_2H_6O})_{consommé} = 3 \times 0{,}17 = 0{,}51$ mol.

2e méthode

Le tableau d'évolution de la transformation est donné ci-dessous.

La quantité de dioxygène introduite est notée n.

Équation de la réaction		$C_2H_6O(l)$	+ $3\ O_2(g)$	$\rightarrow$ $2\ CO_2(g)$	+ $3\ H_2O(g)$
État du système	Avancement (mol)	$n(C_2H_6O)$	$n(O_2)$	$n(CO_2)$	$n(H_2O)$
État initial	0	0,17	n	0	0
État intermédiaire	x	$0{,}17 - x$	$n - 3x$	$2x$	$3x$
État final	$x_{max} = 0{,}17$	$0{,}17 - x_{max} = 0$	$n - 3x_{max} > 0$	$2x_{max} = 0{,}34$	$3x_{max} = 0{,}51$

L'éthanol est le réactif limitant : $0{,}17 - x_{max} = 0$ soit $x_{max} = 0{,}17$ mol.

Dans l'état final, on a donc $n(CO_2) = 0{,}34$ mol et $n(H_2O) = 0{,}51$ mol.

13 Formation de l'oxyde de cuivre

1. L'équation de la réaction s'écrit :
$2\ Cu(s) + O_2(g) \rightarrow 2\ CuO(s)$.

2. Sur la courbe, on lit les quantités de matière introduites dans l'état initial : $n(Cu) = 10{,}0$ mmol et $n(O_2) = 2{,}5$ mmol.

L'astuce du prof

L'état initial correspond à l'ordonnée à l'origine, car la quantité de dioxygène consommée est alors nulle.

3. D'après la courbe, la quantité de dioxygène ayant réagi est égale à 2,5 mol. Ensuite, la réaction s'arrête car il ne reste plus de dioxygène.

4. 1

4. 1re méthode

D'après l'équation de réaction :

$$\frac{(n_{cu})_{consommé}}{2} = \frac{(n_{O_2})_{consommé}}{1} = \frac{(n_{CuO})_{formé}}{2}.$$

Pour brûler tout le cuivre, il faut 10,0/2 = 5,0 mmol de dioxygène. Or l'état initial contient 2,5 mmol de dioxygène : tout le cuivre n'est pas consommé. Le réactif limitant est le dioxygène.

$(Cu)_{consommé} = 2 \times (n_{O_2})_{consommé} = 2 \times 2{,}5 = 5{,}0$ mmol.

À l'état final, $(n_{Cu})_f = 10{,}0 - 5{,}0 = 5{,}0$ mmol.

$(n_{CuO})_{formé} = 2 \times (n_{O_2})_{consommé} = 2 \times 2{,}5 = 5{,}0$ mmol.

L'astuce du prof

L'état final correspond à l'intersection d'une droite avec l'axe des abscisses, ce qui correspond à la disparition d'une des espèces.

2e méthode

Le tableau d'évolution du système est complété ci-après.

Équation de la réaction		$2\,Cu(s)$ +	$O_2(g)$ →	$2\,CuO(s)$
État du système	Avancement (mmol)	$n(Cu)$	$n(O_2)$	$n(CuO)$
État initial	0	10,0	2,5	0
État intermédiaire	x	$10{,}0 - 2x$	$2{,}5 - x$	$2x$
État final	$x_{max} = 2{,}5$ mmol	$10{,}0 - 2x_{max} = 5{,}0$	$2{,}5 - x_{max} = 0$	$2x_{max} = 5{,}0$

Si le cuivre est le réactif limitant : $10{,}0 - 2x_{max} = 0$ soit $x_{max} = 5{,}0$ mmol.

Si le dioxygène est le réactif limitant : $2{,}5 - x_{max} = 0$ soit $x_{max} = 2{,}5$ mmol.

On choisit la plus petite valeur de l'avancement maximal. C'est donc le dioxygène qui est le réactif limitant avec $x_{max} = 2{,}5$ mmol.

Les deux méthodes conduisent au même résultat : l'état final est composé de 5,0 mmol d'oxyde de cuivre CuO, et 5,0 mmol de cuivre Cu. Il ne reste plus de dioxygène, c'est le réactif limitant.

Sur la courbe, on lit effectivement que la quantité de cuivre à l'état final est de 5,0 mmol, et qu'il ne reste plus de dioxygène.

14 Formation de l'hydroxyde de cuivre

1. La solution aqueuse de sulfate de cuivre a pour formule $(Cu^{2+} + SO_4^{2-})$.

C'est une solution de couleur bleue.

L'astuce du prof

La solution aqueuse d'hydroxyde de sodium s'appelle la soude.

2. Dans l'erlenmeyer, on introduit une quantité d'ions cuivre telle que $n(Cu^{2+}) = CV$, soit :

$\boldsymbol{n(Cu^{2+})} = 0{,}10 \times 20 \times 10^{-3} = \mathbf{2{,}0 \times 10^{-3}}$ **mol** (2,0 mmol).

3. La solution aqueuse d'hydroxyde de sodium a pour formule $(Na^+ + OH^-)$.

4. Dans l'erlenmeyer, on introduit une quantité d'ions hydroxyde telle que $n(OH^-) = C'V'$ soit :

$\boldsymbol{n(OH^-)} = 2{,}0 \times 1{,}0 \times 10^{-3} = \mathbf{2{,}0 \times 10^{-3}}$ **mol** (2,0 mmol).

Remarque

Les ions sodium et les ions sulfate sont des ions spectateurs.

5. L'équation de la réaction s'écrit :

$Cu^{2+}(aq) + 2\,OH^-(aq) \rightarrow Cu(OH)_2(s)$

6. **1re méthode**

L'équation de la réaction permet d'écrire :

$$(n_{Cu^{2+}})_{consommé} = \frac{(n_{OH^-})_{consommé}}{2} = (n_{Cu(OH)_2})_{formé}.$$

Pour consommer tous les ions Cu^{2+}, il faut donc $2 \times 2{,}0 = 4{,}0$ mmol d'ions hydroxyde OH^-. Or, on ne dispose que de 2,0 mmol d'ions hydroxyde : c'est le réactif limitant.

$$(n_{Cu^{2+}})_{consommé} = \frac{(n_{OH^-})_{consommé}}{2} = \frac{2{,}0}{2} = 1{,}0 \text{ mmol}$$

$$(n_{Cu(OH)_2})_{formé} = \frac{(n_{OH^-})_{consommé}}{2} = \frac{2{,}0}{2} = 1{,}0 \text{ mmol.}$$

2e méthode

Le tableau d'évolution du système est complété ci-dessous.

Équation de la réaction		Cu^{2+} +	$2\,OH^-$ →	$Cu(OH)_2$
État du système	Avancement (mmol)	$n(Cu^{2+})$	$n(OH^-)$	$n(Cu(OH)_2)$
État initial	0	2,0	2,0	0
État intermédiaire	x	$2{,}0 - x$	$2{,}0 - 2x$	x
État final	$x_{max} = 1{,}0$ mmol	$2{,}0 - x_{max} = 1{,}0$	$2{,}0 - 2x_{max} = 0$	$x_{max} = 1{,}0$

Si l'ion cuivre est le réactif limitant : $2{,}0 - x_{max} = 0$ soit $x_{max} = 2{,}0$ mmol.

Si l'ion hydroxyde est le réactif limitant : $2{,}0 - 2x_{max} = 0$ soit $x_{max} = 1{,}0$ mmol.

On choisit la plus petite valeur de l'avancement maximal. C'est donc l'ion hydroxyde qui est le réactif limitant avec $x_{max} = 1{,}0$ mmol.

Les deux méthodes conduisent au même résultat : l'état final contient 1,0 mmol d'ions Cu^{2+} et 1,0 mmol de précipité $Cu(OH)_2$.

7. À la fin de la réaction, il reste des ions cuivre ; la solution est donc bleue.

8. À la fin de la réaction, il se forme une quantité d'hydroxyde de cuivre telle que $n(\mathrm{Cu(OH)_2}) = x_{\mathrm{max}}$.

La masse d'hydroxyde de cuivre est donc
$m(\mathrm{Cu(OH)_2}) = n(\mathrm{Cu(OH)_2}) \cdot M(\mathrm{Cu(OH)_2})$, soit
$m(\mathrm{Cu(OH)_2}) = 1{,}0 \times 10^{-3} \times (63{,}5 + 2 \times (16{,}0 + 1{,}0)) = 9{,}8 \times 10^{-2}$ g.

15 Valeur énergétique d'un fruit sec

1. La masse d'eau utilisée est $m_{\mathrm{eau}} = 114{,}54 - 25{,}15 = 89{,}39$ g.

L'application de la relation donne :

$$E = \frac{89{,}37 \times 4{,}184(56{,}3 - 24{,}0)}{1\,000 \times 1{,}20} \times 100 = 1{,}007 \text{ kJ pour } 100 \text{ g.}$$

L'écart relatif est : $\varepsilon = \dfrac{|1\,007 - 2\,592|}{2\,592} = 0{,}61$ soit 61 %.

La différence entre la valeur expérimentale et la valeur théorique peut venir d'une trop grande perte d'énergie (récupération d'une partie de l'énergie par le récipient, l'air extérieur).

2. En utilisant la valeur théorique, on en déduit qu'un adolescent peut manger environ 323 g d'amandes par jour, s'il ne mange rien d'autre… Ce qui est bien entendu déconseillé pour des raisons évidentes de carences.

Classification périodique des éléments

Z : numéro atomique — X : symbole de l'élément — nom — M : masse molaire atomique de l'élément (g · mol^{-1})

périodes \ colonnes	1	2	3	4	5	6	7	8	9	10	11	12	13	14	15	16	17	18
1	1 H hydrogène 1,0																	2 He hélium 4,0
2	3 Li lithium 7,0	4 Be béryllium 9,0											5 B bore 10,8	6 C carbone 12,0	7 N azote 14,0	8 O oxygène 16,0	9 F fluor 19,0	10 Ne néon 20,2
3	11 Na sodium 23,0	12 Mg magnésium 24,3											13 Al aluminium 27,0	14 Si silicium 28,1	15 P phosphore 31,0	16 S soufre 32,1	17 Cl chlore 35,5	18 Ar argon 40,0
4	19 K potassium 39,1	20 Ca calcium 40,1	21 Sc scandium 45,0	22 Ti titane 47,9	23 V vanadium 50,9	24 Cr chrome 52,0	25 Mn manganèse 54,9	26 Fe fer 55,9	27 Co cobalt 58,9	28 Ni nickel 58,7	29 Cu cuivre 63,6	30 Zn zinc 65,4	31 Ga gallium 69,7	32 Ge germanium 72,6	33 As arsenic 74,9	34 Se sélénium 79,0	35 Br brome 79,9	36 Kr krypton 83,8
5	37 Rb rubidium 85,5	38 Sr strontium 87,6	39 Y yttrium 88,9	40 Zr zirconium 91,2	41 Nb niobium 92,9	42 Mo molybdène 96	43 Tc technétium	44 Ru ruthénium 101,1	45 Rh rhodium 102,9	46 Pd palladium 106,4	47 Ag argent 107,9	48 Cd cadmium 112,4	49 In indium 114,8	50 Sn étain 118,7	51 Sb antimoine 121,8	52 Te tellure 127,6	53 I iode 126,9	54 Xe xénon 131,3
6	55 Cs césium 132,9	56 Ba baryum 137,3	La	72 Hf hafnium 178,5	73 Ta tantale 180,9	74 W tungstène 183,8	75 Re rhénium 186,2	76 Os osmium 190,2	77 Ir iridium 192,2	78 Pt platine 195,1	79 Au or 197,0	80 Hg mercure 200,6	81 Tl thallium 204,4	82 Pb plomb 207,2	83 Bi bismuth 209,0	84 Po polonium –	85 At astate –	86 Rn radon –
7	87 Fr francium 223	88 Ra radium 226	Ac	104 Rf rutherfordium 261	105 Db dubnium 262	106 Sg seaborgium –	107 Bh bohrium –	108 Hs hassium –	109 Mt meitnerium –	110 Ds darmstadtium –	111 Rg roentgénium –	112 Cn copernicium –	113 Nh nihonium –	114 Fl flérovium –	115 Mc moscovium –	116 Lv livermorium –	117 Ts tennessine –	118 Og oganesson –